Christoph Bartmann

Leben im Büro

Die schöne neue Welt
der Angestellten

Carl Hanser Verlag

Für A.

ISBN 978-3-446-24372-9
Alle Rechte vorbehalten
© Carl Hanser Verlag München 2012
Satz: Fotosatz Amann, Aichstetten
Printed in Germany

Büro ist wie Chemie. Durchdringt uns, umgibt uns, ist uns keinen Gedanken wert. Und doch hat das Büro Zukunft, in welcher Gestalt auch immer.
Walter E. Richartz

Inhalt

Vorwort 9

Kapitel 1
Unter Office. Protokoll eines Bürotages 13

Kapitel 2
Der Managerismus als höchstes Stadium der
Bürokratie. Historische Untersuchungen 61

2.1. Segen und Fluch der Bürokratie. Max Webers
 Aufmaß der modernen Welt 63
2.2. Freud in Amerika. Psychologie und der neue Geist
 des Wunders 79
2.3. Die Perversion des Büros. Angeklagte und
 Angestellte im *Process* 98
2.4. Depressive Optimisten. Peter Drucker und die
 Erfindung des Managements 113
2.5. Das Subjekt als Manager. Michel Foucault und die
 Frage nach der (Selbst-)Regierung 133
2.6. New Public Management. Tony Blair und die
 Bürokratie des »Dritten Weges« 149

Kapitel 3
Pathologien des Gegenwartsbüros 165

3.1. Neue Steuerungslehre 165
3.2. Change. Die Kirche des Wandels 186

3.3. Performance. Leistungsdarstellung und
Darstellungsleistung *212*
3.4. Burnout. Kreativität macht krank *244*
3.5. Vom Nicht-Ort zu gar keinem Ort. Das Büro in der
Raumkrise *270*

Kapitel 4
Die ganze Welt ist jetzt Büro.
Schlussbetrachtungen *293*

Anmerkungen *307*

Literatur *315*

Textnachweis *319*

Vorwort

Dieses Buch lädt ein zu einer kritischen Begehung des zeitgenössischen Büros. Es sucht und findet Nahrung für die These, dass im Büro von heute nicht mehr die Chefs das Sagen haben, sondern Programme und Instrumente. Die Führung, die einst die Führungskräfte für sich beanspruchten, scheint zurückgesetzt auf das Büro-Individuum selbst, das sich nun mit Hilfe von Vereinbarungen und Kontrakten selbst zu steuern hat. Im Büro hat eine Revolution stattgefunden, nämlich die Revolution des Managerismus. Wo einmal das Büro war, ist jetzt »Office« – wir befinden uns im Zeitalter der zweiten, der neuen Bürokratie. Office, so nennen wir die große Koalition aus Computersoftware, Betriebswirtschaftslehre und positiver Psychologie, die uns jetzt regiert – oder mit der wir uns selbst regieren. Office, wie es in die Welt kam und was es mit uns anrichtet: davon handelt dieses Buch.

Wen oder was genau meinen wir aber, wenn wir vom Büro und von den neuen Angestellten sprechen? Weiterhin bestehen ja zwischen öffentlich und privat Angestellten markante Unterschiede. Auch der Büroraum selbst hat in den letzten Jahren, dank PC und Smartphone, eine tiefe Wandlung erlebt. Wer muss wirklich noch 38,5 oder mehr Stunden pro Woche physisch und räumlich ins Büro? Der Arbeitsraum hat sich virtualisiert und vervielfältigt. Wer etwas auf sich hält, wird Mitglied eines Business-Clubs oder eines »Co Working Space«. Man kann, scheint es, arbeiten, wo man will. Gleich aber wo wir arbeiten, sind wir »unter Office«: die gleichen Zwänge, die gleichen Routinen, die gleichen Sprachspiele. Wer sich von dieser Beschreibung angesprochen fühlt, der ist vermutlich ein neuer Angestellter.

Man müsste sehr abstrakt bleiben, wenn die Diagnose alle Büros und alle Angestellten gleichermaßen betreffen sollte. Ausgangspunkt dieses Buches sind eigene Erfahrungen, im öffentlichen Dienst. Im öffentlichen Dienst, in der öffentlichen Verwaltung hat in den letzten gut zwei Jahrzehnten ein gewaltiger Kulturwandel stattgefunden. Sein Name ist New Public Management, sein Ziel ist der Bürokratieabbau. Aus Behörden sind Agenturen geworden und aus Beamten und Angestellten, zumindest auf dem Papier, unternehmerisch handelnde Subjekte. Eines dieser Subjekte bin ich. Ich bin, ohne gefragt worden zu sein und ohne diese Berufswahl angestrebt zu haben, zum Manager geworden. Wir alle, sofern wir es nicht schon vorher waren, sind jetzt Manager. Die fachlichen Qualifikationen, die wir mitbrachten, sind zunehmend brüchig und unhaltbar geworden. Der Managerismus, mit seinen neuen Instrumenten und Dispositiven, setzt unsere mitgebrachten Fähigkeiten weitgehend außer Vollzug. Neue Instanzenwege, allen voran die Evaluation, sind entstanden. In ihrer Unabhängigkeit von den Erfahrungen und Urteilen der Angestellten erfüllen sie den Tatbestand der neuen, auf »Steuerung« und »Optimierung« gerichteten Bürokratie.

Manches, wovon in diesem Buch die Rede ist, wird vielen Angestellten, gleich ob öffentlich oder privat angestellt, vertraut vorkommen. Anderes wird sich womöglich nicht einmal meinem Büronachbarn gänzlich erschließen.

Das ist der Preis für den Versuch, aus eigener Anschauung und teilnehmender Beobachtung zu einer Symptomatik des Gegenwartsbüros zu gelangen. Der Bürotag, dessen Schilderung am Anfang des Buches steht, ist fiktiv, wenn auch typisch. So oder ähnlich kann er sich überall und jederzeit zutragen. Nicht ein bestimmtes Büro in einer bestimmten Institution hat dieses Buch im Blick, sondern das heutige Büro als Kulturphänomen, anders gesagt, den »Büro-Komplex« in jedweder Bedeutung. Wenn es ihm gelänge, in einer Formulierung von Jürgen Habermas, etwas von den »tonlos eingewöhnten sozialen Verwerfungen blitzartig zu beleuchten«, dann hätte es seine Absicht erfüllt.

Ich bedanke mich bei Freunden und Kollegen für Anregung, Ermunterung und Kritik – und für die Stichworte, die sie mir manchmal gaben, ohne es zu wissen.

KAPITEL 1
Unter Office.
Protokoll eines Bürotages

Ich bin Angestellter, öffentlich Angestellter. Weder arbeite ich also in der Privatwirtschaft noch bin ich selbständig in der immer weiter zerfließenden Bedeutung dieses Wortes – vom Steuerberater oder Zahnarzt bis hin zu den jungen Menschen, die mit einem Milchschaumgetränk und ihrem Apple-Gerät im Coffeeshop sitzen und etwas tun, für das sie hoffentlich bezahlt werden. Angestellter – dass es so etwas überhaupt noch gibt! Aber tatsächlich ist ja die große Mehrheit der berufstätigen Deutschen noch immer angestellt, auch wenn anscheinend nur noch wenige als festangestellte Vollzeitbeschäftigte das Rentenalter erreichen (ich habe es fest vor). Es gibt uns noch, die Angestellten in unprekären, unspektakulären Beschäftigungsverhältnissen, die Inhaber eines richtigen Arbeitsplatzes in einer Einrichtung, die man früher Behörde genannt hätte, später dann Institution oder Organisation, und die sich jetzt gerne Unternehmen nennt. Nur grobes Fehlverhalten oder der Wegfall der Geschäftsgrundlage könnten uns aus ihr vertreiben, aber auch dann nicht ohne eine angemessene Abfindung. Wir sind unbefristet angestellt, so gut wie unkündbar, genießen die Segnungen eines Tarifvertrages und haben so weit keinen Grund zum Klagen. Natürlich haben es die Beamten noch besser, aber hatten wir jemals das Ziel, Beamte zu werden? Sicher nicht, aber genauso wenig war es jemals unser Ziel, Angestellte im öffentlichen Dienst zu werden. Es hat sich ergeben, wir haben nicht nein gesagt und waren ja damals ganz froh, überhaupt einen Job zu finden; und mit der Zeit haben wir die Sicherheit schätzen gelernt und den Gedanken an berufliche Alternativen sanft eingeschläfert. Die »Planungssicherheit«, wie man so sagt, die relative Unwahrscheinlichkeit, abzustürzen und wieder bei den Eltern einziehen zu müssen, die Erwartung einer moderaten Rente, das alles ist nicht wirklich ein Nachteil, auch wenn es auf manche langweilig wirkt. Aber wie spannend ist es, nicht zu wissen, wovon die nächste Telefonrechnung bezahlt werden soll, wie bei den meisten Freiberuflern, jedenfalls in unserer Branche. Das Angestelltsein, sagen wir uns, ist schon in Ordnung, und gerade wenn es ein Auslaufmodell wäre, was es wahrscheinlich gar nicht ist, sollte man sich an ihm freuen. Soweit ist also alles in Ordnung.

Trotzdem beschleicht mich regelmäßig ein Unbehagen. Es ist das Unbehagen am oder im Büro, an der Ordnung des Gegenwartsbüros, das Unbehagen an Office. Office, das ist der Betriebsmodus der gegenwärtigen, der neuen Bürokratie, von der das gleichnamige Microsoft-Paket nur ein Teil ist. Es ist nicht so, dass mir im Büro die hässlichen Dinge widerführen, von Mobbing bis zu sexueller Belästigung, von denen die vielen Büroratgeber handeln. Das Unbehagen geht tiefer, und zugleich hat es mit mir persönlich und meinem individuellen Büroerlebnis nicht viel zu tun. Was also? Ist es, was man einmal Entfremdung nannte? Aber alle sind freundlich zu mir, und ich arbeite weitestgehend selbstbestimmt. Ist es das Gefühl, nur ein Objekt zu sein? Aber ich darf, ja soll mich geradezu als Subjekt entfalten, meine Kreativität und meinen Nonkon-

Autoritäten & Herrschaft

formismus ausleben. Die Autoritäten, die einem früher einmal das Büro verleiden konnten, haben weithin abgedankt, und vielleicht ist genau das mein Problem: ich begegne im Büro kaum je schlechtgelaunten Chefs, sinnlosen Vorschriften und dem Walten anonymer Mächte, sondern im Grunde genommen nur mir selbst, in meiner nur in der Ferne von Vorschriften eingezäunten Autonomie. Ich bin jetzt ein unternehmerisches Selbst, wie das Soziologen nennen. Könnte ich da nicht genauso gut zu Hause bleiben, in meinem Home Office und dort meine Arbeit erledigen?

Zum Bürotag gehört die Anreise, und weil meine Anreise lang ist, eröffnet sie Räume zum Nachdenken. Meine Gedanken kreisen dabei häufig um die Frage, warum ich überhaupt ins Büro fahre. Ich gehe keineswegs ungern ins Büro, im Gegenteil, ich mag die meisten meiner Kollegen, ich mag den Inhalt meiner Arbeit und ich gehe gern mittags in die Kantine. Nur: arbeiten im strengen Sinn des Wortes könnte oder kann ich besser zu Hause; weshalb ich mir gelegentlich auch einen sogenannten Teletag genehmige. Ins Büro gehe ich, so kommt mir vor, eher zum Kommunizieren. Aber würde dafür nicht eigentlich ein Tag pro Woche genügen? Der Kommunikationstag. Die Präsenz- und Kontakt-Phase. Was das Arbeiten zu Hause so attraktiv macht, ist vor allem der Umstand, dass dort wenig Kommunikation stattfindet. Keine Besprechungen, keine Konferenzen, keine Meetings. Das Büro dagegen ist ja nicht nur der physische Ort (Schreibtisch, Gummipflanze, Kunst an der Wand), in dem Büroarbeit geleistet wird, es ist vor allem der Raum, in dem die Ereignisse meines Outlook-Terminkalenders Gestalt annehmen, also die Meetings, die Besprechungen und sonstigen Kommunikationen, zu denen ich laufend von meinem Personal Information Manager eingeladen werde und – seltener – selbst einlade. Office heißt, anstelle der früheren Autoritäten, das Programm, unter dem ich stehe und das meinen Bürotag strukturiert. Es setzt sich bekanntlich zusammen aus Word, Excel, PowerPoint, Outlook und noch ein paar anderen Anwendungen. Office ist, und das kann man für einen Fortschritt halten, überall, räumlich wie sozial. Für Office brauche ich nicht einmal ins Büro zu gehen, und für Office brauche ich nicht einmal ein Büro- oder sonst wie Angestellter zu sein. In einer Hinsicht nämlich sind wir nichtkörperlich arbeitenden Menschen – Angestellte oder Freiberufler, Manager oder Sachbearbeiter, Künstler oder Werber, Lehrer oder Studenten, Wissenschaftler oder Journalisten – alle gleich: wir arbeiten mit oder besser unter Office. Erst dank Office hat sich der Bürogedanke – und mit ihm die ganze Icon-Bürowelt der Ordner mit aufgesetzten Reitern, der Papierkörbe und der Vorgänge, kurz, die gesamte Imitation des realen Büros auf Benutzeroberflächen – universalisiert. Wir haben nicht nur das Büro verinnerlicht, sondern das Büro hat sich in uns veräußerlicht; unser Arbeits- und vielleicht auch Privatleben hat insgesamt die Form des Büros angenommen.

Wenn das so ist und wenn es sich nicht ändern lässt, warum bleibe ich dann nicht wirklich zu Hause und erledige meine Aufgaben mit Hilfe des Office-Pakets ungestört und termingerecht, statt im Büro von einer Besprechung zur nächsten zu hasten und dabei stets das Gefühl zu haben, ich würde an der Erledigung meiner eigentlichen Aufgaben tückisch gehindert? Legion ist die Zahl der Publikationen, die den Mangel an Effizienz in unserer Besprechungskultur beklagen und Abhilfe durch neue

Methoden versprechen. Tatsächlich aber kommen die Besprechungen, in denen Maßnahmen zum Bürokratieabbau besprochen werden sollen, zu den ohnehin schon existierenden Besprechungen nur noch hinzu. Auch der permanente Change, von dem immer wieder geträumt und geredet wird, ist in erster Linie ein Besprechungsphänomen, und weil er alle angeht, eines, zu dem möglichst alle per Outlook eingeladen werden müssen (ablehnen gilt nicht, wenn es um den Change geht). Im Büro also droht ständig der Arterienverschluss durch Sitzungs-Ablagerungen und Arbeits-Surrogate. Zu Hause hingegen wartet das Reich der Freiheit. Jedenfalls herrscht hier, wenn Frau und Kind ebenfalls zu ihren Verrichtungen aufgebrochen sind, relative Ruhe. Natürlich bin ich online und bearbeite also meinen Posteingang. Zu Hause schreibe ich eher die Konzeptpapiere, zu denen mir das Büro selten die freien Minuten lässt, es sei denn am Abend, wenn der Besprechungsanfall nachlässt. Zu Hause greife ich auch eher zum Telefon, um mal ein etwas ausführlicheres Gespräch zu führen, das nicht durch Besprechungen und das ihnen vorausgehende Alarmläuten des Outlook-Kalenders gestört wird. Zu Hause durchströmt mich manchmal ein Gefühl von Effizienz, ja von Leistung oder gar Wirkung, das mir im Büro selbst eher fremd ist. Zu Hause erlebe ich manchmal sogar den Flow, von dem wir im Büro nur reden, der aber durch vielerlei Ablenkungen selten oder nie zustande kommt.

Tatsächlich geht aber kaum ein Arbeitgeber vom Prinzip der Realpräsenz am Arbeitsplatz ganz ab. Das wird Gründe haben, die mir, während ich auf der Fahrt ins Büro über mein Büroleben nachdenke, nicht ganz einleuchten. Hat es etwas mit Kontrolle zu tun? Das wäre nicht klug, denn kein Mitarbeiter ist da, nur weil er da ist. Niemand ist der Kontrolle durch seine Vorgesetzten eher entzogen als der vor seinem Bildschirm sitzende und vielleicht nur in seiner körperlichen Hülle anwesende, sonst aber in die Tiefen irgendeiner PC-Anwendung abgetauchte Büromensch neuen Stils. Mitten in der schönsten Büroanwesenheit können sich Abgründe der mentalen Abwesenheit auftun. Die Anwesenheit am Arbeitsplatz ist also oft nur eine leibliche. An- und Abwesenheit verteilen sich unter heutigen Bedingungen ganz anders, weshalb auch die sogenannte Zeiterfassung nicht so sehr die Arbeitszeit erfasst, als vielmehr die aktuelle Position angestellter Körper im Raum ortet. Wie auch immer: ich mache manchmal Telearbeit, aber meistens – wenn nicht gerade Dienstreisen anstehen – bin ich im Büro, im Innendienst sozusagen. Und das, wie gesagt, nicht ungern. Das Unbehagen im Büro drückt sich an mir nicht als körperliches Unwohlsein aus. Ich habe keine besonderen psychosomatischen Symptome, mich quält auch nicht die Angst vor dem großen Versagen. Nicht vor dem Versagen habe ich Angst, sondern eher vor dem Entsprechen. Diese Art Angst ist keine vor Personen, sondern eine vor der neuen Technokratie aus Instrumenten, Prozessen, Standards und Routinen. Es ist die Angst, ein Manager zu werden oder schon längst geworden zu sein, ohne dass wir den Schwund unserer kritischen Kapazitäten überhaupt richtig bemerkt hätten.

Manchmal vertreibe ich mir die Zeit auf der Anfahrt ins Büro mit einschlägigen Lektüren. Es gibt eine unüberschaubare Literatur, die mich berät, wie ich das Leben im Büro meistern, wie ich es so gestalten kann, dass *ich* hier und heute »den Unterschied mache« und nicht etwa ein anderer. Die meisten dieser Bücher kommen aus England und Amerika und verbreiten einen Hauch von religiöser Erbauungs- und Erweckungsliteratur. Auch ich war mal ein Büro-Mitläufer, erzählen sie uns, jetzt bin ich ein Linchpin, das soll heißen: die Dreh- und Angelperson, wenigstens auf meinem Flur. Eines dieser Bücher, das äußerlich ein bisschen an eine Hotelbibel erinnert und das man in jeder Flughafenbuchhandlung bekommt, heißt im englischen Original *The Rules of Work. A definitive code for personal success.*[1] Wie der Autor heißt, erfährt man erst auf der nächsten Seite, aber dann gleich mit eigenhändiger Unterschrift, denn »Diese Regeln sind mein Geschenk für Dich. Sie gehören Dir. Bewahre sie gut auf, halte sie geheim! Richard Templar«. Dieses Buch ist also ein persönlicher Brief an mich, geschrieben von einer guten Arbeitsfee, die mir und nur mir den Weg zum Erfolg ebnen will. Nicht für alle Büroangestellten, die der Erlösung harren, hat also Richard Templar sein Buch geschrieben, sondern exklusiv für mich. Lerne zu gehen, sagt mir der erste Imperativ, gehe, wie du redest (aber nur, wenn du gut reden kannst), entwickle den Gang, der deinen Chefs auffällt, entwickle die Attitüde, auf die es ankommt und die »den Unterschied macht«. Begreife sodann, dass du immerfort beobachtet und beurteilt wirst, achte auf dich, bleibe freundlich und lege dir einen Plan zurecht. Darauf wäre man selbst nicht gekommen. Ist das hier nur ein Leitfaden für Manager und solche, die es werden wollen? Oder soll auch ich mich angesprochen fühlen? In der Templar-Welt scheint es den Unterschied zwischen Managern und Leuten mit richtigen Berufen oder auch den Unterschied zwischen Unternehmen und öffentlichen Einrichtungen nicht zu geben, und wenn, dann hätte er keinen Einfluss auf seine Vorstellung von Work. Alles ist jetzt Firma, und alles ist Management.

Ist es gut oder schlecht, wenn sich bei mir ein Widerstand gegen Templars Beschreibungen der Arbeitswelt meldet? Die öffentlichen Institutionen haben sich ja in den letzten Jahrzehnten mit großem werblichen und rhetorischen Aufwand als Unternehmen neu erfunden. Es war schließlich der Ehrgeiz der Politiker und Vorstände, Bundesanstalten in Agenturen und den Beamten in einen service- und kundenorientierten Dienstleister zu verwandeln. Vergiss also den Unterschied zwischen dem kampfeslustigen, karriere-aufmüpfigen Linchpin, der jeden Tag den Unterschied macht, und dir und merke: Richard Templar meint auch dich. Er meint uns alle, gleich ob wir nun öffentlich oder sonst wie angestellt sind. »Mache Lernen zur lebenslangen Mission«. Und »Halt den Mund, wenn Dir nichts Vernünftiges einfällt«. Aber auch: »Misch Dich ein!« »Sei den anderen einen Schritt voraus!« »Verstehe das System!« »Lerne mit Widerstand umzugehen!« Und dann, am Ende, fast erwartbar: »Wisse, wann Du die Regeln brechen musst!« Regeln, das sagen uns alle diese Managementbücher, sind nur die Sprossen, auf denen wir die Leiter hochklettern. Belohnt wird nur, wer im richtigen Moment die Leiter wegstößt und die Regeln bricht. Sollen doch die anderen Rule Player bleiben, ich werde heute, sage ich mir, ins Büro gehen und alle Regeln brechen (wobei Templar betont, dass das nicht jeden Tag und auch nicht jedes Jahr, sondern eher selten, dann aber richtig, geschehen sollte). Ich werde mir den Respekt meiner verdutzten Vorgesetzten erwerben, indem ich keine ihrer Anweisungen oder Erwartungen erfülle. Natürlich beherrsche ich die Regeln im Schlaf, aber ich weiß, wann und wie ich sie abschüttle und meine Umgebung abrupt mit meinem freien Willen konfrontiere. »Schauen Sie«, schreibt Richard Templar, »am Ende ist alles eine Bauchfrage. Folgen Sie den Regeln, bis sie bei Ihnen zu Instinkten geworden sind, und dann vertrauen Sie Ihren Instinkten.« Und weil das der Satz ist, der alle guten Ratschläge zusammenfasst, steht er noch einmal doppelt eingerahmt und in fünffacher Schriftgröße auf der letzten Seite. Du kannst und du wirst dein Leben ändern, sagt mir dieses Buch, und ich darf nur nicht daran denken, dass es genau jetzt in tausend Vorortzügen von abertausend Berufspendlern auch gelesen wird und in ihnen womöglich die Hoffnung weckt, es würde von heute an alles anders und sie würden, endlich, im Büro »gesehen«, »wahrgenommen«, ja sogar »wertgeschätzt«, oder was sonst sie sich erträumen, nur weil sie, wenn auch erprobte Rule Player, nunmehr ganz »aus dem Bauch heraus« agieren. Aber was soll man machen? »It's your career«, sagt uns Richard Templar.

Ist man dann physisch im Büro angekommen, hat man die Kollegen begrüßt, das Teewasser aufgesetzt und den Computer hochgefahren, stellt sich die Lage schon wieder etwas komplizierter dar.

Die Lage ist ja in etwa noch dieselbe wie gestern Abend, ich schließe an Unerledigtes, Klärungsbedürftiges, Unangenehmes und den ganzen Regelkreis der Üblichkeiten und Voraussetzungen an und weiß gerade nicht, wie ich ausgerechnet heute einen aufsehenerregenden Neuanfang machen sollte. Alles ist Konvention und Fortsetzung, und nirgendwo ist, allem Business-Gospel zum Trotz, ein neuer Morgen in Sicht. Natürlich fängt der Bürotag mit dem Checken der E-Mails an, beziehungsweise die E-Mails sind längst gecheckt, weil wir mit unseren Mobilcomputern längst von unterwegs aus auf sie zugegriffen haben. Trotzdem muss vor allem anderen das Gerät ans Laufen gebracht werden, und wehe, es läuft nicht, weil irgendwas gerade mal wieder über Nacht die Systemarchitektur zum Einsturz gebracht hat. Dann bricht, jeder kennt es, eine echte und tiefe Sinnkrise aus. Merkwürdig, eigentlich könnte man nun ungestört tun, was man nur im Büro kann, nämlich kommunizieren, und zwar im Modus richtiger, physischer Begegnung, aber statt dessen fangen wir an zu nörgeln oder rufen uns zwischen Tür und Angel zu, dass ohne Computer sogleich die komplette Sinnleere ausbricht. Ein Glück, dass sich dann irgendwann doch wieder die Citrix-Landschaft öffnet; wir können also mit dem beginnen, was wir unsere Arbeit nennen. Wie oft habe ich mir vorgenommen, das Gerät gar nicht erst anzuschalten oder meine Mails nur zweimal am Tag zu lesen, oder sie ständig zu lesen, aber nur zweimal am Tag zu beantworten. Wie oft habe ich mir eine bestimmte Diätetik des Outlook-Gebrauchs vorgenommen, allein es hat nie funktioniert. Also bleibt alles vorerst beim Alten, das heißt, ich schaue mir meine Mails an.

Nicht dass über Nacht Nachschub in großer Menge eingelangt wäre. Aber es sind ja noch die Mails vom Vortag da, die zwar gelesen, aber doch nicht regelrecht abgearbeitet (vom Beantworten hier ganz zu schweigen) worden sind. Zunächst einmal sind diejenigen Mails zu identifizieren, die tatsächlich bei mir Handlungen auslösen sollen, Handlungen, die in der Regel wiederum Mails sind. Dazu gehören nicht die Junk-Mails zweifelhaften Inhalts, die mich ohnehin nicht mehr erreichen, weil mich ein Firewall vor ihnen schützt, dazu gehören auch nicht die tausend Newsletter, Listen-Mails und sonstigen Mitteilungen, bei denen ich nur Mitleser bin. Auch Mails, bei denen ich nur »ins cc. genommen« wurde, ziehen keine weitere Anstrengung nach sich, wenn ich mich an die Etikette halte, die besagt, dass man in diesen Fällen auf eine eigene Antwort verzichten soll. Wenn alle diese Anschläge auf meine frühmorgendliche Leistungsfreude erfolgreich ignoriert sind, wende ich mich den Mitteilungen zu, die mich tatsächlich zu einer Reaktion nötigen. Ich sehe, dass mir wie üblich die eine oder andere Deadline gesetzt wurde, von Menschen, die sich dazu für befugt halten (»bis morgen, 12 Uhr«), was in der Regel dazu führt, dass ich wiederum anderen Menschen eine Deadline setze (»bis morgen, 11 Uhr). Ich sehe, dass manche Mailschreiber von mir etwas wollen, das andere besser tun können – oder sie können es ebenso gut wie ich, sind aber aus Hierarchiegründen zur Abnahme meiner Arbeit angehalten, so wie ich meinen Oberen die Arbeit abnehme. Suche und finde, so könnte die Parole heißen, diejenige Ebene (man nennt sie die Arbeitsebene), die deine Arbeit ohne Qualitätsverlust, oder sogar mit Qualitätsgewinn, übernehmen kann; sollte dies nicht zu erwarten sein, bist du gut beraten, deine Arbeit selbst zu tun. Es gibt Menschen, die es lieben, mitzulesen und mitlesen zu lassen, und andere, die es hassen. Es gibt Menschen, die ihre Mails vor allem für die Augen derjenigen schreiben, die sie mitlesen lassen. Und dann gibt es noch Menschen, die mit versteckten »cc.s« operieren und damit eine ganz neue Art von Briefgeheimnis in unsere Bürowelt tragen. Manche Kollegen toben sich auf der Betreffzeile schon mit Kurzfassungen des Mail-Inhalts aus, andere ergehen sich in Andeutungen. Die Vollprofis kündigen »Antworten im Text« an, die man dann erst einmal als solche erkennen muss. Jedenfalls eröffnet die Welt der E-Mail völlig neue Dimensionen der sonst als bedroht geltenden Schriftkultur, und wie jede neue Technologie fügt sie der Schriftlichkeit neue Varianten hinzu und opfert dafür andere. Gern bestätigen wir uns, wie gern wir mit einem teuren Tintenfüller handgeschriebene Briefe bekommen und sogar selbst verfassen (würden) – wir tun es nur selten oder nie, weil uns das Mailen längst in Fleisch und Blut übergegangen ist, mit seiner Umstandslosigkeit und seiner Rasanz. Manchmal sind wir zu rasant und senden Mails ab, die besser nicht abgesendet worden wären. Dann starten wir im Anschluss eine Rückrufaktion, nach der wirklich jeder verstanden hat, dass hier ein Malheur geschehen ist, das man sich mal etwas genauer anschauen sollte. Jede nicht geschriebene Mail sei eine gute Mail, sagt gelegentlich ein kluger Coach, aber ach, er weiß nicht oder will nicht wissen, dass wir im Büro zu Junkies der Mail-Kommunikation geworden sind.

Aber auch das gibt es: die seriöse, unentbehrliche, wichtige Mail, die nach einer Reaktion verlangt, ja gar nach einer Erledigung, wenn nicht gar einer vorangehenden Entscheidung. Der gute Ton sieht vor, dass bis zur Beantwortung nicht etwa vier Wochen vergehen dürfen (was bei Briefen weniger denn je ein Problem darstellt), sondern eher – sagen wir – 48 Stunden. Mit solchen Mails beginnt erst die richtige Arbeit, bis dahin war alles nur Sichtung, Löschung, qualitatives Ignorieren. Nun wäre es gut, die Zeit zu haben, um sich den derart herausgefilterten Aufgaben und Notwendigkeiten tatsächlich auch zu widmen. Das geht aber nicht, jedenfalls nicht im Büro, weil mir mein Outlook-Kalender ein nahendes Ereignis meldet. Mein Bürotag ist wie jeder andere gefüllt mit Ereignissen, manchmal, »worst case«, mit »ganztägigen

Ereignissen«. Wie sagt man im Büro so schön: »Ich habe einen Anschlag auf Sie vor.« Der schlimmstmögliche Anschlag auf mich und meine Arbeitszeit ist ein ganztägig verhängtes Kommunikationsereignis. Ein Workshop zur Organisationslehre etwa. Eine Fortbildung oder sonstige Personalentwicklungsmaßnahmen. Eine Teambildung. Ein Jahresgespräch mit »Nachhaltedialog«. Ein »Zufriedenheitsgespräch« mit mir und anderen. Die Sitzung eines Lenkungsausschusses. Oder auch nur eine Gremiensitzung. Ganz grundsätzlich ist hier zu unterscheiden zwischen Aktivitäten und Meta-Aktivitäten. Meta-Aktivitäten – Ereignisformen also, bei denen die Arbeit weniger erledigt als vielmehr geplant, bewertet, interpretiert und gesteuert wird – nehmen mehr Zeit in Anspruch als die objektgerichteten Aktivitäten, die man anders als die Meta-Aktivitäten tatsächlich erledigen kann.

Wie anders war das früher? Nur noch dunkel erinnere ich mich an das System der Umlaufmappen, die von Boten durchs Haus getragen wurden. Es gab ein Schreibbüro, es wurde viel diktiert und, anders als heute, sehr viel telefoniert. Wie mühsam muss es gewesen sein, eine Sitzung einzuberufen – vielleicht hat man auch deshalb auf diese Möglichkeit gern einmal verzichtet. Es gab mehr sogenannte »Face to face«-Kommunikation, die man damals aber noch nicht Kommunikation nannte. Es war normal, dass man Papiere von Hand über den Gang zum Kollegen trug und sich dabei irgendwie beggenete. Die neuen Technologien haben uns all das abgenommen, sie sind Erleichterer oder, schöner auf Englisch, »facilitators«, unseres Alltags. Dabei erzeugen sie erst den Verkehr, für dessen Bewältigung sie uns Abhilfe versprechen. Ohne Outlook gäbe es das ganztägige Ereignis gewiss gar nicht, das mir ein Besprechungsorganisator in den Terminkalender gestellt hat. Nicht dass hier irgendwer autoritär über meine Zeit verfügen wollte: es gibt Anfragen, die ich ablehnen kann, und Termine, die ich verschieben kann. Wie immerfort im Büro, erlebe ich mich als Täter und Opfer zugleich: jemand will freundlich über mich verfügen und ich verfüge meinerseits freundlich über die anderen. Büro ist, wenn jeder jedem ein ganztägiges oder sonst ein Ereignis in den Kalender stellen kann, das abgelehnt oder verschoben werden kann, aber mit einiger Wahrscheinlichkeit dann doch stattfinden wird. Insofern ist Outlook nichthierarchisch. Was deshalb fehlt, ist die urteilende Instanz, die sinnlose Termine von möglicherweise sinnvollen unterscheidet und damit also die Arbeitszeit und die Arbeitskraft vor unqualifizierten Zugriffen schützt.

Vielleicht kommt es aber auch gar nicht so sehr darauf an, die Mitarbeiter vor dem Sitzungswesen zu schützen, als vielmehr, das Sitzungswesen vor den Mitarbeitern zu schützen. Jede Maßnahme zur Innovation des Sitzungswesens führt, wie wir wissen, zu neuen Sitzungen, die dann möglicherweise im Stehen stattfinden (was sie angeblich verkürzt) oder in einem jener neuen Formate abgehalten werden, die uns die Coaches und Trainer immer empfehlen. Jede dieser Maßnahmen zielt freilich darauf ab, das Sitzungswesen zu erhalten, weil es den tieferen Daseinsgrund der Bürowelt darstellt. Allein der Umstand, dass wir uns hier und heute in Sitzungen begegnen werden, rechtfertigt ja den Aufwand an Teppichböden, Heiz- oder Mietkosten. Wir sind ja keine Fabrik, in der Maschinen stehen, die nur hier bedient werden können und mit denen wir Produkte erzeugen. Wir sind auch keine Sendeanstalt, die ein Programm über Antennen an die Empfänger bringt. Und wir sind auch kein Gericht, in dem der Raum die Wirkung des Gesetzes symbolisch beglaubigt. Wir sind postmaterielle Wissensarbeiter, ortlos und zeitversetzt, die überall und nirgendwo gebraucht werden und die eigentlich gar kein Zuhause bräuchten, weil sie ihr virtuelles Gehäuse ohnehin immer auf dem Rücken tragen, und die bei der Vorstellung, noch immer ein Mutterhaus zu haben, eher nostalgische, also angenehme Gefühle beschleichen.

Die Sitzung also ist der wahre Grund meines Hier- und Daseins, dabei habe ich aber auch sonst viel zu tun. Ich muss und werde heute: Formatierungen beachten, Deadlines einhalten, Instrumente bedienen, an der Performance arbeiten, Geschichten erzählen, die meinen Public Value unterstreichen, ich werde Strategien entwickeln und umsetzen, und ich werde Ziele erreichen, die sich anhand von Indikatoren werden messen lassen. All das Letztere muss ich aber außerhalb der vielen Besprechungen und Sitzungen bewerkstelligen, so dass ich letztlich nur die Alternative habe, die eine oder andere Sitzung zu schwänzen oder sie wenigstens abzukürzen oder aber meine Arbeitszeit tief in die sitzungsfreie Zeit, also in die Abendstunden hinein auszudehnen.

Jeder weiß, dass das Langebleiben und Als-Letzter-Gehen noch immer Eindruck macht, wenngleich die Telekommunikation diese Form der Leistungspräsentation durch Sitzenbleiben schon stark entkräftet hat. Wer weiß denn, ob ich arbeite, wenn ich im Büro sitze? Wer weiß, ob ich nicht arbeite, wenn ich nicht im Büro sitze? Wer versendet nicht seine wichtigsten Schriftsätze gern erst gegen 22 Uhr, wenn die Ansprüche der Familie abgegolten scheinen und die Arbeit ungeniert weitergehen kann? Einfach schon, weil es dringlicher und fleißiger wirkt. Das Langebleiben und das Spätgehen sind in der Krise, wie überhaupt die schiere Präsenz am Arbeitsplatz den Gipfel ihrer Wirksamkeit offenbar überschritten hat. Wir kennen es ja, wenn Kollegen sagen, sie kämen »heute nicht rein«, und ahnen dann, dass sie wegen, wie es heißt, »Arbeitsverdichtung« zu Hause bleiben, wo sie an visionären Denkpapieren schreiben, mit denen sie uns beim nächsten Wiedersehen die Schau stehlen werden. Gleichwie, die Arbeit muss getan werden, und weil sie »auf der Arbeit« nicht wirklich getan werden kann, ragt sie immer weiter vor in die ehemalige Freizeit, in die sogenannte Privatsphäre. Was mich angeht, so bin ich, ungern gebe ich es zu, ein Früheintreffer, eine Neigung, aus der sich keinerlei symbolisches Kapital schlagen lässt – cool ist hingegen, wer gegen 10 Uhr auftaucht und dann schon mal, aber bestimmt nicht regelmäßig, bis 20 Uhr oder länger bleibt und dabei gesehen wird (was nicht immer leicht einzurichten ist). Als cool galten früher auch die Kollegen, die sich am Wochenende Einlass ins Büro verschafften, wo sie ganze Tage verbrachten und ungeheure Zeitüberschüsse erwirtschafteten. Jetzt erwecken sie eher den ungünstigen Eindruck, sie hätten daheim keinen Computer stehen.

Was steht heute an, was verkündet mir mein Outlook-Kalender? Und was ist wirklich zu tun, vor oder hinter der Terminfassade? Es gibt ja keinen Chef mehr, der mir sagt, was ich heute tun soll. An die Stelle der Befehlsausgabe ist die Zielvereinbarung getreten. Da diese nur einmal im Jahr stattfindet, kann ich mir die Zeit zwischen den Jahresgesprächen relativ selbständig einteilen. Ich kann nicht behaupten, ich lebte in der Furcht des Herrn. Wenn ich dennoch weiter, altmodisch gesprochen, meine Pflicht tue, dann entweder deshalb, weil ich mich erfolgreich selbst steuere oder weil der ehemalige Herr nunmehr mein Tun indirekt, über Vereinbarungen und Verträge, lenkt. Geführt wird über Ziele und deren Erreichung; ansonsten lässt uns der Arbeitgeber freie Hand. Das hört sich fast so an, als gewährte uns der Arbeitgeber einen Vertrauensvorschuss. Schluss also mit der alten und vielfach beklagten »Misstrauensverwaltung«?

So ganz vertraut der Arbeitgeber seinem Vertrauen in uns dann doch nicht, oder er darf es nicht, weil ihm natürlich die Kontrollinstanzen, die Rechnungsprüfer und Rechnungshöfe und zuletzt der Steuerzahler im Nacken sitzen. Also gibt es immer neue Kosten-Leistungs-Rechnungen und eine erfinderische Zeitbuchung, in der die Arbeitnehmer über die Taten ihrer Tage Buch führen. Was aber sollen wir dort verbuchen, wenn wir doch vor allem Kommunikationen produzieren? Genau, die Kommunikationen sind zu verbuchen, entweder als interne oder externe. Auf diese Weise wird unser Tun durchsichtig für die internen und externen Kontrolleure. Laufend erzeugen wir Evidenzen, echte oder auch nur scheinbare, laufend tun wir Berichts- und Nachweispflichten Genüge, und manchmal machen wir uns halb im Spaß eine eigene Statistik, aus der hervorgeht, wie viel Prozent unserer Arbeitszeit wir mit der Darstellung unserer Arbeit verbringen.

10:00 Uhr. *Sitzung des Lenkungsausschusses.* Gegen Sitzungen und Lenkungsausschüsse ist nichts einzuwenden, wenn wir anerkennen, dass es offene Fragen gibt, die nur von einer Gruppe der Klärung nähergebracht werden können. In der Regel treffen aber in solchen Sitzungen

Experten auf Nicht-Experten und weit gediehene (Vor-)Entscheidungen auf die relative Ahnungslosigkeit der anderen. Solche Sitzungen dienen vor allem dazu, einen Konsens zu generieren, an dessen gedanklicher Vorbereitung nur der eine Teil des Publikums Anteil hatte. Wie auch immer, wir sind offen, wir sind lernwillig, wir vertiefen uns bei Bedarf in gleich welche Materie und sind im Handumdrehen sprechfähig, wie es immer heißt. Und dann hat schon jemand einen Laptop und den Beamer hingestellt und präsentiert zunächst einmal den Stand des Projekts – denn es gibt nichts im Büro, was nicht Projekt sein könnte. Und wer Projekt sagt, der sagt auch Projektmanagement, Projektleitung, Projektfortschritt, ganz so, als sollte hier mindestens ein weiterer Tunnel unter dem Ärmelkanal gegraben werden. Auch hier sind wir wieder unter Office, aber nun regiert statt Outlook PowerPoint. Inzwischen gehört es zum guten Ton einer PowerPoint-Präsentation, eingangs zu bemerken, dass PowerPoint eigentlich blöd sei, aber nun hat man ja die PPP vorbereitet und den Stick mitgebracht, also wäre es vielleicht noch blöder, nichts zu präsentieren. Der Überdruss an PowerPoint ist groß, aber ohne PowerPoint geht es auch nicht. Die üblichen Textfolien mit den Bullet Points, die dann in gemäßigt freier Rede umspielt, letztlich aber wiederholt werden, sind out; in ist entweder gar keine PPP oder aber die freihändige Version, in der die Zuhörer mit Bild- und Textmaterial überrascht werden, das ersichtlich nur nonlinear und lose mit dem Kommentartext verknüpft ist. PowerPoint ist blöd, macht dumm und formatiert die Gedanken entlang einem Industriestandard vor, sagt uns der Kollege, ehe er seine PowerPoint-Präsentation startet, die dann weitgehend dem Industriestandard folgt.

Und wir hören noch eine Weile zu und schauen auf die Folien, die virtuos auf- und abgeblendet werden (besonders gefällt uns das sukzessive Aufrufen der Bullet Points; genau so haben einst unsere Lehrer mit dem Tageslichtprojektor gespielt). Und was wir auch noch merken, ist unsere fortschreitende und unaufhaltsame Dekonzentration. Warum wären wir in der Lage, einem mündlichen Vortrag in freier Rede möglicherweise sogar gebannt zu lauschen, und warum macht uns diese Art der Visualisierung, ja das Prinzip Visualisierung und Präsentation als solches, derart müde? Es muss damit zu tun haben, dass die Präsentation die Spur der individuellen und interessanten Rede fast komplett tilgt – unter PPP reden alle gleich, und fast alle haben sich angewöhnt, ihre Reden an erwartbaren Stellen mit Scherzen oder einem lustigen Bild zu würzen. PPP hat die freie Rede ersetzt, eine frohe Botschaft für all diejenigen, denen die freie Rede immer schon ein Greuel war. Die PPP-Prothese trägt jeden durchs Präsentationsmenü und löst gewiss bei keinem Präsentator mehr Handschweiß aus – nur mit dem Nebeneffekt, das wir halb vor uns hin dösen oder mit dem Abfassen von Mails auf unseren Taschencomputern beschäftigt sind.

Die durchschnittliche Sitzung setzt sich etwa zur Hälfte aus Präsentation und Diskussion zusammen und etwa im Verhältnis von 90 zu 10 Prozent aus Berieselung und Eigenaktivität. Die Sitzung – und noch hat die Berater-Idee der partizipativen, der eigenaktiven und sportlichen Steh-Sitzung daran nichts geändert – ist für uns eine Art Geiselnahme am helllichten Tage und mit den besten Absichten, die uns unweigerlich in eine Welt des Dämmers und der Gedankenflucht versetzt. So ähnlich muss man sich in einer Zelle fühlen, in einer Mönchszelle (aber da kann man wenigstens die Bibel lesen) oder einer Gefängniszelle (aber da kann man wenigstens Hanteltraining machen). Natürlich, man kann aus dem Fenster schauen, aber davon wird es auch nicht besser. Wir wollen ja arbeiten, wir haben, wenigstens in Resten, noch eine heroische Vision und wollen vor dem Mittagessen noch ein, zwei Deadlines abwenden und auch sonst den Nutzen unseres Hauses mehren und den Schaden mindern. Aber jetzt stecken wir hier gerade völlig postheroisch fest und könnten uns allenfalls mit dem Hinweis auf unsere drängenden Anschlusstermine verfrüht aus der Sitzung verabschieden. Immer gibt es den Abzweig zwischen »die Dinge, an denen man eh nichts ändern kann, laufen lassen« oder »ihnen doch noch einen konstruktiven Dreh geben wollen«, und man weiß nie, welche Tendenz diesmal in einem obsiegen wird.

Eines ist klar: wir können hier nicht einfach sitzen und schweigen. Selbst dann nicht, wenn wir zum Thema nichts wirklich Wegweisendes beizutragen haben. Insofern ist das Büro ein politischer und öffentlicher Raum: es wird in ihm ein ewiger Kampf um Redeanteile und Aufmerksamkeit ausgetragen. Leicht wäre es, wenn mein Schweigen heute so beredt wäre, dass es von irgendwem als Meinungsäußerung vernommen würde. Weil es aber so nicht ist, muss ich reden, das heißt: widersprechen, bestätigen, unterstreichen, zu bedenken geben, an dieser Stelle einwenden, noch auf einen Punkt hinweisen, »ganz bei Ihnen, Frau X.« sein, noch mal »nachhaken«, weil mir das »gerade zu schnell« ging, davor warnen, dass wir »es uns hier zu einfach« machen, dass wir doch nicht »das Rad neu erfinden« sollten und so weiter. Ich werde diese Sitzung nicht verlassen, ohne dass mein Name »aktiv« im Protokoll auftaucht. Ich werde Entscheidungen nicht einfach »abnicken«, sondern sie »mittragen«. Gerade wenn solche Diskussions- und Entscheidungsfreude pfeilschnell aus einer vorangegangenen Schläfrigkeit herausschießt, ist sie wirkungsvoll; nicht etwa dann, wenn ich schon die ganze Zeit interessiert getan habe. Wollte man das anhand meines Sitzverhaltens visualisieren, so wäre es so, dass ich zunächst eine ganze Weile die Beine übereinandergeschlagen und den Stuhl weit vom Sitzungstisch weggerückt hatte, und nun buchstäblich anrücke, den Körper in Arbeitshaltung und die Hände in Schreibhaltung, und auf diese Weise die Botschaft verkündend: bis hierher hat mich das alles eher weniger interessiert, aber da wir uns hier nun einer Entscheidung nähern, möchte ich nun doch ... Nicht dass das ein Rezept wäre. Die anderen sind ja im Prinzip ausgeschlafener als ich – wobei es eben *kein* Vorteil ist, allzu ausgeschlafen zu sein. Jeder mischt sich selbst seinen Zaubertrank aus Arroganz und Bescheidenheit, Passivität und Aktivität, und manchmal wirkt er Wunder, manchmal nicht.

12:00 Uhr. *Evaluationsgespräch*. Ein junger Mann, er könnte noch Student sein, hat sich auf einen Besuch angesagt. Er ist freier Mitarbeiter bei einer Firma, die in unserem Auftrag bestimmte Maßnahmen und Projekte evaluiert. Eigentlich wird bei uns fast jeden Tag etwas evaluiert, nicht weil wir uns das ausgesucht haben, sondern weil Evaluation die Methode ist, mit der sich Organisationen heutzutage ihr Recht auf Fortbestand sichern. So eine Evaluation ist nie billig, selbst dann nicht, wenn sie am Telefon vorgenommen wird, aber wir glauben, dass das Geld gut angelegt ist, denn wenn wir uns nicht evaluieren ließen, würden uns die Finanzmittel vielleicht gestrichen.

Man kann nicht behaupten, dass Evaluation eine Mode sei. Für eine Mode dauerte Evaluation schon recht lange, und außerdem gibt es keine einzige Behörde oder sonstige öffentliche Einrichtung, an der nicht fleißig evaluiert würde, und längst schon können wir uns vor-evaluative Zustände nicht mehr vorstellen. Der junge Mann ist gut informiert und stellt intelligente Fragen, die ich nach besten Kräften zu beantworten versuche. Im Lauf der Jahre, die immer auch Kürzungsjahre, Sparjahre, Umstrukturierungsjahre und also Evaluationsjahre waren, habe ich mir Antworten angewöhnt auf mögliche oder tatsächliche Fragen nach Wirkung, Leistung, Messbarkeit, Ergebnis und Performance. Die Evaluatoren sagen mir nicht gleich, ob sie meine Antworten gut oder schlecht finden, ich lese es allenfalls später, wenn ihr Evaluationsbericht vorliegt. Jedenfalls ist das Evaluationsgespräch mit dem jungen Mann eine jener Meta-Aktivitäten, die meinen Bürotag füllen. Ich arbeite nicht, ich rede über meine Arbeit – sofern das überhaupt ein Unterschied ist. Ich fülle Fragebögen aus oder antworte auf Telefonfragen oder stehe dem jungen Evaluator Rede und Antwort – immer befriedige ich die Neugier von Menschen, die dafür bezahlt werden, sich für meine Arbeit zu interessieren, und, darauf kommt es an, die auf Grundlage meiner Auskünfte zu Bewertungen meiner Arbeit kommen. Solche Bewertungen entscheiden, ob ich meine Arbeit auch in Zukunft tun kann. Die nette Evaluationskraft, mit der ich jetzt so angeregt plaudere, hat also Macht über mich. Sie kommt zu Urteilen, zu denen ich selbst oder die Organisation, für die ich arbeite, aus eigener Kraft offenbar nicht kommen kann.

Warum? Sind wir zu dumm? Sind wir befangen? Fehlt uns die Befähigung zur Selbstbeurteilung? So ist es wohl. Das Urteil über uns muss delegiert, es muss »outgesourct« werden, an eine Agentur, an einen externen Dienstleister. Dort kennt man zwar unsere Arbeit kaum, aber man verfügt über wissenschaftlich fundierte Evaluationskompetenz.

Wenn ich darüber nachdenke, während ich noch meinem Interviewer die gewünschten Auskünfte gebe, wird mir wieder schummerig zumute. Was ist eigentlich aus meiner eigenen schönen Urteilskraft oder auch nur der Fähigkeit, gute von schlechten Taten zu unterscheiden, geworden? Warum wird sie hier nicht gebraucht? Wer ist denn hier der Profi, der junge Student oder ich? Habe *ich* diese Delegation des eigenen Urteils an Agenturen angeordnet? Und wenn nicht ich, wer dann? Niemand war es in Person, nehme ich an, es war wohl die unsichtbare Hand des New Public Management oder kurz NPM. Jedenfalls ist die Evaluation zur alles umspannenden Wahrheitsformel unserer Arbeitssphäre geworden: »das gehört doch zunächst mal evaluiert«, »das hätte längst mal evaluiert werden müssen«, wer so redet, sagt nie etwas Falsches und darf mit dem zustimmenden Nicken seiner Vorgesetzten rechnen. So wie alles jederzeit »auf den Prüfstand« und »mit einem Preisschild« versehen gehört (o ihr Büro-Redensarten dieser Jahre!), so muss und soll jeder unserer Taten die Evaluation auf dem Fuße folgen, weshalb sie in unsere Kosten immer schon »eingepreist« ist. Wir bezahlen also nicht mehr nur für unsere Aktivitäten, sondern immer auch gleich für deren Dokumentation, Bewertung und Rechtfertigung, für Dinge also, die in älteren Stadien der Menschheitsgeschichte en passant vom Gehirn mit erledigt wurden, während sie heute in die Hände von externen Agenturen gegeben sind. Die Dokumentation macht mir eine Kommunikationsagentur, die Bewertung eine Evaluationsagentur und die Rechtfertigung eine Unternehmensberatung, und weil alle diese Firmen auch künftig mit uns Geschäfte machen wollen, werden sie sich hüten, uns die ganze Wahrheit zu erzählen. Warum hat nur das Wort »extern« in der Bürowelt einen solch verführerischen Klang? Von den Externen erwartet uns das Heil, so wie uns das Licht vom Orient her aufgeht. Der Externe, nennen wir ihn Evaluator, Agent, Coach, Berater, Teamentwickler, Moderator oder Psychologe, lebt von meinen Defiziten, und das nicht schlecht. Er lebt davon, dass ich ein Mängelwesen bin, das Hilfe braucht, irgendein Mittelding zwischen Patient und Delinquent.

Mit der Ankunft der Externen naht die Stunde der Bewährung. Ich bin, so sieht es aus, verschuldet oder unverschuldet schwach geworden, und nun rücken die Bewährungshelfer an, um mich auf den Pfad der Tugend zurückzuführen. Die Externen bieten mir ein Korsett an, das meine Defizite wenn nicht heilen, so doch mildern soll. Auch hier, im Umgang mit den Externen, die um meinen Arbeitsplatz herumstehen wie die Ärzte um das Krankenbett, höre ich wieder die sanfte Stimme des Management-Mentors, der mir sagt: »Ich habe dieses Buch nur für Dich geschrieben. Du bist noch nicht da, wo Du hinwillst, aber ich will Dich ein Stück Weges begleiten, bis Du selbst verstehst, was Du aus Deinen Möglichkeiten machen kannst.« Könnte es sein, dass an die Stelle patriarchaler Über-Ichs (der brüllende, der jähzornige Chef) nun das sanft säuselnde Über-Ich der Berater und Betreuer getreten ist, die ständig nichts als mein Bestes wollen und nichts von dem, was sie mir sagen, als Kritik verstanden wissen wollen? Wäre ich nur eine Sekunde lang der Superman des Büros, der bei Richard Templar gleich nach dem Frühstück alle Regeln bricht, ich würde diese Händler und Wechsler umgehend aus meinem Tempel vertreiben. Aber wahrscheinlich hat mich diese softe Attitüde, dieses »Wir wollen Ihnen ja nur die Arbeit erleichtern, wir sind doch nur Facilitators, wir sind *enablers*«-Getue längst schon mürbe und selber weich gemacht. Ein Gutteil dessen, was während der Dienstzeit im Büro geschieht, ist eigentlich Therapie, eine an dieser Stelle zunächst unerwartete Wellness-Phase, in der dafür bezahlte Menschen mir gut und sanft zureden wie einem störrischen Ackergaul. Sie kritisieren mich nicht, sie provozieren mich nicht, sie schreien mich nicht an, im Gegenteil, sie bieten mir ihren »Support« und »Lösungen« an, bei denen ich nur folgen muss, damit daraus eine »Win-Win-Situation«, nämlich mein Lerneffekt und die Prämie des Beraters, entsteht.

Für all das kann auch der junge Evaluator nichts, der gerade in meinem Büro sitzt, er muss auch sehen, wo er beruflich bleibt und hätte vielleicht auch lieber einen richtigen Beruf als nur einen Flexjob in der Fragebogenindustrie. Strukturell gesehen ist er ein Parasit, wenn wir darunter einen Organismus verstehen wollen, der an oder in einem anderen Organismus lebt und seine Nahrung oder andere Leistung ohne gleichwertige Gegenleistung von seinem Wirt bezieht. Einer der wirklich florierenden Wirtschaftszweige unserer Zeit ist die Branche, die von der Beobachtung, Vermessung, Interpretation und Therapie der Arbeit anderer lebt. Liebe Externe, liebe Berater, wie wäre es, wenn ihr die Beobachtung meiner Arbeit kurzfristig einstellen könntet und mich einfach mal arbeiten ließet?

Ich würde beispielsweise gern einfach mal einen Brief schreiben und mich dabei weder selbst beobachten noch von euch beobachtet werden. Raus mit euch Externen, jedenfalls für den Moment, und sei es auch nur, weil ich jetzt meine wohlverdiente (wie man so sagt) Mittagspause antreten möchte.

14:00 Uhr: *Strategie-Meeting.* Auch wenn man, wie moderne Angestellte, mittags »nur einen Apfel« isst, sollte man – und hier werde ich nun selbst zum Berater und stelle fest, dass mir diesen guten Tipp kein Berater je gegeben hat – diesen Apfel unbedingt in der Kantine verzehren und nicht etwa solitär am Arbeitsplatz. Man sollte sich unbedingt in Abständen unter Menschen begeben, und das heißt nicht etwa nur in Sitzungen. Zwischen Tür und Angel, auf dem Flur, in der Teeküche und vor allem in der Kantine ereignet sich unaufhörlich Bedeutsames – und nicht etwa, weil wir dann nicht das Dienstgespräch pflegten, nein, wir setzen es auf einer höheren, entspannteren und ergiebigeren Ebene fort. Deswegen ist es immer eine gute Idee, das Dienstliche beim Essen zu besprechen; anders als bei Sitzungen strukturiert die Menüfolge den Ablauf des Gesprächs und erzwingt spätestens beim Espresso ein Ergebnis, mit dem man auseinandergehen kann. Jetzt aber rasch zum Strategie-Meeting.

Mit der Strategie ist es so eine Sache. Wer kann mir bitte noch einmal kurz den heute so beliebten Unterschied zwischen »strategisch« und »operativ« erklären (und gibt es nicht drittens auch noch das »Taktische«?), möchte ich gern zu Beginn eines jeden dieser Meetings ausrufen, aber das geht natürlich auch nicht. Fest steht, dass »strategisch« Aussagenbündel von besonderer Dringlichkeit und Relevanz bezeichnet, die dann operativ bloß noch umgesetzt werden müssen. Oder habe ich da was falsch verstanden? Das Strategie-Meeting, fest in den Händen von Power-Point, hat uns versammelt, um über neue Strategien nachzudenken – eigentlich ein willkommener Anlass, ein bisschen über den Alltag hinauszudenken in die Zukunft. Strategie: bei diesem großen Wort denken manche Leute immer noch zuerst an Clausewitz und nicht nur an die Performance der Deutschen Telekom im letzten Quartal. Wer Clausewitz sagt, der sagt Krieg und »Zweck«, »Ziel« und »Mittel«. Der Zweck des Krieges, sagt Clausewitz, liege darin, »dem Gegner unseren Willen aufzuzwingen«. Dazu muss der Gegner wehrlos gemacht werden, die gegnerischen Streitkräfte müssen also ausgeschaltet werden. Dies ist das Ziel zum Zweck, das mit Hilfe einer Strategie angepeilt wird und wozu Mittel aller Art, auch nichtmilitärische, zum Einsatz gelangen. Wer aber ist unser Gegner?

Irgendwann ist Clausewitz zum Marketing-Guru aufgestiegen, weil man beispielsweise den Zahnpasta-Markt als Kriegsgebiet identifiziert hatte, und irgendwann später ist dieser Marketing-Begriff von Strategie in Unternehmen und Verwaltungen eingedrungen, die sich bis dahin nicht als Kriegsgebiet verstanden hatten. So kommt es, etwas verkürzt erzählt, dass wir heute Nachmittag ein Strategie-Meeting haben, nicht in einem Imperial War Room, sondern, bei Keks und Kaffee, in einem netten Besprechungsraum. Strategie ist eigentlich etwas, das geheimgehalten gehört (oder gibt es einen erfolgreichen Krieg ohne Kriegslist?), aber wir machen aus ihr bestimmt kein Geheimnis. Auch das haben wir uns wahrscheinlich von den Unternehmen abgeschaut, die rund um die Uhr

Geschichten erfinden und erzählen müssen, um die Phantasie der Börse anzustacheln. »Nächstes Jahr wollen wir Weltmarktführer sein«, »Übernächstes Jahr wollen wir das wettbewerbsfähigste Pharma-Unternehmen Europas sein«, »Überübernächstes Jahr wollen wir mehr als die Hälfte des Marktanteils erobert haben« und das alles mit Hilfe von Strategien. Wichtig ist zunächst die Ankündigung von Großtaten – und wie verführerisch klingen in manchen Ohren Begriffe wie Balanced Scorecard, Portfolio Analyse, Potentialanalyse, ROI Analyse, als hätte, wer so redet, schon halb gewonnen.

Merkwürdig, wie wir uns den Blick in die Zukunft durch ihre Verkürzung auf strategische Ziele planmäßig verbauen. Man könnte ja zum Beispiel eine Idee haben, oder sogar eine gute Idee oder mehrere gute Ideen oder gar eine Vision, eine Utopie oder vielleicht nur einen Plan. Die strategischen Ziele, über denen wir heute Nachmittag brüten, sollen aber gar nicht die Vorstellungskräfte entfesseln, sondern, wie die üblichen Unternehmensstrategien, vor allem die sogenannten Stakeholder bei Laune halten – indem wir ihnen erzählen, womit sie ohnehin gerechnet haben, nur eben mit leicht dynamischer Komponente (irgendetwas wird »verstärkt« getan werden, von irgendetwas wird es »mehr« geben). So legt sich von Anfang an der Mehltau der üblichen, marktgängigen Sprachregelungen, der tausendfach gesagten und nie geglaubten Formeln über unsere Sitzung. Wir könnten viel besser sein, denke ich, und andere denken es auch, aber wir dürfen nur so gut sein, wie man uns sein lässt, nicht wie unsere Vorgesetzten es uns sein lassen, sondern wie die Politik (die auch nach Clausewitz in letzter Instanz über das Kriegsziel entscheidet) uns sein lässt. Wir dürfen nicht erkennbar klüger und visionärer sein, als, sagen wir, das Koalitionsprogramm der aktuellen Bundesregierung. Wenn dort etwas von, sagen wir, »Wissensgesellschaft« oder »Bildungsrepublik Deutschland« geschrieben steht, sind wir gut beraten, nicht wesentlich über solche semantischen Leerverkäufe hinauszugehen. So kommt es, dass die strategischen Ziele selten unser wirkliches Wollen und unsere besten Kräfte aufrufen und mobilisieren, sondern meistens nur das, was eine politisch etablierte und zäh auf Durchschnitt herunterverhandelte Mittellage an Ideen und Initiativen übriglässt.

Was genau sind eigentlich Ziele? Sind Ziele etwas Ähnliches wie die guten Vorsätze zu Jahresbeginn, mit denen ich, ganz ähnlich wie die Unternehmenssprecher bei ihren Ziel-Proklamationen, schon mal vorab verkünde, was ich erst noch zu tun gedenke, und dabei schon einmal einen Teil der Prämie als Kredit (in Form von Selbst- und Fremdzufriedenheit) einstreiche? Oder ist ein Ziel eher so etwas wie eine Etappe beim Sport, also etwas, das auch einen Start kennt und die Strecke dazwischen? Ist das Ziel eine Absicht? Ein Traum? Ein Quantum Arbeit? Oder eine fixe Idee? Jedenfalls hat sich eingebürgert, dass nicht nur Individuen, sondern auch Institutionen Ziele haben sollen, qualitative und, noch besser, weil sie messbar sind, quantitative. Die ideale quantitative Zielmarke sind die Quoten der Rundfunk- und Fernsehanstalten; dass sie qualitativ nicht viel aussagen, weiß jeder Fernsehzuschauer aus Erfahrung. Gut messbar ist auch die Auslastung, etwa von Theatern und Opernhäusern, und nicht notwendig deutet eine gute Auslastung auf schlechte Qualität. Es gibt nichts, das nicht gemessen werden könnte, aber nicht immer führt die Messung zu Erkenntnissen.

Wenn ich über den Komplex namens »meine Ziele« ins Nachdenken gerate, wird mir schnell unfroh zumute. Was sind meine Ziele? Habe ich nicht meine besten dienstlichen Momente, wenn ich ziellos agiere und trotzdem etwas erreiche? Und wenn ich meine Ziele kenne, soll ich sie dann wirklich ausplaudern? Soll ich sie nicht lieber einfach nur erreichen (nachdem ich sie in einem versiegelten Brief bei meinen Chefs hinterlegt habe), statt sie jetzt schon zu verkünden? Lassen sich meine Ziele überhaupt abtrennen von meinem mehr oder minder geheimen Wunsch, diese oder jene Funktion zu erringen, ein höheres Amt zu bekleiden, mehr Geld zu verdienen und so weiter? Warum darf ich aber über diese, die wahrhaft strategischen Ziele bei allen unseren Anlässen nicht reden, warum muss ich statt dessen so tun, als ginge es mir wirklich nur darum, zum Beispiel die Zahl der erfolgreichen Personalentwicklungsmaßnahmen in meiner Abteilung auf über fünfzig zu steigern?

Nun, das Strategie-Meeting ist ja keine Sitzung der Wahrheitskommission. Aber wäre es nicht trotzdem schöner und besser, unser gesammeltes Reden energischer in den Dienst der Wahrheit (oder die Wahrheit in den Dienst unseres Redens) zu stellen? Das Verhältnis der Strategie zur Wahrheit ist kompliziert: die Strategie soll ja unser Gesamtwollen abbilden, so dass schon das Wollen auf den Auftraggeber derart überzeugend wirkt, dass er uns weiter mit »Ressourcen« ausstattet. Die Strategie ist ein Wechsel auf die Zukunft, und das ist, zumindest für Institutionen, eine waghalsige Option. Sie wurden einmal gegründet, um Bestand zu haben und dabei ihre Aufgaben wahrzunehmen. Nun sind sie in merkwürdige Kontrakte und Vereinbarungen, in Warentermingeschäfte, ja beinahe in

Wetten eingebunden, die sie in die Situation einer Organisation auf Ab- und Widerruf bringen. Mit den strategischen Zielen besiegeln wir das Temporäre, Befristete unseres Daseins, denn jedes Ziel wirft, kaum formuliert, die bange Frage auf: »Und was ist, wenn ich es erreicht habe?«, womit ich dann meinen Daseinsgrund verspielt habe. Kennen wir nicht die Leere, die uns empfängt, wenn wir ein Ziel erreicht haben? Nach der Zielerreichung ist jedes Lebewesen erst einmal traurig. Das mag dem professionellen Zielerreicher in einem Unternehmen anders gehen: »Chef, wir sind auch dieses Jahr wieder stärker gewachsen als der Markt, bitte setzen Sie mir ehrgeizigere Ziele.« So redet nur, wer für seine Zielerreichung oder -übererreichung mit einem Bonus belohnt wird. Bei uns ist das anders: Wir werden, individuell und als Organisation, für unsere Zielerfüllung sehr wahrscheinlich keine Prämie bekommen. Eher als die Prämie bei Erreichung winkt uns die Sanktion bei Nichterreichung. Das führt dann dazu, dass wir in unseren Zielen wenig mehr artikulieren als unsere Bereitschaft zur Anpassung und zum Konformismus.

Trotzdem spielen wir gut gelaunt und nimmermüde mit bei diesem und bei anderen Spielen, deren Sinn uns nicht restlos einleuchtet, die aber aus Gründen des Selbsterhalts und der Legitimation gespielt werden müssen, wie es heißt. Das heißt, wir reden den lieben langen Tag auch eine ganze Menge Blech, von dem wir durchaus wissen, dass es kein intellektuelles Edelmetall ist, von dem wir aber auch wissen, dass es gleichsam als semantischer Bürostandard unentbehrlich ist. Wenn man will, kann man an dieser unspezifischen Art unseres Büroredens unsere Professionalität erkennen. Wenn ein neues Jahr anfängt, nehmen wir uns regelmäßig vor, nicht mehr so viele

Worthülsen zu benutzen und über die Worthülsen der anderen Buch zu führen. Nach ein paar Wochen haben wir das eine wie das andere vergessen und reden so daher, wie es halt guter Brauch ist. Sieht man einmal von der Überfloskel »gut aufgestellt / (Neu-)Aufstellung etc.« ab, die wirklich verboten werden müsste, dann geht doch alles Übrige. Wir haben uns einen neomanagerialen Sprachgebrauch zugelegt, der manchmal zwar in der Mundhöhle wie modrige Pilze schmeckt, der aber trotzdem nicht zu vermeiden ist. Und selbst dann muss einem auch erst einmal eine Alternative zur »benutzerfreundlichen Maske« einfallen, deren »Usability«-Probleme jetzt endlich behoben scheinen. Wie soll man das normalsprachlich ausdrücken? Aus zwei Quellen schießt unaufhörlich neuer Wort- und Formulierungsschatz in unsere Reden ein: aus der Betriebswirtschaft und aus der IT-Branche (beides Branchen, die nicht unsere sind), und beide Quellen lassen unsere Anglizismen dramatisch anschwellen: die Usability, die Feasibility, dann aber auch beinahe wieder altfränkisch: die Benutzeroberfläche. Wir müssen aufpassen, dass wir die Usability nicht schon vor dem Release bis zur Unhändelbarkeit zerpflegen. Wenn wir im Büro sprechen, spricht aus uns und durch uns die Spaltung unserer Persönlichkeiten in einerseits restabendländische Bildungssubjekte und andererseits digitalkapitalistische Chaospiloten.

Unter Office und im Einzugsbereich strategischer Ziele zu arbeiten, bedeutet immer auch, Formatvorlagen zu bedienen, an Masken eben, an deren Benutzerfreundlichkeit ohne Unterlass gearbeitet wird. Zur Maske unterhalten wir ein transitives Verhältnis: wir »befüllen« sie (anders als Formulare, die man bloß »ausfüllte«). Überhaupt ist das ›be‹ unser wichtigstes Präfix geworden. Es ist so schön funktional. Budgets werden »beplant« und Masken eben »befüllt«, so wie man im Krieg gegnerische Stellungen mit Feuer »bestreicht«. Wie selbstverständlich kündigt der Kurator X. an, er werde bei der nächsten Biennale 10 000 Quadratmeter Industriebrache mit Gegenwartskunst »bespielen«. Im Präfix ›be‹ spricht sich die Professionalität unseres Umgangs mit den gefügig gemachten Instrumenten aus. Oder spricht sich darin nicht eher die Professionalität der Instrumente im Umgang mit uns aus? Man könnte das Spektrum unserer Aktivitäten auch anhand der möglichen Präfixe des Verbums »legen« illustrieren: ablegen (in der Ablage, aber im Account, es gibt ja keine Akten mehr), anlegen (eine Akte, wenn es sie noch gäbe, oder doch eher ein Projekt oder eine Datei?), auslegen (eher weniger), einlegen, überlegen, vorlegen (natürlich »Vorlagen«), unterlegen (nicht mit Musik, sondern z. B. eine Projektplanung mit ausführlichen Schilderungen der Ziele), hinterlegen (nicht beim Notar, sondern z. B. »Budgets« mit »Planungen«) und natürlich zusammenlegen (etwa »Arbeitseinheiten«).

Während das Strategie-Meeting läuft, ertappe ich mich dabei, dass ich solchen und ähnlichen Gedanken nachhänge, dass ich Listen, na was wohl, *anlege*, und überhaupt: ich achte mehr als auf das Gesagte auf die unterschiedlichen Modi des Sagens. Ist das jetzt Arbeitsverweigerung? Oder angewandte Sprachkritik? Oder beides? Darf es sein, dass die Performanz der diversen Redebeiträge meine Aufmerksamkeit stärker beansprucht als die jeweils geäußerten Sachverhalte oder Meinungen? Es darf vielleicht nicht sein, aber ich kann es gerade nicht ändern, und vielleicht geht es ja in diesem Augenblick allen anderen an diesem

Tisch ganz genauso, und vielleicht befinden wir uns gerade alle in einem Zustand kompletter Täuschung über den Gemütszustand der je anderen. Alle sind womöglich in ihren Gedanken weit abgedriftet und machen Listen mit den dummen Redensarten der anderen. Könnte nicht genau das der Grund dafür sein, dass wir uns so gern der vorgefundenen Redemittel bedienen? Weil sie uns das Tagträumen erlauben, während ein Autopilot unseren Redebeiträgen weiterhin sicher ins Ziel verhilft? »Wir müssen uns strategisch entschiedener positionieren, sonst ist unsere Visibilität gefährdet«, höre ich eben. Genau. Das musste dringend einmal gesagt werden.

16:00 Uhr: *Beurteilungsgespräch.* Während wir von einem Sitzungstermin zum nächsten springen, läuft, wie in den News-Kanälen des Fernsehens, eine Nachrichtenleiste mit. Leute rufen uns an, schreiben uns Mails, Aufgaben »schlagen auf« (wer hat eigentlich diese Redensart erfunden?), denen wir uns entweder zwischendrin widmen (»bin gerade in Eile, deshalb hier nur kurz«) oder die wir beherzt prokrastinieren (früher sagte man auch: auf morgen verschieben), wenn auch in dem Wissen, dass es ein besseres Morgen nicht gibt. Immer sind wir in der Schuld, oder wir haben Schulden, nicht notwendig in einem moralischen, sondern eher in einem physiologischen Sinn (»Sauerstoffschuld«), und wenn man seine Schulden nicht abtragen kann, dann muss man wenigstens umschulden, umbuchen, Bilanzierungstricks anwenden, die Chart-Technik schön pflegen. Immer hängen wir mit der Erledigung unserer Aufgaben zurück, allein schon deshalb, weil es jeden Moment von irgendeiner Seite neue Aufgaben regnen kann. Wäre es nicht logisch, gerade wenn man Ziele hat, aller Welt in einer Mitteilung Folgendes zu verkünden: »wegen akuter Zielerreichung bitte ich bis Jahresende von Anfragen Abstand zu nehmen«? Entweder erreiche ich meine vorab gesteckten Ziele oder aber ich bin offen für neu eingehende Aufgaben und Ziele. Beides geht nicht, das wissen alle, aber keiner will es wahrhaben, also schummeln wir uns weiter durch den Tag und durch das Jahr.

Beurteilung ist ein schönes Wort, weil darin das Urteil steckt, jene menschliche Kapazität, zu der Kant das Subjekt befähigt sah. Schaut man sich freilich das »Be«-Präfix vor dem Urteilen an, dann befallen einen schon wieder leichte Zweifel. Wer ein »Beurteilungsverfahren einleitet«, ist assoziativ schnell beim Strafverfahren und bei der Aburteilung. Aber nein, der Verdacht ist unbegründet, wir bewegen uns hier, bei der Beurteilung, in einer Sphäre, die von Betriebsräten und Betriebspsychologen so eng umstellt ist, dass Fairness garantiert ist – allenfalls kann es passieren, dass vor lauter Fairness das Urteil ungefällt bleibt. Mit dem Beurteilen und Beurteiltwerden betreten wir einen geheiligten Bezirk des Gegenwartsbüros: die Zone, in der zu entscheiden ist, wann wir was (und ob wir überhaupt etwas) eine gute oder schlechte Leistung nennen wollen. Es wäre nur konsequent, wenn man auch diese Aufgabe an ein Evaluationsbüro abtreten könnte. Aber die Beurteilung bleibt, warum auch immer, eine interne Angelegenheit zwischen realen Personen. Damit es nicht zu unqualifizierten Übergriffen kommt, wie sie im Büro früherer Tage wohl gang und gäbe waren – »Sie können Ihren Job nicht, Meier!« bzw. »Sie haben das Zeug zur Führungskraft, Müller!« –, damit die Beurteilung also nicht »grau« ausgesprochen wird, ist sie durch entsprechende

Regularien gegen Missbrauch geschützt. Beurteilung heißt jetzt im Wesentlichen: ich beurteile mich selbst, und wer von den übrigen Beurteiler(innen) meiner positiven Selbsteinschätzung nicht zustimmt, hat sehr wahrscheinlich unrecht. Wir alle kennen den Satz: »Ihre Selbstwahrnehmung stimmt nicht ganz mit der Fremdwahrnehmung überein«, mit dem Vorgesetzte schon einmal vorsichtige Kritik an allzu selbstgewissen Kollegen anmelden. Im Beurteilungswesen hat aber im Prinzip die Selbstwahrnehmung den Sieg über die Fremdwahrnehmung davongetragen. Wer sich gut findet, dem wird die Beurteilung in aller Regel bestätigen, gut zu sein. Wer an sich selbst Zweifel hegt, dem werden auch die Zweifel verlässlich gespiegelt werden – die zügige Überstellung in Selbstfindungsmaßnahmen ist dann nur noch eine Formalie.

Unsere Mitarbeiter, also »wir«, sind Humankapital, wir sind, hören wir immer, die wertvollste Ressource, über die unser Arbeitgeber verfügt. Wir werden in Personalauswahlverfahren ausgewählt, in Personalentwicklungsmaßnahmen entwickelt und in Personalbeurteilungsverfahren beurteilt, was für unseren weiteren Werdegang eine gewisse Bedeutung hat. Wie stets, erleben wir uns auch in Personaldingen stets in der Doppelrolle des Handelnden einerseits und des (Er)-Leidenden andererseits. Ich übe und erlebe mich gleichzeitig in der Rolle des Vorgesetzten wie der des Untergebenen. Wie bei all den anderen Sprach- und Sozialspielen des Büros weiß ich, dass Wahrheit nur sehr bedingt als Maxime meines Handelns in Frage kommt. Große Aufrichtigkeit führt absehbar zum Totalschaden, ebenso wie es wohl extreme Verschlagenheit täte. Also ist der breite Flur zwischen diesen beiden Extremen zu beschreiben, der Königsweg des Selbst-Marketings, auf dem alles darauf ankommt, ein nicht unrealistisch positives, aber doch entschieden zustimmendes Selbstverhältnis zu unterhalten, dem sich alle anderen dann sicher gerne anschließen werden.

Kein Wort wird aus dem Beurteilungsgespräch, das ich heute zu führen habe, nach außen dringen. Stellen wir uns einfach den nicht ganz unwahrscheinlichen Fall vor, dass irgendein Kollege bei der Beurteilung der eigenen Person der positiven Selbstwahrnehmung allzu freien Lauf gelassen hätte. Er oder sie findet, wogegen nichts einzuwenden ist, die eigene Leistung sehr gut, ja kaum zu überbieten. Damit bleibt mir die Wahl, entweder an diese freundliche Selbstsicht anzudocken und mir damit weiteren Ärger zu ersparen oder aber mit dieser Person in ein grundsätzliches Gespräch einzutreten. Das heißt, ich muss die selbstenthusiastischen Leistungsnachweise Einzelfall für Einzelfall zerpflücken, muss an diese oder jene weniger glückliche Situation, an diese oder jene Trübung seiner Leistungsfreude erinnern, wozu ich in den letzten Jahren mit fast kriminalistischem Eifer hätte auf der Lauer liegen müssen. Das Urteil fasste einstmals Eindrücke, Empfindungen und Erfahrungen aus dem Umgang miteinander synthetisch zusammen, es gab mir ein Recht auf Ermessen in die Hand, an dessen Stelle nun systematisch das Messen und Dokumentieren getreten ist. So wird, glaubt man zumindest, die Willkür aus dem Reich der zwischenmenschlichen Verhältnisse vertrieben.

Was ist aber überhaupt Leistung unter unseren Bedingungen? Falls man die Ausrichtung des Handelns an Zielen ernst nimmt, leistet derjenige viel und das Richtige, der sich von einer Zielvereinbarung zur nächsten am Geländer des Vereinbarten festhält und nach einem Jahr entsprechenden Vollzug melden kann. Viel versprechen, viel halten, heißt die Devise, was fraglos besser ist als »Viel versprechen, wenig halten«, aber vielleicht noch nicht so gut wie »Wenig versprechen, viel halten«. Wer die Leistung nur misst, statt sie zu ermessen, belohnt letztlich Folgsamkeit, wer sie ermisst, belohnt womöglich das Gegenteil. Natürlich schätzen wir auch an den rebellischen Mitarbeitern (es gibt sie nicht oft) die eine oder andere Sekundärtugend: Pünktlichkeit, Einsatz, Zuverlässigkeit, Loyalität, Verschwiegenheit. Was wir aber noch mehr schätzen, wofür wir aber in den Beurteilungsbögen die passenden Rubriken vermissen, ist die Fähigkeit, den ganzen Apparat, dem wir uns ergeben haben, in Frage zu stellen und zu selbständigen Denkansätzen, Vorschlägen, Wirkungen und überhaupt Arbeitsergebnissen zu finden. Manchmal gibt es Kollegen, denen wir diese Fähigkeiten attestieren, aber da sie nirgendwo angefragt wurden, machen wir unsere Kreuzchen dann eben an den vorgesehenen Stellen: »Sozialkompetenz«, »Fachkompetenz«, »Managementkompetenz«. Das Beurteilungsschema fordert und fördert die Anpassung, die Geschmeidigkeit, mit der sich jemand durch den Betrieb schlängelt – und keineswegs den, der, um es in der Sprache des Management-Ratgebers zu sagen, »den Unterschied macht«. Warum all diese Schablonen und Surrogate, warum die tausend benutzerfreundlichen Instrumente, die unsere Arbeitstage bis zum Überlaufen anfüllen? Sie sind die Strafe, die wir für die Entmächtigung unserer Intuitionen und für die Entkräftung unserer Urteilskraft zu bezahlen haben.

Ein Personalberater erzählte uns bei einer der vielen Personalentwicklungsmaßnahmen, man könne grob gesprochen vier Typen von Mitarbeitern unterscheiden: erstens den *Star*, der kann und will, zweitens das *Workhorse*, das immer will, aber nicht immer kann, drittens das *Problem*, das zwar kann, aber meistens gerade nicht will, und viertens schließlich *Deadwood*, eine freundliche Umschreibung für diejenigen, die nicht können und nicht wollen. Man kann darüber ins Grübeln kommen, wie viele Stars eine Organisation gebrauchen kann, und wie viele *Deadwoods* ihr zum Verhängnis werden. Noch interessanter ist die Frage nach der vertikalen Mobilität zwischen den vier Gruppen: kann ein *Star* zum *Problem* werden, und wie kann man ein *Deadwood* in ein *Workhorse* verwandeln? Wahrscheinlich lehrt die Empirie, dass viele Menschen in ihrem Arbeitsleben genau in der Umlaufbahn verharren, zu der sie die passende innere Ausstattung schon mitgebracht haben. Training, gute Gespräche und fördernde Betreuung mögen ihre Wirkung tun, aber sie führen eher zu Korrekturen als zu Veränderungen. Vor diesem Hintergrund erscheint dann die herrschende Beurteilungskultur als ein gewaltiges Placebo, das den Glauben an die Veränderlich- und Beeinflussbarkeit unserer Charaktere durch gutes Zureden am Leben erhalten soll. In den Beurteilungen stoßen unsere realen und selten durch Maßnahmen kurierbaren Beschränkungen auf die heile Welt der Pädagogik. Es ist seltsam: im Großen und Ganzen haben wir kaum noch eine Möglichkeit, eine schlechte Leistung eine schlechte Leistung und keine Leistung keine Leistung zu nennen. Gleichzeitig aber kann man hören, dass Leute wie wir »endlich nach Leistung« bezahlt werden sollen. Es muss gute Gründe dafür gegeben haben, dass man Beamte und öffentlich Angestellte nicht nach Leistung, sondern nach Aufgaben und Verantwortung bezahlte. Dann aber kam die Messwut, verbunden mit einer Pauschalkritik an mangelnder Leistungsbereitschaft der Staatsdiener. Die Kritiker des öffentlichen Dienstes meinten, was nicht verlässlich an Indikatoren der Zielerreichung oder Aufgabenerfüllung gekoppelt sei, könne unmöglich eine Leistung sein – so wie die Steigerung des Quadratmeter-Umsatzes in einer McDonalds-Filiale eine Leistung ist. Der öffentliche Sektor ist (oder er *war* einmal) ein einziger großer Vertrauensvorschuss, dem durch mäßige Bezahlung eine Misstrauenskomponente von Beginn an eingebaut war. Die mäßige Bezahlung ist geblieben, aber der Vertrauensvorschuss ist weitgehend dahin.

17:00 Uhr: *Budgetbesprechung*. Man kann sich natürlich auch mit einer gewissen Sportlichkeit und fast schon freudig durch solche Tage bewegen. Die Hölle sieht anders aus. Wenn das die verwaltete Welt ist, dann muss man sich vor ihr nicht fürchten. Aber vielleicht ist dies gar nicht mehr die verwaltete Welt, sondern die fabelhafte Welt der Post-Bürokratie oder richtiger der neuen Managerial-Bürokratie. Wir sind ja längst keine Verwalter mehr, keine Bürohengste und Paragrafenreiter. Wir sind betriebswirtschaftlich mobil gemachte und unternehmerisch geschärfte Projektemacher im öffentlichen Dienst. Wobei es wohl gar nicht darauf ankommt, ob wir im öffentlichen Dienst sind oder in einem Wirtschaftsunternehmen. Wir sollen und wollen unternehmerisch handeln, auch wenn wir weiter unter den Tarifvertrag für den öffentlichen Dienst fallen. Irgendwie sind wir heute alle Unternehmer, und plötzlich kann es geschehen, dass wir zu Leitern eines Profitcenters erkoren werden und mit unseren Kollegen auf demselben Gang fortan in Geschäftsbeziehungen einzutreten haben. Wir stellen also Businesspläne auf oder melden darin kühn Mehrbedarf an, obwohl wir wissen, dass auch der beste Businessplan keinesfalls mehr – sondern höchstens nicht ganz so viel weniger – Budget nach sich ziehen wird. Es sind Spiele, die gespielt werden müssen. Ich werde hier und heute meinen Finanzbedarf anmelden, der natürlich ein Mehrbedarf ist, werde ihn erklären und erläutern, und zwar am besten ganz ohne Erwähnung der schon existierenden Aufgaben und Funktionen, sondern mit kühnem Blick in die Zukunft. Für die Rechtfertigung der Ressourcen von morgen muss ich erfinderisch sein, ich muss neue Ziele und neue Projekte definieren, weil sich doch die Welt so dramatisch verändert, ich muss mein Tun insgesamt ins Zeichen des Neuen stellen, ganz abgesehen davon, dass ich ja vielleicht wirklich ein neues Ziel oder Projekt habe. Kurzum, die Budgetsitzung ist zugleich eine Sitzung, in der ich über das Gesamtdesign meiner Planung und, so ein anderes Zauberwort, Performance zu bestimmen habe. Und auch hier wirkt wieder der post- oder neobürokratische Grundsatz, den Mund möglichst voll zu nehmen. Die Vergangenheit ist nicht viel wert, aber auch die Zukunft nur so viel, wie sich von ihr mit Ankündigungen, Ansagen, Prognosen und Hypothesen füllen lässt. Jede Planung ist eine Rolle vorwärts in die Zukunft. Prognose, Projekt, Programm, Prozess, das »Pro« artikuliert hier jedes Mal den Umstand, dass ich mir selbst vorauseile, dass etwas zwar noch werden muss, das jetzt aber schon verbal gewusst oder behauptet werden kann. Die Zukunft ist dann nur noch der abarbeitende Vollzug unseres Vorwissens. Manchmal kann es scheinen, als hätten die öffentliche Verwaltung, aber auch das Bildungswesen vollständig auf den »Pro«-Modus umgestellt. Planung stellt sich dar wie eine fortwährende Flucht aus der Gegenwart. Nie darf es darum gehen, ein unter Mühen Erreichtes zu erhalten und zu bewahren, noch viel weniger darf es darum gehen, fatale Entwicklungen aufzuhalten und hinauszuzögern; stets muss die Gegenwart als unzulänglich beschrieben werden, damit die Zukunft im Lichte unserer Projekte und Maßnahmen als strahlende erscheinen kann. Zukunft ist immer da, wo »wir hinwollen«. Während die Haushalte stagnieren oder jederzeit die nächste Kürzungsrunde droht, muss unserem Handeln doch eine dynamische Komponente eingeschrieben sein, die nur mit einer regelmäßigen Verdopplung unserer Budgets tatsächlich zu realisieren wäre. Auch das Budget gehört solcherart zu den Sprachspielen des Büros. Viel mehr als eine Rechenübung – wenngleich hier und jetzt die Stunde von Microsoft Excel schlägt – ist es eine Formatier- und Semantikübung, für die ich die ganze Bandbreite der marktgängigen Zukunftsbeschwörungsformeln abrufen muss: »innovativ«, »leistungsfähig«, »nachhaltig«, »netzwerkorientiert«, »wissensbasiert«, »Meilensteine« und so weiter. Mein Budget ist, wie meine Ziele, ein Wahl- oder Wiederwahlprogramm. Ich stelle mich meinem Geld- und Auftraggeber zur Wiederwahl, und um ihn freundlich zu stimmen, verspreche ich ihm das Blaue vom Himmel, präsentiere mich als entschieden zukunftsfähig, nicht anders, als es die Parteien im Wahlkampf oder nach den Wahlen im Koalitionsprogramm tun. Mein ganzes dienstliches Singen und Sagen hat sich in den letzten Jahren merklich in Richtung Reklame und Politik, also Public Relations, verschoben. Fast schon agiere ich selbst wie ein Politiker, dessen Sinnen und Trachten immerfort auf den nächsten Wahltag gerichtet ist. In meine Kommunikationen ist durchgehend eine Überredungskomponente eingebaut, das heißt, es kommt weniger auf ihren Sach- und Wahrheitsgehalt und immer mehr auf ihre Überzeugungskraft beim, das Wort geht uns mühelos über die Lippen, Stakeholder an. Auch mein Budget ist eine Komponente meines Marketings und damit Bestandteil der Gesamtanmutung, die ich verbreite. Der öffentliche Dienst scheint mit Public Relations fusioniert zu haben. Nie ging es mehr darum, »sexy« zu sein. Wobei »sexy« hier nicht unbedingt etwas Schönes meint.

Nun ist es schon wieder deutlich nach 18.00 Uhr, ich sollte noch mal meine Mails checken und den Aufgaben, die mir von dort entgegengrinsen, wenigstens kurz ins Auge schauen, ehe ich ihre Erledigung vertage. Eine Kollegin bittet um Textbausteine. Wir alle bitten einander fortwährend um Textbausteine, die dann von irgendeinem Unglücklichen zu Textflächen zusammengeleimt werden müssen. Eine andere Kollegin bittet rasch noch um eine Vorlage, es kann auch eine »Tischvorlage« sein, d. h., dass man sich ein bisschen mehr Zeit lassen darf. Ein weiterer Kollege bittet mich, ich möge meine »Bedarfe« an irgendetwas bis morgen 12 Uhr melden. »Bedarfe«, ist das jetzt noch Deutsch? Aber können wir uns Sprachkritik in diesem Moment wirklich leisten? Ein nigerianischer Ölminister außer Dienst bittet mich, kurzfristig 500 000 auf einem Sonderkonto in Lagos zu parken, die Rendite werde sensationell sein – ein Vorschlag, den ich im Augenblick nicht weiter verfolge. Eine andere Kollegin möchte Qualitätsstandards definieren und für diesen Zweck rasch einen zweitägigen Workshop einberufen, wieder ein anderer Kollege möchte mein Führungsverhalten schulen, und zwar immerhin in einem Hotel der Komfortklasse. Ah, und er fordert eine »Lesebestätigung« an. So geht es dahin, auf den Wellen von Outlook, und ich bin gut beraten, vor Dienstschluss noch eben die Funktion »Weiterleiten« zu bedienen und wenigstens einige der Aufgaben in berufenere Hände zu legen. Wie sagt man im Büro so schön: »Ich habe Ihnen etwas auf den Tisch gelegt« (man müsste ergänzen: »...das auf meinem Tisch stark nach Arbeit aussah.«). Man kann auch sagen: »Ich habe etwas an Sie weitergeleitet.« Der andere weiß dann schon, was das bedeutet. Souverän im Büro ist, wer Arbeitsaufträge an andere weiterleiten kann – natürlich nicht ohne darum zu bitten, über den weiteren Fortgang engmaschig und ja, »zeitnah« informiert zu bleiben. »Halten Sie mich informiert« heißt ja nur: »Übernehmen Sie die Arbeit, belästigen Sie mich nicht mit Einzelheiten, aber vergessen Sie nicht, dass Sie in meinem Auftrag handeln.« Spät am Abend, wenn die freundlichen Reinigungskräfte unsere Papierkörbe zu leeren beginnen, wissen wir, dass wir auch heute nicht wirklich »einen Unterschied gemacht« haben, aber wir haben überlebt und nicht übermäßig gelitten, und was dürfen wir sonst hoffen?

Manchmal fragen mich Kollegen, ob man die schöne neue Office-Welt so kritisch sehen müsse. Das sei nun mal die neue Wirklichkeit, auf der man doch einfach »surfen« lernen müsse. Man könne doch, sagen sie, die vielen Instrumente ganz locker spielen. So gewänne man Legitimation nach außen und Orientierung nach innen. Ich müsste schon mal einen konstruktiven Vorschlag machen, wenn ich mir andere Verhältnisse wünschte, sagen sie mir. Das fehlte noch, gebe ich zur Antwort, dass ich euch einen konstruktiven Vorschlag mache. Mein ganzes Sinnen und Trachten ist konstruktiv; was ich beklage, ist die Kolonisierung unserer Arbeitswelt durch Formate, Formatierungen,

Formalitäten. Aber das sind doch Methodiken, Verfahren, Abläufe und Prozesse, sagen sie, durch die deine Arbeit effizient, darstellbar und messbar wird. Das sind Routinen und Standards, die verhindern sollen, dass (wieder der Büro-Klassiker) »jedes Mal das Rad neu erfunden wird«. Nein, Kollegen, die Routinen und Standards, die Dokumentationen und Evaluationen, die Instrumente und Verfahren sind nicht etwa der freundliche Ermöglicher, sondern der Widersacher dessen, was ich überhaupt erst Arbeit nennen würde. Oder sehe ich da etwas falsch? Fehlt mir etwas, das in der gegenwärtigen Arbeitswelt zunehmend wieder gefragt ist: der Glaube, das Commitment gar? Bin ich der ungläubige Thomas der neuen Bürokratie? Trotzdem praktiziere ich ja all die geforderten Methoden – es wäre ganz unmöglich, es nicht zu tun.

Ich praktiziere den Katechismus des New Public Management, ohne an ihn zu glauben. Mache ich mich damit einer Illoyalität gegenüber meinem Arbeitgeber schuldig? Müsste ich, was ich tue, auch glauben? Die positiven Appelle der Managementlehren, mit ihren Erweckungs- und Bekehrungsgeschichten, haben mich noch nicht erreicht; der Gnadenstrahl hat mich verfehlt, der meinem Tun endlich eine Richtung gäbe. Der Staat zwingt mich als Bürger nicht, solchen Heilsgeschichten Glauben zu schenken; als Angestellter bin ich »gehalten« (gebeten? Gezwungen? Sagen wir: »es wäre schön, wenn Sie…«), an die Frohbotschaft des Change zu glauben. So hat sich in mein berufliches Dasein die Pflicht zur Anerkennung, wenn nicht zum fröhlichen Nachvollzug von Maximen, Methoden und Mantras eingeschlichen, für die man sonst bestenfalls das Wort Ideologie übriggehabt hätte. Andere wieder nennen es Betriebswirtschaft.

Entsprechend unklar bleibt die Frage meines Berufs. Man kennt die Situation abends an der Hotelrezeption. Jetzt wäre ich gern Journalist, Gastwirt oder Steuerberater, jedenfalls nicht nur Angestellter und, auch kaum besser, leitender Angestellter. Vielleicht muss ich lernen, meine Widerstände zu überwinden und endlich das Wort Manager auf das Formular zu schreiben. »Unternehmer« fände ich dann doch zu frech, selbst wenn wir jetzt unablässig unternehmerisch handeln. Also Manager. Wenn ich mich Tag für Tag mit Fragen des Organisationsmanagements, des Evaluationsmanagements, des Personalmanagements, des Kulturmanagements, des Qualitätsmanagements, des Finanzmanagements, des Kommunikationsmanagements, des Risiko-, Fall- und Nachhaltigkeitsmanagements und natürlich des Informationsmanagements beschäftige, dann bin ich doch wohl ein Manager. Der Terminkalender auf den Karriereseiten der *Süddeutschen Zeitung* bietet heute wieder Lehr- und Studiengänge für Facility Manager, Risiko Manager, Automotive Manager, Sales Manager und Security Manager an.[2] Manager sind Leute, die Dinge nicht regelrecht selbst tun, wie sie etwa der Holzfäller tut, wenn er einen Baum fällt – er ist ja kein Holz- oder Baumfällmanager. Manager sind Leute, die nicht selbst Hand anlegen, die aber von überlegener Warte aus das reibungslose Funktionieren von »komplexen Prozessen« sicherstellen, nicht zuletzt durch »Kommunikation«. Manager sind schon etymologisch betrachtet helfende Hände, Handhaber also, aber keine Handarbeiter. Manchmal ist der Manager auch einer, der den Dingen einen bestimmten Dreh gibt; wofür sich auch die Berufsbezeichnung Spin Doctor eingebürgert hat. Der Manager ist also ein, und jetzt kommen alle diese schrecklichen Wörter, ein Facilitator und Erleichterer, ein Enabler und Ermöglicher, ja ein Empowerer und Ermächtiger, man könnte auch sagen, ein Ertüchtiger, der nichts will, außer dass anderen die Arbeit leichter von der Hand geht, der sich zwischen uns und unsere Arbeit stellt und uns die schlechte Alternative lässt, entweder selbst Manager zu werden oder aber von Managern beherrscht zu werden. Sehr sonderbar, wie das Wort Management, ohne für sich etwas zu bedeuten, dem Beiwort stets eine Aura verschärfter Dringlichkeit verleiht. Was machen sie beruflich? Ich mache Prozessmanagement für Managementprozesse. Ach so. Das manageriale Selbst überformt und unterhöhlt mein anderes, das klassische Berufs-Selbst, von meinem außerdienstlichen Selbst ganz zu schweigen. Es ist nicht die Déformation Professionelle, die mir zu schaffen macht, sondern die manageriale Deformation, wobei der wahre Manager zwischen dem Professionellen und dem Managerialen gar keinen Unterschied wüsste. Wir sind zwar in der öffentlichen Verwaltung, aber wir praktizieren, halbherzig zwar und nicht wirklich dafür ausgebildet, doch rhetorisch auf der Höhe, die Praktiken des Managements. Das Management ist in der Bürokratie angekommen und hat sie gekapert. Das Management ist das neue, das einstweilen letzte Stadium der Bürokratie.»Manager«, lese ich nun also meinen neuen Beruf auf dem Meldeformular. Fehlt da nicht noch etwas? Genau, das Marketing. Heute habe ich unter anderem erfolgreich bewältigt: Prozessmarketing, Optimierungsmarketing, Qualitätsmarketing, Kommunikationsmarketing, Performancemarketing, Personalmarketing und Organisationsmarketing und nicht zuletzt: Selbstmarketing. Ich bin Manager, genauer: Marketing-Manager. Eine Sphäre außerhalb dieser beiden Funktionen, die in Wirklichkeit ein und dieselbe sind, gibt es nicht mehr. Die Momente dieses Tages, in denen ich zum Arbeiten, ja gar zum Denken kam, habe ich mir erkämpft oder erschlichen. Ich habe mir dann heimlich freigenommen von den Instrumenten, den Maßnahmen, den Verfahren. Schon klar, sagen die Kollegen, unsere Instrumente und Prozesse hätten eben noch ihre »Kinderkrankheiten«; wenn die erst mal behoben seien. Was heißt hier Kinderkrankheiten? Sitzen wir nicht eher in der Managementfalle? Die Apparaturen der neuen Bürokratie haben uns im Griff. Es wird schwer sein, sie zu reformieren, und noch schwerer, sie einfach stillzulegen. Und wenn das gelänge, was käme danach? Wir werden sehen.

KAPITEL 2

Der Managerismus als
höchstes Stadium der Bürokratie.
Historische Untersuchungen

Bürokratie muss nichts Schlechtes sein, auch wenn heutige Bürokratieabbauer gern diesen Eindruck vermitteln. Aber welche Bürokratie meinen wir? Es gibt sie im Grunde zweimal: einmal bezeichnet Bürokratie den modernen, rationalen Verwaltungsapparat, ein andermal dessen angebliche oder tatsächliche Degeneration zu einem ineffizienten, undurchsichtigen Monstrum. Auf eine bestimmte Weise muss sich der bürokratische Apparat in den gut hundert Jahren seines Bestehens derart diskreditiert haben, dass von Bürokratie heute fast nur noch negativ die Rede ist. Die alte Bürokratie hat abgedankt oder ist zur Abdankung gezwungen worden. An ihre Stelle ist der Managerismus getreten. Die Bürokratie ist mit ihm nicht verschwunden. Der Managerismus ist die zeitgemäße Form der Bürokratie, er ist die neue Bürokratie.

Wer hat den Masterplan verfertigt für die sogenannte modernisierte Verwaltung? Wem verdanken wir die neue Verfassung unseres Arbeitslebens, eine Verfassung, über die nie abgestimmt wurde, die selbst nicht evaluiert wird, während sie aber alles Übrige evaluieren lässt? Und wie konnte es geschehen, dass ohne Konsultation und politische Abstimmung ein System über uns verhängt wurde, das alles befragt und beurteilt, aber nur ungern sich selbst? Fragt man nach, will es niemand gewesen sein. Das ganze System der Ziele und Indikatoren, der Performance und der Messungen, der Evaluationen und der Standards ist über uns gekommen, ohne dass wir irgendwann darum gebeten hätten. Vielleicht ist es ja so: alles, was Verwaltung ist, ob in Firmen oder Institutionen, steht unter Generalverdacht. Fast so, als hätten wir schon einmal Bankrott gemacht und stünden nun unter Aufsicht eines Konkursverwalters. Aber wer genau hat Bankrott gemacht, und wann? Das kann keiner mit Bestimmtheit sagen – wir waren, so heißt die Redensart, wohl irgendwann (in den Augen mancher Beobachter) einfach »nicht mehr gut genug«. Es war wohl der Zeitgeist selbst, der das neue Denken über die Felder geweht hat, ein Zeitgeist, der getränkt war vom Verdacht. Vom Verdacht gegen die öffentlichen Verwaltungen, gegen Verwaltung überhaupt, gegen ihren Bürokratismus, ihre Ineffizienz, ihre Kundenferne und ihr schwach ausgeprägtes Kostenbewusstsein. Man möchte gern einmal probeweise einen Arbeitstag in dieser alten Welt verbringen, in der laut der Amtsschimmel wieherte, wenn der Empfang eines Bleistifts mit Durchschlag quittiert werden musste. Das alles ist heute nur noch als Karikatur vorstellbar und war schon zu Lebzeiten des alten Büros zur Karikatur geworden – wir erinnern uns an Heinz Erhardt als Finanzbuchhalter Willi Winzig, wie er im Schutz der Aktendeckel sein mittägliches Büroschläfchen hält.

Mit dem alten Büro ist gleichzeitig die Figur des Beamten, die des Amtmannes und Staatsdieners, in Misskredit geraten. Und mit dem alten Büro zugleich auch die Idee der Institution oder, fast darf man die Wörter nicht mehr aussprechen, die Idee der Anstalt und der Behörde. Eine gewaltige Revolution, nicht klar, ob von links oder rechts, jedenfalls eher mit (neo-)liberalem als konservativem Absender, ist über die öffentlichen Einrichtungen gefegt und verdammt sie seither zum ewigen Krawall, zur Dauer-Angeberei und zum Erzählen phantastischer Geschichten. Und das alles während der Arbeitszeit.

2.1 Segen und Fluch der Bürokratie. Max Webers Aufmaß der modernen Welt

> Die Akten btr. »Änderung des Schreibwerkes« haben einen beängstigenden Umfang erreicht.
> *Cornelia Vismann, Akten*

Die neue Bürokratie, das Regime, unter dem wir stehen, kennt die Figur des Beamten fast nur noch als Problem. Zwar wird es ihn auch weiterhin dem Status nach geben, doch wird er sich immer weniger wie ein klassischer Beamter verhalten dürfen. Das Wort Beamtenapparat löst weithin Angst aus: vor Immobilität, Ineffizienz und unabsehbaren Pensionsansprüchen. Wer Vorschläge macht zur Entbürokratisierung, will immer auch auf eine Entbeamtung hinaus. Wo sich Anstalten zu Agenturen wandeln, wo sich Pflichten oder Aufgaben in Ziele auflösen und wo die Idee und das Ethos des Dienstes (und zumal des Staatsdienstes) altertümlich wirken angesichts flexibler Loyalitäten, möchte man, nicht nur aus Lust am Widerspruch, an die heroische, aber immer schon problematische Gestalt des Beamten erinnern. Man muss sie dringend in Schutz nehmen gegen die Angriffe des Managerismus, und man muss die These stärken, dass die heutige Neobürokratie nur im Rückgriff auf manche Leistungen und Ideale der alten Bürokratie zu überwinden sein wird.

Fluch und Segen der Bürokratie: für beides, den Segen wie den Fluch, hat ein deutsches Brüderpaar zu Beginn des letzten Jahrhunderts arbeitsteilig die angemessenen Beschreibungen geliefert. Alfred Weber hat in seinem Essay »Der Beamte« von 1912 maßgebliche Formulierungen zur Kritik der verbeamteten Welt gefunden[1], und Max Weber hat einige Jahre später das Wesen der bürokratischen Herrschaft und ihre Praxis auf bis heute unübertroffene Weise beschrieben. Vor dem Bürokratieabbau kommt zeitlich und logisch die Bürokratie, nicht gleich schon als Problem, sondern als kulturelle Errungenschaft. Nicht immer war die Bürokratie das schlechthin Böse und also Abzubauende – und sie wäre es wahrscheinlich nicht geworden ohne die Figur des nationalsozialistischen bürokratischen Schreibtischtäters. Aber auch vor der Zeit, da die Bürokratie der Beihilfe zum verwalteten Massenmord beschuldigt werden konnte, lag auf ihr ein Schatten. Es ist derselbe Schatten, der bei David Riesman und anderen Soziologen auf den amerikanischen Angestellten liegt, der Schatten des Massenmenschen und der modernen Standardisierung. Der Gedanke, dass die Seele am technischen Zeitalter Schaden nehmen könnte, geht indes noch viel weiter zurück. Schon in Schillers *Briefen über die ästhetische Erziehung des Menschen* wird ahnungsvoll der Anbruch des bürokratischen Staates beschworen. Von einem »kunstreichen Uhrwerke« ist hier die Rede, »wo aus der Zusammenstückelung unendlich vieler, aber lebloser Teile ein mechanisches Leben im Ganzen sich bildet«. Selbst, so Schiller weiter, »der karge fragmentarische Anteil, der die einzelnen Glieder noch an das Ganze knüpft«, werde den Menschen »mit skrupulöser Strenge durch ein Formular vorgeschrieben, in welchem man ihre freie Einsicht gebunden hält«.[2]

Die Herrschaft des Formulars scheint älteren Datums zu sein und ebenso die Kritik an dieser Herrschaft, artikuliert von Menschen, die in ihren Seelen eine Erinnerung an das klassische Altertum bewahrt haben müssen. Der klassische, »ganze« Mensch will weder Vordruck sein noch derjenige, der ihn nur ausfüllt. Der Text des ganzen Menschen schriebe sich auf einem weißen Blatt Papier, nicht auf einem Formular. Bei Alfred Weber, Nationalökonom und Soziologe wie sein noch berühmterer Bruder, kommt ein Kulturgefühl zu Wort, das an Schillers Sorge anschließt. Ein »riesenhafter ›Apparat‹« erhebe sich »in unserem Leben«, der »die Tendenz besitzt, sich immer weitergehend über früher … frei und natürlich gewachsene Teile unserer Existenz zu legen, sie in seine Kammern, Fächer und Unterfächer einzusaugen«.[3] Weiter spricht Weber davon, wie ein »Gift der Schematisierung, der Ertötung alles ihm fremden, individuellen, selbstgewachsenen dabei von ihm ausstrahlt, wie er an Stelle dessen ein riesenhaftes rechnerisches Etwas setzt, ein System, das mit einem toten Vor- und Nacheinander, brockenweisen Miteinander, seelenlosen Füreinander sich über *alle* Arbeit, alles Schaffen breitet«. Franz Kafka, Leser und Prüfling Alfred Webers an der Prager Universität, muss an solchen Formulierungen Gefallen gefunden haben, ohne dass er sich ihr humanistisches Pathos zu eigen gemacht hätte.

Im Apparat herrscht der Streber, es geht um Karriere und Versorgtsein, und eigentlich bedeutet der Eintritt in den Apparat den vollständigen Verkauf der eigenen Seele. Während, so Weber, der Arbeiter oder Knecht seine Arbeit üblicherweise hasst und sich deshalb außerhalb der verhassten Arbeit Elemente der Unabhängigkeit oder mindestens der Selbstüberlassenheit offenhält, verschluckt der Apparat den Beamten mit Haut und Haaren. Der Apparat ist ein Teufel, der nicht den halben, sondern den ganzen Menschen will. Er bietet Status und Sicherheit, Schreibtisch und Visitenkarte und will dafür mehr als nur die Arbeitskraft. Bürokraten nennt Alfred Weber Menschen, die sich mit dem Apparat identifizieren, ohne überhaupt zu merken, dass sie ihm ihre Seele verkauft haben. Sie haben erfolgreich und planmäßig den »toten leeren Geist« des Apparats mit dem »Interesse ihres Lebens« verwechselt.[4] Kann man im Apparat trotzdem noch »Mensch« sein? Man kann es auf genau die Weise, die der Apparat vom Menschen verlangt. Man sollte, rät Weber, besser nicht versuchen, im Büro »nur Mensch« zu sein; dann werde es einem »herzlich übel gehn«.

Alfred Webers Kulturgefühl hat nicht getrogen. Die Apparate haben nicht aufgehört, den Beamten (oder Angestellten) zu konditionieren, auch wenn sie dies heute anders tun als seinerzeit. In der Ära der Selbstregierung und Fern-Steuerung hat sich der Apparat mit unseren Seelen auf neue Weise kurzgeschlossen. Was aber wäre denn je die Alternative zu der von Alfred Weber beklagten und von Kafka auf ihre perversen Grundlagen und Effekte hin abgehörten Herrschaft der Apparate gewesen? Eine Herrschaft ohne Apparate oder eher Apparate ohne personale Herrschaft? Man kann solche Fragen nicht ohne den zweiten Weber verhandeln. »Herrschaft« definiert Max Weber als »Chance (...), für spezifische (oder: für alle) Befehle bei einer angebbaren Gruppe von Menschen Gehorsam zu finden«.[5] Kaum oder gar nicht sei eine Herrschaft vorstellbar, die sich zur Durchsetzung ihrer Befehle nicht »eines *Stabes* von Menschen« bediene, »d. h. der (normalerweise) verlässlichen Chance eines *eigens* auf Durchführung ihrer generellen Anordnung und konkreten Befehle eingestellten *Handelns* angebbarer zuverlässig gehorchender Menschen«. Die Bürokratie, so Webers klassisch gewordene These, ermöglicht und unterstützt den rationalen Typus legitimer Herrschaft, der in der Moderne an die Stelle der Herrschaft »traditionalen« und »charismatischen« Charakters getreten sei. Niklas Luhmann bringt in seiner *Politischen Soziologie* Webers idealtypisches Bürokratiemodell auf den Punkt: »Grundlegung durch rational-legal legitimierte Herrschaft, hierarchische Organisation mit Vorgesetztenernennung von außen bzw. oben, funktionale Arbeitsteilung, Unpersönlichkeit der Orientierung, die sich im Rahmen von allgemein feststehenden Kompetenzen nach generellen, erlernbaren Regeln richtet, Trennung von Arbeitsplatz und Familie und von Arbeitsmitteln und Eigentum, Geldgehalt mit garantierter Versorgung, lebenslange und berufsmäßige Spezialisierung für diese Arbeit und ein besonderes, durch laufbahnmäßigen Aufstieg steigerungsfähiges gesellschaftliches Prestige.«[6]

Ein solches Bürokratiemodell ist nicht gemacht für dauernden Change und permanente Innovation, so wie überhaupt die Webersche öffentliche Verwaltung nicht dazu da ist, sich jeden Tag, beraten von Beratern, neu zu erfinden. Webers Bürokratie ist kein Projekt, sie ist ein

Modell: für konservative, kompetente und korruptionsresistente Verwaltung, die sich ihr Ethos noch nicht von der Privatwirtschaft vorschreiben ließ. Im Gegenteil, Webers Ethos wirkte prägend auf Staatswirtschaft und Staatsindustrien und von dort auch auf die Privatwirtschaft. So wie wir heute alle Manager sind oder sein müssen, war man zu jener Zeit Beamter, selbst dann, wenn man, wie mancher »Bankbeamte«, gar kein Staatsdiener war.

Was Weber hier formuliert, kann als die Goldene Bulle des Berufsbeamtentums gelten, als ihre Rechtfertigung und als unbegrenzt gültige Darlegung ihrer Vorzüge. Herrschaft ist nach Weber dann rational, wenn sie »auf dem Glauben an die Legalität gesatzter Ordnungen und des Anweisungsrechts der durch die zur Ausübung der Herrschaft Berufenen ruht«. Dieser Herrschaftstypus ist ohne Bürokratie schlicht unvorstellbar, das heißt, ohne »Behörde«.[7] Die Behörde verwirklicht die »Grundkategorien der rationalen Herrschaft«, einen »Betrieb von Amtsgeschäften« innerhalb einer Kompetenz oder Zuständigkeit, wozu dann noch das Prinzip der Amtshierarchie tritt, verbunden mit weiteren Regeln, etwa der »*Aktenmäßigkeit* der Verwaltung«. »Akten *und* kontinuierlicher Betrieb durch Beamte«, so Weber, »zusammen ergeben: das *Bureau*, als *den* Kernpunkt jedes modernen Verbandshandelns.«[8]

Webers »Bureau« gibt es in Resten immer noch, auch wenn sich die Aktenmäßigkeit der Verwaltung im digitalen Zeitalter deutlich verändert darstellt. Wir finden seine Prinzipien weiterhin auf jeder Polizeidienststelle, in jedem Gericht und Finanzamt. Vielleicht haben wir aber den Glauben daran verloren, dass, wie Weber argumentiert, Bürokratie, Rationalität und Effizienz unabdingbar zusammengehören. Anders als Weber wollen wir in der Bürokratie auch nicht mehr unbedingt eine Erscheinungs- und Verfahrensform der Demokratie erkennen. Und doch: was bedeutet das bürokratische Prinzip, »ohne Ansehen der Person« und »formal gleich für ›jedermann‹« zu verfahren, anderes wenn nicht die Anerkennung bürgerlicher Gleichheit? Die »Herrschaft der formalistischen Unpersönlichkeit«, die man als seelenlos und »formular«-mäßig erleben mag, setzt nur den Gleichheitsgrundsatz der modernen Verfassungen in Verwaltungshandeln um. Wie sollte eine moderne, also einheitliche, standardisierte öffentliche Dienstleistung zustande kommen, wenn nicht durch bürokratische Verwaltung? Max Webers Lob der Bürokratie fällt eindeutig aus: »Die rein bureaukratische, also die bureaukratisch-monokratische aktenmäßige Verwaltung ist nach allen Erfahrungen die an Präzision, Stetigkeit, Disziplin, Straffheit und Verlässlichkeit, also: Berechenbarkeit für den Herrn wie für die Interessenten, Intensität und Extensität der Leistung, formal universeller Anwendbarkeit auf alle Aufgaben, rein *technisch* zum Höchstmaß der Leistung vervollkommenbare, in all diesen Bedeutungen: formal *rationalste*, Form der Herrschaftsentwicklung. (...) ihre Entstehung ist z. B. die Keimzelle des modernen okzidentalen Staats. (...) Man darf sich (...) nicht einen Augenblick darüber täuschen lassen, dass alle *kontinuierliche Arbeit* durch *Beamte* in *Bureaus* erfolgt.« Und dann folgt ein Satz, der die Herrschaft des Büros über den ganzen Menschen anklingen lässt: »Unser gesamtes Alltagsleben ist in diesen Rahmen eingespannt.« [9]

Es gibt bei Max Weber, ähnlich wie bei seinem Bruder Alfred, ein beunruhigtes und beunruhigendes Kulturgefühl. Das Kulturgefühl, dass die moderne bürokratische

Verwaltung ein Staat im Staate sei, eine Herrschaftsapparatur, die der demokratischen Staatsverfassung nicht nur zuarbeitet, sondern sie erobert und ersetzt. »Eine einmal voll durchgeführte Bürokratie gehört zu den am schwersten zu zertrümmernden sozialen Gebilden«, heißt es bei Weber[10], und man meint die Sorge zu hören, dass dieses Wunderwerk aus Effizienz und Rationalität sich verselbständigen könnte. Die Bürokratie ist, wie jeder weiß, ein Moloch, der sich durch Reformen, Change Management und Initiativen zum Bürokratieabbau kaum beeindrucken lässt – oder anders: was immer zu ihrer Abschaffung oder Milderung gegen sie vorgebracht wird, verwandelt die Bürokratie umgehend in Bürokratie.

Leider hat Max Weber die »weittragenden allgemeinen Kulturwirkungen« der modernen Bürokratie nur kurz angedeutet. Die Bürokratie ist, weit über ihren angestammten Zuständigkeitsbereich, der Rahmen unseres Alltagslebens, und nicht etwa nur des westlichen. Ohne Bürokratie keine Rationalität, ohne Rationalität keine Bürokratie. Die Bürokratie stehe, wie Weber sagt, »natürlich im Dienste des ›Rationalismus‹ der Lebensgestaltung«. Und er fährt fort: »Ganz allgemein lässt sich nur sagen: dass die Entwicklung zur rationalen ›Sachlichkeit‹ zum ›Berufs‹- und ›Fachmenschentum‹ mit all ihren weitverzweigten Wirkungen durch die Bürokratisierung aller Herrschaft sehr stark gefördert wird.«[11] Das war die neue Bürowelt von 1920, und es ist auch noch die Welt am Beginn des 21. Jahrhunderts. Der Unterschied ist dieser: Webers Bürokratie ist eine Welt vor dem Management. Man muss die Geschichte der Bürokratie und ihrer Kulturwirkungen im Licht des Managements neu schreiben.

Parallel zu Webers Theorie der Bürokratie geht um

1920 eine umfassende Reform des Büros vor sich. Wo einmal »Kanzlei« war, soll nun »Bureau« oder, moderner, »Büro« werden. Das »Organisationsdispositiv« wandelt sich »von einem verwaltungspraktischen zu einem bürotechnischen«[12], und das bedeutet, mit Weber, eine totale »Aktenmäßigkeit der Verwaltung«.[13] Die Reform der Bürokratie geht Hand in Hand mit einer Reform der Bürotechnik. Der Schreiber wird von der Sekretärin abgelöst, das Original von der Kopie und die Handschrift von der Schreibmaschine; das beständige Klappern der Schreibmaschinen in Orson Welles' *Process*-Film ist der akustische Abdruck der neuen Verhältnisse. Telefon, Schreibmaschine und Durchschlagpapier sind die technischen Hilfsmittel des neuen Büros, in dem fortan – und bis zur nächsten technischen Revolution – der Stehordner regiert. Keine Verwaltung ohne Ordner, und kein Ordner ohne Norm. 1917 wird der »Normenausschuss der deutschen Industrie« gegründet, der 1926 in »Deutscher Normenausschuss« umbenannt wird. Es war das »Königliche Fabrikationsbüro für Artillerie (Fabo-A)« in Berlin, das den Anstoß zur Gründung des DIN oder zunächst des »Normenausschusses der deutschen Industrie« (NADI) gegeben hatte. Seit 1922 existiert, als bekannteste aller Normen, die Norm DIN 476 für Papierformate (zum Beispiel DIN A 4). Noch immer sitzt das DIN Deutsches Institut für Normung e.V. in Berlin und ist »auf Grund eines Vertrages mit der Bundesrepublik Deutschland (…) als die nationale Normungsorganisation in den europäischen und internationalen Normungsorganisationen anerkannt«.[14]

Der Übergang von der Kanzlei zum Büro zu Beginn des 20. Jahrhunderts bringt neue Anforderungen an Formate und Formulare mit sich. Weil maschinell geschrieben wird, müssen Länge und Breite des Papierformats definiert sein. Das Papier muss sich in die Schreibmaschine einspannen, und es muss sich im Aktenordner ablegen lassen. Im selben Jahr wie der Benz Patent Motorwagen Nummer 1, 1886, wurde in Deutschland der moderne Ordner erfunden. Es war Friedrich Soennecken aus Bonn, dessen Firmenname bis heute fortbesteht. Mit dem Ordner erfand Soennecken auch den Locher oder Perforator, mit dem sich in definierten Abständen Löcher in den Rand von Papierbögen stanzen lassen. Perfektioniert wurde der Ordner dann von Louis Leitz in Stuttgart. Der Leitz-Ordner mit Wolkenmarmordeckel und Exzentermechanik mit Klemmbügel, dem sogenannten »Tippklemmer«, ist zum Klassiker des modernen Büros geworden. Das moderne Büro lässt sich definieren durch die Präsenz und Dominanz des Aktenordners, oder anders formuliert: Büros, die nicht mehr durch Aktenordner bestimmt sind, papierlose Büros gar, sind in diesem spezifischen Sinne keine modernen Büros mehr, sondern eventuell postmoderne.

Das moderne Büro kennt und duldet keine losen Blätter. Es will sie sammeln, sortieren (chronologisch, alphabetisch, thematisch) und das heißt: lochen und dann ablegen. Keine Ablage ohne Lochung und Fixierung der Blätter mittels des Tippklemmers. Man fühlt sich unweigerlich an Kafkas »eigentümliche Apparate«, etwa in der *Strafkolonie*, erinnert, wenn man sich das Wunderwerk namens Aktenordner genauer anschaut. »Der Tippklemmer aus Metall oder Aluminium, in dessen Basis zwei parallele, längs verlaufende Stäbe aus Federstahl befestigt sind. Auf der Basis ein Hebel, der durch Drücken die darunter befindlichen Stäbe in der Mitte auseinander drückt. An den beiden Enden der Stäbe bewirkt die Hebelbetätigung ein Zusammenrücken, wodurch die Laufringe des Ordners eingespannt werden. Somit sitzt der Tippklemmer fest am Ordner und verhindert das Verrutschen der Blätter.«

Zum Ordner gehören aber auch zwingend ein Rückenschild, ein Griffloch, ein Klemmbügel, zwei »Raumsparschlitze« und ein Ringsystem, das je nach Land von Zweiloch- bis Vierloch variiert. Natürlich gibt es im Büro nicht nur Aktenordner, man kann Akten grundsätzlich entweder in gehefteten Registraturen (Ordner, Schnellhefter, Vertikalhefter, Lateralhefter usw.) oder in ungehefteten Registraturen (Aktendeckel, Einstellmappe, Vertikalmappe, Lateralmappe, Ablageschachtel usw.) aufbewahren. Es gibt unabsehbare Möglichkeiten der Gliederung des Akteninneren durch Einlegeblätter und »Bereiterung«.[15] Am Büro-PC von heute werden die alten Ordnungs-Parameter in Icons getreulich nachgestellt oder nachgespielt. Was uns die Benutzeroberfläche suggeriert, ist eine Bürolandschaft von gestern. Die aktenmäßige Verwaltung der Weber-Zeit ist in den Computer ausgewandert und in ihm verschwunden.[16]

Die von Weber beschriebene – und geforderte – Professionalisierung und Verwissenschaftlichung der Bürokratie hat in den zwanziger Jahren des letzten Jahrhunderts Institutionen entstehen lassen, deren langer Schatten uns Angestellte noch heute verfolgt. 1924 wird in Berlin der »Reichsausschuss für Arbeitszeitermittlung« (REFA) gegründet, der noch immer existiert und noch immer REFA heißt, jetzt aber »Verband für Arbeitsgestaltung, Betriebsorganisation und Unternehmensentwicklung«. »Gegründet«, heißt es in einer aktuellen Selbstbeschreibung, »in der Tradition des *Scientific Management* ist er heute der Vertreter des *Industrial Engineering* im deutschen Sprachraum.«[17] Wie die Frage der industriellen Normung stand auch die nach der Arbeitszeitermittlung vorn auf der Tagesordnung der frühen zwanziger Jahre. Was in den USA als Scientific Management begonnen hatte, führte bald auch in Europa zu einer neuartigen Arbeitswissenschaft und zu einer neuartigen Methodenlehre der Arbeitszeit. Man muss sich vorstellen, dass das Scientific Management anfangs ganz ohne die Idee der »menschengerechten Arbeitsgestaltung« auskam, die heute im Zentrum aller arbeitswissenschaftlichen Überlegungen steht. Der Mensch war in der Welt der Büros noch nicht erfunden, als REFA gegründet wurde, aber man sieht an den verschiedenen Neuerfindungen und Namensänderungen von REFA seither, wie die Arbeitswissenschaft sukzessive vermenschlicht wurde oder anders, wie sich die Idee des Menschen und die der industriell-bürokratischen Lohnarbeit allmählich miteinander anfreundeten, unter erheblicher Mitwirkung von Psychologen und anderen Kommunikationsfachleuten.

Alfred Weber hatte die Seelenlosigkeit des modernen Büro- und Beamtenapparats im Namen einer romantischen Idee vom ganzen Menschen kritisiert. Max Weber dagegen hat die relative Gemütsarmut der modernen Verwaltung als Preis für den Zugewinn an Rationalität, Effizienz und strikter Sachlichkeit beziffert. Der Mensch ist, so scheint es, in den Arbeitslehren der zwanziger Jahre noch nicht aufgetaucht – wenig später wird er, wie noch zu sehen sein wird, im Zeichen des Human Factor mit Macht auf der Bildfläche erscheinen. Die zwanziger Jahre sind das Jahrzehnt der großen Übungs- und Optimierungslehren.[18] Gustav Großmann etwa legt 1927 einen bis heute nachgedruckten Bestseller vor, sein Titel ist *Sich selbst rationalisieren. Die Planung des Berufserfolges*.[19] Die Quintessenz dieses über weite Strecken wie freie Verse formulierten und gesetzten Buches, das alle Managementliteratur von heute vorwegnimmt und an Exzentrik weit übertrifft, lautet: Du kannst die Unzulänglichkeiten deines Könnens durch Methode und Planen überwinden. »Die Methode des Wieplanens setzt an die Stelle dieser / Unzulänglichkeit das Können, / Aufgaben durchführungsreif zu gestalten / und dann durchzuführen, / an deren Durchführung man sich ohne Beherrschung des Wie- / Planens nicht einmal herangewagt hätte.«[20] Der Erfolg, sagt Großmann fast im Stile eines heutigen Management-Gurus, sei »das Arkanum gegen den Minderwertigkeits- / komplex und gegen das Heer seiner üblen Folgen«.[21] Den Anforderungen, die der moderne Büroarbeitsplatz hinsichtlich Rationalität und Effizienz stellt, kann nur durch Programme und Methoden entsprochen werden, die den Arbeitnehmer selbst »rationalisieren«, nicht im Sinne von »wegrationalisieren«, sondern in der Befolgung von Trainingsprogrammen, die seine Funktionstüchtigkeit steigern. Nicht die Arbeit hat sich dem humanen Faktor anzupassen, sondern umgekehrt, der humane Faktor kann durch Üben und Erwerb der im Anhang käuflich angebotenen Großmann-Produktpalette derart gesteigert werden, dass zwangsläufig Erfolg eintritt. Als Dokument einer zeittypischen und überaus geschäftstüchtigen Trainings- und Übungsphilosophie ist Großmanns Buch bis heute bemerkenswert.

Den modernen Angestellten, ob es nun der neue Typus des Angestellten in privatwirtschaftlichen Großbetrieben ist oder der ebenfalls neue Typ des professionellen bürokratischen Staatsdieners, umgibt ein Klima der Traurigkeit. Er ist ein Herdentier. So ist es bei den amerikanischen Soziologen der fünfziger Jahre wie bei William Whyte, so ist es bei Alfred Weber; und so ist es auch in Siegfried Kracauers berühmtem Essay *Die Angestellten* aus dem Jahre 1929. Die Angestellten haben sich aus Lebensnot und körperlicher Mühsal ins Saubere, Korrekte und Zuverlässige hochgearbeitet; jetzt haben sie den »White Collar Blues«. Bei seinen Recherchen in Berliner Angestelltenwelten der späten zwanziger Jahre stößt Kracauer überall auf die eben erst von DIN oder REFA installierten Methoden und Mechanismen rationaler Arbeitsgestaltung. »Der kaufmännische Direktor einer modernen Fabrik erklärt mir vor der Besichtigung den Geschäftsgang. ›Die kaufmännische Verarbeitung des Arbeitsprozesses‹, sagt er, ›ist bis ins Detail durchrationalisiert.‹ Er weist auf schematische Liniensysteme hin, deren farbige Liniensysteme den Geschäftsgang verdeutlichen. Die Pläne hängen eingerahmt an der Wand seines Zimmers. An der anderen Wand befinden sich zwei merkwürdige Kästen, die an Rechentafeln für Kinder erinnern.«[22] »Aus dem Aufleuchten und Erlöschen der winzigen Glühbirnen« könne »der Betriebsleiter jederzeit den Stand der Arbeiten in den einzelnen Abteilungen erschließen«.[23]

Man findet solche Management-Cockpits surreal gesteigert in Fritz Langs *Spione*-Film von 1928 und dann in den Kino-Albträumen von Orson Welles oder Jacques Tati. Der Mensch wird sehr klein, oder er wird ganz unsichtbar hinter den Apparaten, aber es gehört sich nicht mehr, darüber im Stil älterer Sozialromantiker zu klagen. »In der Definition des Reichskuratoriums für Wirtschaftlichkeit«, fällt Kracauer auf, »fehlt das Wort Mensch. Vermutlich ist es vergessen worden, weil es keine so wichtige

Rolle spielt.« Ein Betriebsratsvorsitzender spricht Kracauer gegenüber »mit ziemlicher Resignation von der Einbuße dessen, was er den Persönlichkeitswert nennt«.[24] Was nicht mehr gefragt sei, sei Erfahrung. Es genüge, »abzuhaken«.

Was den »Persönlichkeitswert« angeht, so hat wohl erst die neue amerikanische Managementkultur *nach* dem Scientific Management den ganzen Menschen rehabilitiert. Die Ressource Mensch war vielseitiger einsetzbar und wohl auch rentabler, wenn ihre Leistung einer Motivation entsprang. Heute, wo dank Change Management und vielerlei sonstigen Schulungen unseres Selbstausdrucks Individualismus, Emotionen und Leidenschaft hoch im Kurs stehen, kann man kaum verstehen, wie die alte Bürokratie und ihre Arbeitsmethodik, der Taylorismus, auf die Zauberkräfte der Motivation verzichten konnten. Überhaupt können wir die Webersche Bürokratie nicht mehr ganz verstehen. Im Zeichen von Kreativität, Subjektivität und Selbststeuerung ist ein regelrechter Krieg gegen die Bürokratie von gestern entbrannt. Überaus beliebt ist in diesen Tagen die Rede von (und das Geschäft mit) »neuen Organisationsformen«: die virtuelle oder Netzwerk-Organisation wird als neuer, postbürokratischer Idealtypus gehandelt. So stellt sich etwa die Postbürokratie etwa für Charles Heckscher, Direktor des Center for Workplace Transformation an der Rutgers University, dar: Regeln werden ersetzt durch Konsens und Dialog, persönlicher Einfluss ist wichtiger als Status. Vertrauen wird nicht durch Regeln und Kontrolle generiert, sondern durch geteilte Werte. Verantwortung verteilt sich auf Grundlage von Kompetenz statt von Hierarchie, und schließlich: die Organisation hat offene Grenzen, so dass statt lebenslanger Beschäftigung Mitarbeiter flexibel kommen und gehen können, sei es durch Teilzeitarbeit, durch Zeitarbeit oder Beratertätigkeit. Arbeit findet nicht länger zu bestimmten Zeiten an bestimmten Orten statt.[25]

Solche Transformationen in der Arbeitswelt, von denen man selten weiß, ob sie auf diese Weise wirklich passieren oder nur passieren *sollen*, laufen unter Begriffen wie Re-Engineering oder noch vollmundiger als Business Process Re-Engineering Evolution.[26] Empirisch spricht wenig dafür, dass sich unsere Arbeitswelt so radikal verändert hätte, wie es die Künder des Re-Engineering gern hätten. Und wenn sie sich verändert hat, dann hat sie doch keineswegs zum Bürokratieabbau geführt. Es ist merkwürdig: wir leben und arbeiten schon lange nicht mehr in der Weber-Welt der verwissenschaftlichten Bürokratie, aber wir sind bis jetzt auch nicht in der Welt des permanenten Change angekommen, wo Wissen und Erfahrung nichts mehr zählen dürfen, weil doch der Wandel »die einzige Konstante« sei.

Die Organisation unserer Arbeit hat Fortschritte gemacht mit der Entwicklung der technischen Hilfsmittel, aber sie hat sich trotz aller rhetorischer Kampfhandlungen niemals grundlegend verändert. Der Change scheint oft weniger aus der Sache selbst geboren als aus den schwankenden Konjunkturen der politischen Wertschätzung von Verwaltung überhaupt. Ein Büro ist ein Büro, eine Organisation ist eine Organisation, so wie ein Parlament seit mehreren Jahrhunderten ein Parlament ist, in dem sich zwar die Umgangsformen, kaum aber die Prozeduren und Verfahren selbst geändert haben. Wer ernsthaft glaubt, der Dienstweg müsse nicht länger beschritten werden, weil jetzt flache Hierarchien herrschen, muss sich rasch eines Besseren belehren lassen. Die Organisationstheorie und -lehre, ein Fach, mit dem sich viele Universitäten schmücken, ist Max Weber stärker verpflichtet, als sie es gern zugeben würde. Es gäbe sie gar nicht ohne Webers Beobachtung, »dass die moderne Welt mit der Vergangenheit brach, als sie die technische Effizenz der modernen Bürokratie entdeckte«.[27] An dieser Beobachtung ist bis heute nichts falsch. Der modernen Verwaltung wäre mehr damit gedient, Weber zu re-aktualisieren, als ihn zu überwinden.

2.2 Freud in Amerika.
Psychologie und der neue Geist des Wunders

> You can get it if you really want,
> but you must try, try and try
> *Jimmy Cliff*

Etwas Entscheidendes muss passiert sein zwischen Max Webers Grundlegung der modernen Bürokratie als seelenloser, aber rational-effizienter Apparat und unserer neuen Bürowelt, in der die Seele, ihr Heil und ihre Not auf breiter Front zurückgekehrt sind, so dass wir uns keinen Moment wundern über die Angebote von Coaches oder Therapeuten zu Themen wie Life Coaching, Berufscoaching, Work-Life-Balance, Beziehungscoaching, Krisencoaching, Erfolgscoaching, Lösungsfokussierte Kurzzeitbegleitung, Ressourcenorientierte Lebensberatung und Systemische Strukturarbeit. Was immer die Helfer anbieten, es zielt auf unser Glück, unser Seelenheil, in der Arbeit und zu Hause. »Glück«, man sucht das Wort im Register von Max Webers Schriften zu *Wirtschaft und Gesellschaft* zwischen Gleichheit und Gnadensgewissheit vergebens, so als habe die Aktenmäßigkeit der Verwaltung um 1920 auch ohne Glück funktioniert. Aber schon damals muss das Glück in die Welt gekommen sein, und wenig später hat es als Human Factor auf die sozialen Organisationslehren übergegriffen. Nicht Webers Ethik der Selbstbeherrschung hat historisch den Sieg davongetragen, sondern die amerikanische Psychologie der Selbstverwirklichung. Oder anders gesagt: nicht die Befürchtungen von Alfred Weber haben sich in der Wirklichkeit erfüllt, auch nicht die Annahmen der pessimistischen Fünfziger-Jahre-Soziologie von Gehlen, Whyte und Riesman über den gleichförmigen Organization Man. Niemand ist heute gezwungen, allen anderen zu ähneln, jedenfalls nicht im befürchteten Sinne; statt dessen sind wir geradezu zum Verschiedensein angehalten und haben in unseren Büros alle ein Diversity Management oder sogar Diversity Mainstreaming. Wir sind jetzt alle auf eine berechenbare Weise verschieden und sollen es sein, was der Arbeit offenbar guttut. Die Sorge um die Seele im technischen Zeitalter hat sich weithin als unbegründet erwiesen, ja es scheint sogar die Aussage, wir lebten im technischen Zeitalter, fraglicher als die Gegenannahme, dass wir längst im seelischen Zeitalter leben, in dem nicht weniger die Seele unter Druck steht als die Technik selbst.

Wie konnte es dahin kommen? Nähern wir uns einer Antwort über das ur-amerikanische Phänomen der »positiven Psychologie«. Martin Seligman, Gründer und Schulhaupt der positiven Psychologie, unterrichtet uns auf seiner Homepage (www.authentichappiness.sas) über die Lehre vom authentischen Glück. In der Psychologie gebe es ein neues und zunehmend erfolgreiches Arbeitsfeld, das sich der empirischen Erforschung von »positiven Emotionen«, »starkem Charakter« und sogar »gesunden Institutionen« widme. Diese Forschung habe an den Tag gebracht, dass es möglich sei, glücklicher zu sein – zufriedener, engagierter, sinnerfüllter, hoffnungsvoller, ja man könne wahrscheinlich häufiger lachen und lächeln, und dies unabhängig von den tatsächlichen Lebensumständen. Mit positiver Psychologie ändert man also zunächst nicht die Lebensumstände, sondern die »Attitüde«, und auf diesem Weg dann wieder die Lebensumstände. Selbst schwere Depressionen können mittels positiver Psychologie besiegt werden. Die Forschungsergebnisse sind regelmäßig nachzulesen im *American Psychologist*, dem Fachorgan der American Psychological Association, die zunehmend von Vertretern der Positiven Psychologie beherrscht wird.

Ohne amerikanische Psychologie wäre jedenfalls die »Errettung der modernen Seele« nicht möglich gewesen.[28] Amerikanische Psychologie, das ist keine klar umgrenzte Schule, wohl aber eine bestimmte Art der originellen Rezeption und produktiven Aneignung und womöglich auch der Verzerrung des Freudschen Erbes. Hätte nicht 1909 Sigmund Freud nach langem Zögern die Einladung zu den »Clark Lectures« an der Clark University in Worcester, Massachusetts, angenommen, dann gäbe es heute auch die psychologische Beratungsindustrie nicht – oder es gäbe sie nicht als Psychologie. Der damalige Präsident der Clark University, G. Stanley Hall, hatte Freuds Lehren schon früher an der Universität bekannt gemacht; er war selbst einer der Pioniere der Psychologie in Amerika und hatte mit Freud korrespondiert. So hatte er die Voraussetzungen geschaffen für Freuds erste und auch einzige Vorlesung an einer Universität der englischsprachigen Welt. Die Vorlesungen, die Freud unter dem Titel *Ursprung und Entwicklung der Psychoanalyse* vom 7. September 1909 an in deutscher Sprache hielt, kann man vielleicht nicht nur als die Geburtsstunde der Psychoanalyse in Amerika ansehen, sondern auch als den Moment, in dem die Psychoanalyse, wie es Freud später in seiner *Selbstdarstellung* schrieb, sich von einer Wahnvorstellung zur Realität wandelte. Was Freud wie ein Tagtraum erschien, markierte den Beginn einer wissenschaftlichen Revolution und einer kulturellen zugleich. Nie mehr würde die Rede von der Seele dieselbe sein wie zuvor; der Geist der Psychoanalyse war aus der akademisch-klinischen Flasche in die freie Luft des Alltagslebens entwichen.

Amerika hatte sich auf diesen Auftritt vorbereitet. Es gab bereits im späten 19. Jahrhundert eine amerikanische Psychologie, geprägt von Männern wie William James und Ralph Waldo Emerson. Grundlage dieser Psychologie ist, mit den Worten von Alain Ehrenberg, die »amerikanische Fiktion«: »Der Vorstoß ins Unbekannte (*frontier*), die Erkundung neuer Welten und die Reformation, die die Menschen vom Katholizismus reinigt, damit sie den authentischen, ursprünglichen Glauben wiederfinden, den der persönlichen Beziehung des Christen zu seinem Gott.«[29] Fromm sein heißt, an Jesus und an die eigene sowie Amerikas Wiedergeburt zu glauben. »Yes, we can«, die Ressourcen sind in uns, und Jesus will, dass wir sie finden. Wer Probleme hat, seine Ressourcen freizusetzen, dem kann geholfen werden, nämlich von zwei Berufsgruppen, die eng zusammenarbeiten, von Neurologen und

Klerikern. »Als Freud 1909 die Vereinigten Staaten besucht«, so Ehrenberg, »ist die Psychotherapie dank der Emmanuel-Bewegung, einem Bündnis zwischen Ärzten und episkopalischen Pastoren, schon präsent. (…) Eine erste Gruppe von *positive thinkers* erscheint und bildet die erste Gruppe von Profis für das Wohlbefinden.«[30]

Von Freud wird man gewiss nicht sagen können, er sei ein Positive Thinker wie Norman Vincent Peale, der Prophet der *Power of Positive Thinking* und des dazugehörigen »Christian Living« gewesen. Eher schon verkörpert Freud für die Psychologie, was Weber für die Soziologie darstellt: den tragischen Realisten. Als Atheist und Verfechter einer pessimistischen Anthropologie war Freud am Glück weitgehend uninteressiert. Man findet es in seinen Schriften fast so selten wie bei Weber, und wenn, dann deuten Anführungszeichen Freuds skeptische Distanz zum Begriff wie zur Erfahrung des Glücks an. In seiner Abhandlung über *Psychische Behandlung (Seelenbehandlung)* von 1890 spricht Freud über die Beziehung der »Affekte« zum Körper. »Anhaltende Affektzustände von peinlicher oder, wie man sagt, ›depressiver‹ Natur, wie Kummer, Sorge und Trauer, setzen die Ernährung des Körpers im ganzen herab, verursachen, dass die Haare bleichen, das Fett schwindet und die Wandungen der Blutgefäße krankhaft verändert werden.« Und dann heißt es: »Umgekehrt sieht man unter dem Einfluss freudiger Erregungen, des ›Glückes‹, den ganzen Körper aufblühen und die Person manche Kennzeichen der Jugend wiedergewinnen.«[31] Das Glück wird hier beinahe beschrieben wie eine jener Täuschungen und fixen Ideen, auf deren Behandlung die psychoanalytische Kur ihr Augenmerk richtet. Ganz gewiss ist es kein Anliegen der Psychoanalyse, ein solches Glück zu fördern und ihm Dauer zu verleihen. Wie kann es sein, dass die Psychologie, und vor allem die amerikanische, Freuds Botschaft so gründlich missverstand?

Eva Illouz, die die Symptomatik der heutigen, »durchpsychologisierten Gesellschaft« gründlich untersucht hat, konstatiert einen neuartigen »therapeutische(n) emotionale(n) Stil« in der kurzen Periode zwischen dem Ersten und Zweiten Weltkrieg.[32] Das Hauptmerkmal dieses Stils ist die Betonung des Zwischenmenschlichen, des Human Factor und der Human Relations. Aus dem Arbeiter und Angestellten wird der Mitarbeiter, nicht weil die Unternehmen einem humanistischen Ideal frönen, sondern weil das Einverständnis des Mitarbeiters, seine Zufriedenheit und Motivation, das Arbeitsergebnis günstig beeinflussen. Der Homo Oeconomicus, der bis hierhin der Idealtyp des arbeitenden Menschen war, wandelt sich zum Homo Communicans.[33] Die vielzitierte Kälte der rationalen Angestellten- und Beamtenkultur, wie sie von Alfred Weber um 1910 beklagt wurde, hat später einer wohligen Wärme Platz gemacht, die wir noch heute als Raumtemperatur unserer Büros wahrnehmen. Sie ist die Folge des therapeutischen emotionalen Stils, der um 1930, zur Verbesserung der Produktivkraft, der Effizienz und der Ergonomie, von Amerika ausgehend die Welt eroberte. Therapie und Emotion wurzeln in der Welt der amerikanischen Unternehmen, deren Denken wiederum von der amerikanischen Psychologie beherrscht wird.

Der psychologische Rahmen des modernen Büros entstand aus der unwahrscheinlichen Begegnung Freuds (oder dem, was Amerika aus Freuds Lehren machte) mit der amerikanischen Populärkultur und Arbeitswelt. Unglaublich, aber wahr, dass »ein einzelner sozialer Akteur – Sigmund Freud – die Vorstellungskraft seiner Zeitgenossen mit Metaphern und Erzählungen blendete«.[34] Freuds begeisterte Aufnahme in Amerika hat damit zu tun, dass dort, aus religiösen Quellen gespeist, das Heilen »durch den Geist« schon weit verbreitet war.[35] Dass man es schaffen kann, wenn man nur will, dass objektiv scheinende Widerstände durch positives Denken, durch die richtige »PMA« (Positive Mental Attitude) überwunden werden können, das ist die gleichsam präfreudianische Gewissheit der amerikanischen Kultur. Rasch war demgemäß der Tragiker Freud in einen Motivationslehrer umgedeutet und die Pathologie in eine Erlösungslehre, in der profane Wunder an der Tagesordnung waren. Mit der amerikanischen Psychologie hat sich ein weltliches Votivwesen, eine Praxis der Selbst-Frömmigkeit herausgebildet, die bestimmte Freudsche Motive auf ältere Erlösungslehren des Calvinismus aufpfropft. Ich selbst, mit meiner Einstellung, kann alles ändern. Ich bin zugleich ein einfacher Angestellter und ein Schauspieler im Populär- und Alltagsdrama der seelischen Trübungen und Verwirrungen. Ich bin Symptom, aber auch meines Glückes oder Symptomes Schmied. Freuds Methode, so Illouz, hat, jedenfalls in der amerikanischen Angestelltenkultur, zweierlei bewirkt (es lässt sich in Serien wie *Mad Men* beobachten): »Sie verwandelte das Alltagsleben in ein glamouröses, gewissenhaft zu bewältigendes Projekt, zugleich aber machte sie das Alltagsleben *queer*. (…) Indem er Perversion und Normalität verknüpfte und in einem gemeinsamen Kontinuum ansiedelte, untergrub Freud einen zentralen kulturellen Code zur Regelung der Grenze zwischen Normalität und Pathologie – ein Eingriff, der erhebliche Konsequenzen für gewöhnliche Erzählungen vom Selbst hatte.«[36]

Davor lag die Epoche, von der Kafka und Max Weber Zeugnis ablegen. Die Epoche, die bis in die zwanziger Jahre hinein währte, in der »das Fabriksystem eingeführt, Kapital akkumuliert, Herstellungsprozesse standardisiert, Organisationen bürokratisiert und das Heer der Arbeitskräfte in große Firmen eingegliedert« wurden.[37] Mit dem Aufkommen des menschlichen Faktors und der zwischenmenschlichen Beziehungen vollzieht sich ein Wandel: von der Disziplinar- nicht nur zur Kontrollgesellschaft, sondern zur »Selbstkontrollgesellschaft«. Der Chef oder Manager, der mich mit Drohungen und Sanktionen auf Kurs hielt, ist ausgetauscht worden gegen den Coach, der meine Ziele eskortiert. Die Grundlagen hierfür sind in den dreißiger Jahren gelegt worden, als in den psychologischen Forschungslabors der amerikanischen Industrie der neue Mensch mit seinen Stärken und Schwächen vermessen wurde, in der Hoffnung, seine Arbeitsleistung durch gutes Zureden oder behavioristische Verhaltenssteuerung, jedenfalls durch Psychologie, zu steigern.

Aber erst in den sechziger Jahren hat sich das psychologisch erforschte und gesteuerte Selbst vollends zur Dominanz aufgeschwungen. Hier erst hat sich, wie Illouz sagt, »der therapeutische Diskurs zum einen in eine kulturelle Form verwandelt (…), die unsere Erfahrung prägt und organisiert, zum anderen aber auch in eine kulturelle Ressource, mit der wir uns einen Reim auf uns selbst und unsere sozialen Beziehungen machen«.[38] Der Psychologe oder die Psychologin sind, man denke an Hitchcock-Filme wie *Spellbound* oder später *Marnie*, Seelenführer durch unser Alltagsleben. Sie erklären uns nicht unbedingt unser Selbst, aber sie haben die Mittel, unser Selbst zum Sprechen zu bringen, und wo täte das mehr not als in zwei Sphären unseres immerwährenden Kampfes um Anerkennung, der privaten Ehe- und Beziehungs-Welt und der Arbeitswelt?

Dank der Allianz von Psychologie und Ökonomie hat sich damit der Homo Oeconomicus in einen Homo Communicans verwandelt, in jemanden, der dafür bezahlt wird, dass er kommuniziert, in Firmen, deren Produkt Kommunikation heißt (»*connecting people*«, wie es bei Nokia heißt) und die immer lieber statt Produkten »Lösungen« verkaufen oder »Lebensgefühle« oder »Emotionen« oder gar »Spaß«. »Während des gesamten 20. Jahrhunderts wurde das Gefühlsleben unter der Ägide des therapeutischen Diskurses mit den Metaphern und der Rationalität des Ökonomischen getränkt und umgekehrt wirtschaftliches Verhalten konsequent von der Sphäre der Emotionen und Empfindungen geprägt.«[39] Wir leben unter der Ägide des emotionalen Kapitalismus, der uns Spaß genauso verordnet wie Effizienz, auf jeden Fall aber im Team. Man kann sich die Arbeitswelt der Gegenwart ohne die Imperative des Teams, der Kooperation und der Kommunikation schlechterdings nicht vorstellen. Was nicht »inter« oder »ko« ist, das existiert nicht mehr. Schon bevor das Wort »Vernetzung« Triumphe feierte, hatte die Psychologie dafür den Boden bereitet. Wirtschaftliche sind zwischenmenschliche und zwischenmenschliche sind wirtschaftliche Beziehungen. Die Gefühle stehen im Bann der Ökonomie, so wie umgekehrt die Ökonomie im Bann der Gefühle steht. Der Psychologe ist Manager geworden und der Manager Psychologe. Ist nicht der Manager zugleich auch Fitness- und Mentaltrainer, ist er nicht Guru, Einpeitscher, Coach, jedenfalls Übungsleiter beim Versuch, die Angestellten umfassend zu motivieren? Ist nicht Tom Cruise, der, mit Headset auf der Bühne herumwirbelnd, in *Magnolia* den Management-Guru Frank T. J. Mackey spielt, im Zweifel auch der bessere Unternehmenslenker? Braucht nicht das Team einen Trainer, der weiß, wie man die anderen motiviert? Brauchen nicht schwierige Zeiten, in denen die Finanzmärkte nach Entlassungen von Mitarbeitern rufen, dringend Manager, die die Belegschaft trotzdem bei Laune halten? Deshalb hat die Unternehmensphilosophie der letzten zwanzig, dreißig Jahre den Psychologen oder Mentalcoach als Schlüsselfigur des Wirtschaftslebens etabliert. Alles ist jetzt Change, sagt er, der Change sei das einzig Verlässliche in unserer Welt, und wir wissen, wir müssen wieder mal umstrukturieren und werden uns dabei sogar gut fühlen.

Der psychologisierte Manager, ein Mensch, der seine Arbeit darin sieht, die Arbeit der anderen freundlich zu überwachen und mental zu befördern, war einst aus Verweltlichungsstrategien amerikanischer Religiosität (»Heilung durch den Geist«) entstanden. Der Manager war kein Eigner und kein Arbeiter, er war eine Art Hirte oder auch nur Hirtenhund seiner Chefs, der in Zeiten, die von Arbeits- oder gar Klassenkämpfen geprägt waren, die Belegschaft auf Kurs hielt, und dies zunehmend mit den Mitteln der experimentellen Seelenlehre. Das wissenschaftliche Management der zwanziger Jahre, für das bis heute der Name Frederick Taylors und der Begriff des Taylorismus stehen, wollte das Geheimnis der menschlichen Arbeit ergründen und fand auf seiner Suche den menschlichen Faktor und die Psychologie. Das war noch nicht die Wohlfühl- und Wellness-Psychologie unserer Tage, sondern eine Erfahrungswissenschaft, die darüber Aufschluss gab, wann Menschen bereit sind, unter reduzierter Aufsicht und Einschüchterung überhaupt sinnvoll zu arbeiten. In jenen Jahren wurde der Arbeiter, nach der Beschreibung von Reinhard Bendix, »von einer Person, der man Tugenden und passende Manieren beibringen musste, (…) zum Objekt wissenschaftlicher Untersuchung und Befragung (…), dessen Befähigung und innere Einstellung es zu testen galt«.[40]

Es gibt um 1930 eine »neue kulturelle Besorgnis«[41]: nämlich um den Arbeiter und seine Leistungsfähigkeit. Es geht um die wissenschaftliche Erforschung der Umstände, unter denen der Arbeiter mehr zu tun bereit wäre als nur das Notwendigste. Buchstäblich werden Psychologen und Manager zu Ingenieuren der menschlichen Seele, der männlichen und zunehmend der weiblichen Seele. Der Human Factor wird und muss die Produktivität beflügeln. Der Zorn, der sich in Fabriken und Büros gegen die Eigentümer und Chefs richtete, sollte internalisiert und gebändigt werden. Nicht mehr also soll der Arbeiter Zorn und Wut gegen den vermeintlichen Feind richten, sondern im Dialog mit ihm und unter Anleitung von Psychologen das bessere Selbst modellieren. Die Revolution der Arbeitssteuerung hat somit eine deutliche Gender-Komponente: »weibliche Tugenden«, nicht zuletzt die der Selbstbeherrschung, treten in den Vordergrund und lösen männlich-martialische Strategien der Selbstbehauptung ab, aber nur, um recht bald der Selbstverwirklichung Platz zu machen. Sind nicht, jedenfalls dem Klischee zufolge, Frauen besser in sogenannten Soft Skills, kommen sie nicht den Anforderungen, die die moderne Managementliteratur in Bezug auf positives Denken und positive Sprache formuliert, viel näher? »Einfühlungsvermögen, Enthusiasmus, Freundlichkeit und Energie«[42], das nennen wir doch einvernehmlich »weibliche Tugenden«. Im emotionalen Kapitalismus, könnte man möglicherweise vorschnell vermuten, hat die kommunikative weibliche Gefühlskultur den Sieg über die männliche Sprachlosigkeit davongetragen.

Wir können uns heute einiges an Fachkompetenz sparen, wenn wir unsere Sozialkompetenz wirksam zum Einsatz bringen. Wenn wir ein Kommunikationstalent haben oder sind. Wenn wir unsere Emotionen ins Spiel bringen und sie gleichzeitig unter Kontrolle halten. Wenn wir teamfähig sind. Fähigkeiten wie diese entscheiden über unsere Beurteilung und Beförderung ebenso wie unser Wissen und unsere Tüchtigkeit. Es ist das Modell der Kommunikation, das unsere Schritte lenkt: wir gleichen unser Selbstbild regelmäßig mit dem Fremdbild ab, geben Feedback und nehmen Feedback entgegen, zeigen Empathie und lassen uns Empathie entgegenbringen, wir sind ganz wir selbst und doch auch ganz angepasst an die Erfordernisse der Selbst-Präsentation und Performance. »Heute«, schreibt Eva Illouz, »dienen Begriff und Praxis der Kommunikation, die ursprünglich als eine Technik und ein Ideal der Persönlichkeit und des Selbst gedacht waren, durch eine Art metonymischer Weiterung dazu, das ideale Unternehmen zu charakterisieren.«[43] Das ideale Unternehmen verfügt über die gleichen Eigenschaften wie der ideale Mitarbeiter: es versteht die Kunst und das Geschäft der Kommunikation. Unternehmen, die nicht oder schlecht kommunizieren (man denke an BP nach der Ölkatastrophe im Golf von Mexico), sind zeitweilig vom Ruin bedroht. Das Authentische und das Geschäftsmäßige unserer Kommunikation sind, verstärkt durch die sozialen Medien, ununterscheidbar geworden; wir sind in ein Kontinuum eingetreten, in dem die Schwelle zwischen Arbeits- und Freizeitverhalten kaum noch existiert. »So haben die Psychologen in einer ironischen Wendung der Kulturgeschichte Adam Smith' eigennützigen Homo Oeconomicus in einen Homo Communicans verwandelt, der die Welt und seine Gefühle reflexiv überwacht, sein Selbstbild kontrolliert und den Perspektiven der anderen Anerkennung zollt.«[44] Das reflexive Büro-Selbst unserer Tage, das es so virtuos vermag, »Eigennutz und Mitgefühl« oder »Aufmerksamkeit auf sich selbst und Manipulation anderer« zu vereinen, wie Eva Illouz es formuliert, ist ein Produkt der kommunikativen Psychologie. Wir Angestellten haben uns weithin unbemerkt von produktiven zu kommunikativen und schließlich theatralen Wesen gewandelt, denen die Performance über alles geht. Eher werden wir für die Geschicklichkeit unseres Umgangs mit Symbolen und Diskursen bezahlt als für die Erfüllung gleich welcher Pflicht.

Vielleicht kann man die These wagen, dass in der heutigen managerisierten Welt, parallel zum Sieg des Managements über die (alte) Bürokratie, auch Amerika den Sieg über Europa davongetragen hat. Wenn wir Webers Idealtypus der rationalen Bürokratie als Triumph der wissenschaftlichen Aufklärung über die Mächte der Willkür, des Despotismus und des Charisma auffassen, dann müssen wir konstatieren, dass alsbald, von Amerika ausgehend, eine Gegenaufklärung in Gang gesetzt wurde – oder besser: antiaufklärerische Mächte wirksam blieben, die das Wirtschaftsleben erneut oder immer noch religiösen Kategorien und Vorstellungen unterstellen. Ausgerechnet das »technische Zeitalter« bringt eine Wiederkehr des Wunders mit sich. Der populäre Wunderglaube, von Freud schon 1880 verspottet, erweist sich als durchgehende Tendenz der modernen Bürowelt. Die sogenannte Wissensgesellschaft ist zugleich immer auch eine Glaubensgesellschaft. Der Glaube, den die Coaches und Ratgeber in uns einpflanzen wollen, gilt uns selbst. Wir selbst, wenn wir nur unser Potential abrufen, können es schaffen. Man vergleiche das folgende Angebot: »Wusstest Du, dass unser Gehirn nicht in der Lage ist, zwischen Realität und Vorstellungskraft zu unterscheiden? Klingt seltsam, ist aber tatsächlich so. Gerade aus diesem Grund ist die Vorstellungskraft die perfekte Waffe gegen Motivationsverlust und Antriebslosigkeit. Konkret: Wenn Du Dir jeden Tag so intensiv wie möglich Deinen bahnbrechenden Erfolg vorstellst, wird das einen spürbaren positiven Effekt auf Deine Motivation haben! Glaubst Du nicht? Probiere es doch einfach 2-3 Wochen aus, indem Du Dir jeden Morgen 5 Minuten lang Deinen Erfolg vorstellst. Wichtig: Versuche alle Deine Sinne zum Einsatz zu bringen und die Vorstellung so lebendig wie möglich zu gestalten. Die Motivation beim Lernen wird dann bereits in wenigen Tagen in die Höhe schnellen!«[45]

Das ist nur die popularisierte Version dessen, was unter Labels wie »Positive Psychologie« oder »Motivation« überall grassiert und uns glauben macht, wir können am Arbeitsplatz mittels Geistheilung zum Erfolg gelangen, ganz wie bei der Levitation, jenem parapsychologischen Phänomen, bei dem Menschen und Dinge gegen alle Physik zu schweben scheinen. Wir sind auch im Büro zunehmend mit einer Parapsychologie konfrontiert, die uns glauben machen will, wir könnten Jungfrauen zum Schweben bringen oder ohne Brandwunden durchs Feuer laufen.

Das Wunder kann gelingen, wenn wir nur ganz fest an es glauben, wenn wir überzeugt sind von einer Stärke in uns, die objektive Widrigkeiten durch die Intensität unseres Wollens aus der Welt schafft. So leben wir womöglich wieder in einer Prophezeiungskultur, in der ältere Kunstgriffe der Weissagung und der Vorsehung variiert fortdauern? Die Seele hat niemanden, bei dem sie ihre Ansprüche geltend machen könnte, außer sich selbst. Deshalb gibt es eine umsatzstarke Seelenindustrie, die uns Rezepte, Mittel und Strategien anbietet, unsere Seelenqual in anhaltende Seelenfreude zu verwandeln.

Barbara Ehrenreich erzählt in ihrem Buch *Smile or Die. Wie die Ideologie des positiven Denkens die Welt verdummt* die Geschichte des positiven Denkens von ihren uramerikanisch religiösen Anfängen bis hin zu den Auswüchsen des Chaos-Business der letzten Jahrzehnte. Warum gibt es Mental-»Training«, und wie konnte es überhaupt dazu kommen, dass die Idee des Trainings, also der übenden Vervollkommnung, aus dem Sport in das Seelenleben des arbeitenden Menschen eindrang? Wenn heute Manager Triathlon betreiben, Achttausender besteigen und insgesamt den Lebensstil des Abenteurers pflegen (Büro und Wildnis sind bloß zwei Seiten ein und derselben Medaille), wenn alle Welt »ans Limit« geht und ihre »Grenzen austestet«, wenn durch gewöhnliche Beschäftigungsverhältnisse der Wind des Heldentums, der Verausgabung und des Hochrisikos weht, dann darf man daran erinnern, dass all diese Phänomene relativ neu sind. Früher hatten nur Sportler Trainer, bis in den 1980er Jahren der Trend aufkam, Methoden des Hochleistungssports auf die Ausbildung der Führungskräfte zu übertragen. Eine Führungskraft ist, so gesehen, ein Hochleistungssportler,

Angehöriger einer kämpfenden Spezialeinheit und von der normal arbeitenden Bevölkerung durch die Bereitschaft getrennt, jederzeit das Wagnis der Überforderung einzugehen. Natürlich ist dieser neoheroische Ansatz aus den Führungsetagen in die Belegschaften durchgesickert: könnten wir uns leisten, woandershin zu gehen als »ans Limit«? Jede Performance ist eine Performance am Limit, jede unserer Artikulationen ist ein Auftritt, und jeder Auftritt ist theatral. Wir stehen immerfort auf der Bühne. Die Idee des Sportcoaching kam mit John Whitmore in die Welt, einem ehemaligen Rennfahrer, der mit seinem Buch *Coaching for Performance* entscheidend zur Etablierung der Coaching-Branche beitrug. Erst coachte er Sportler, dann Manager. Die sich fortan wie Sportler aufführten. Sein GROW-Modell (Goals, Reality, Options, Will) baut auf der Theorie der »Inner Games« auf, die Tim Gallwey schon in den siebziger Jahren entwickelt hatte. Auch dort stellte der Sport das Modell dar, wie sich die berufliche Performance siegreich gestalten lässt.

Spitzenleistungen, etwa im Tennis, haben, so Gallwey schon 1974 in seinem Buch *The Inner Game of Tennis*, ebenso viel mit mentaler Kontrolle zu tun wie mit physischer Stärke – ein Gedanke, der heute, wo jedes Fußballspiel »im Kopf« gewonnen oder verloren wird, alltäglich wirkt, der aber damals neu gewesen sein muss. Wer nicht das Inner Game beherrscht, der kann auch kein Spiel gewinnen, nicht im Sport, nicht im Geschäft und nicht in der Liebe. Wir müssen lernen, auf unsere inneren Ressourcen zuzugreifen, die regelmäßig größer sind als das, was wir aus ihnen machen. Versagensangst, Widerstand gegen Change, Verzagtheit, Stagnation, Zweifel und Stumpfsinn, sagt Gallwey, können überwunden werden, wenn wir unser natürliches Potential an Lebens-, Lern- und Leistungsfreude planmäßig abzurufen lernen. »Inner Game« lehrt uns, »mit dem Arbeiten im Konformitätsmodus aufzuhören und mit der Arbeit im Mobilitätsmodus anzufangen«.[46] Der richtige Coach kann auf dem Basketballplatz ebenso den Unterschied bedeuten wie im Büro. Das Inner Game fordert uns heraus, unsere fundamentalen Motivationen für den täglichen Gang zur Arbeit zu überprüfen und ebenso unsere Definition von Arbeit, wenn wir dort angekommen sind. Und dann folgt einer jener erleuchteten Sätze, in denen sich der ganze profane Wunderglaube der positiven Psychologie wie im Brennglas bündelt: »›The Inner Game of Work‹ wird von Dir verlangen, Deine Bereitschaft zum Change neu zu beurteilen, und es wird Dich lehren, auf Deine Arbeit in einer radikal neuen Weise zu schauen.« So spricht sonst nur der HERR, wenn er zur Umkehr ruft. Alles kann ganz leicht sein mit GROW: »G – Was wollen Sie erreichen? R: Was geschieht jetzt? O: Was könnten Sie tun? W: Was werden Sie tun?«[47]

Coaching ist für Whitmore eine Lebensform. Es gibt schlechterdings kein Lebensproblem, das nicht durch Coaching und mentale Stärke aus der Welt geschafft werden könnte, das heißt, es gibt schlechterdings kein ernsthaftes außer-mentales Lebensproblem. Die neureligiöse Vorstellung, man könne durch Attitüde und Phantasie, also durch Triumphe des freien Willens, nicht nur negative Sätze in positive umwandeln, sondern gleichzeitig auch deren Inhalt von negativ auf positiv stellen, durchzieht die zeitgenössische Erbauungsliteratur als roter Faden. In »Angela Booth's Writing Blog« finden wir etwa die folgenden Hinweise für Schriftsteller: »Hier lernen Sie, wie Sie Ihre eigenen ›empowering affirmations‹ kreieren können. Erzeugen Sie ›mind tapes‹. Wechseln Sie einfach von den negativen Tapes zu positiven.« Dann wird beispielsweise aus »Schreiben ist hart. Ich konnte es noch nie«: »Schreiben ist leicht und macht Spaß; ich war schon immer gut darin.« Und aus »Ich kann nicht schreiben« wird »Ich schreibe leicht und mühelos«.[48] Positive Behauptungen können Ihre Kreativität und Ihr Einkommen aufbessern. Warum, fragt Angela Booth, sich länger den immer gleichen kritischen Selbstgesprächen aussetzen? Mit der Kraft der positiven Behauptung lässt sich erst das innere und dann auch das äußere Leben revolutionieren. Man muss nur lernen, das Tape zu wechseln.

Wer auf die Zauberkraft positiver Sätze baut, der wird auf dem Weg der selbst erfüllenden Prophezeiung belohnt werden, ohne wirklich etwas ändern zu müssen, ohne womöglich die Grenzen seiner Performance zu erkennen und sich einem möglicherweise realistischeren Selbstbild zu beugen. Das positive Denken, das wie Barbara Ehrenreich formuliert, Amerika und die Welt verdummt, hat sich längst zu einer Industrie ausgeweitet, gegen die zu opponieren jeden sehr schnell in die Nähe des verhassten »negativen Denkens« führt. Dabei ist das positive Denken dem negativen tiefer verbunden, als ihm lieb sein kann. Die »dunklen Wurzeln des amerikanischen Optimismus« liegen, wie Ehrenreich zeigt, in der calvinistischen Depression und dem folgerichtig weitverbreiteten Bedürfnis nach Heil. Ohne Calvinismus keine Seelenheilkunde und ohne diese kein positives Denken. Das positive Denken ist im Wesentlichen unablässige Arbeit am Selbst, und zwar im Streben nach einer Erlösung und Erhörung, die das unwahrscheinliche Wunder meiner Verwandlung erst im Geiste, dann aber auch im Leben Wirklichkeit werden lässt.

»Gedankenimpulse«, heißt es in Napoleon Hills Bestseller *Denke nach und werde reich*, »würden in ihre reale Entsprechung umgewandelt« und »könnten zur ›Umsetzung ihres Verlangens in ein materielles Äquivalent‹ führen«.[49]

Das ist der Wunderglaube, der nahe am Gebet und am Gospel siedelt, der Glaube an das durch Selbstmotivation und Coaching immerfort mögliche »Yes, we can«. Man muss, hatte Freud gesagt, nicht religiös sein, um an Wunder zu glauben. Motivation ist zur Schlüsselindustrie geworden wie einst im Calvinismus das neugeistige Heilwesen, weil so viele der Motivation bedürfen, weil so viele ohne Motivationsförderung nicht motiviert wären. »Positives Denken«, schreibt Ehrenreich, »ist nicht mehr nur der Balsam für eine suchende Seele oder das Heilmittel für ein psychosomatisches Leiden. Es ist für alle erwachsenen Amerikaner zur Pflicht geworden.«[50] Ist das hierzulande anders? Sind auch unsere Arbeitsplätze fest in der Hand der Geistheiler und Parapsychologen? Das zu behaupten wäre übertrieben. Wohl aber kann man konstatieren, dass die neue Bürokratie unseren Affekten auf andere Weise Raum gibt und sie auf andere Weise für ihre Zwecke nutzt, als es die alte Bürokratie je getan hätte.

2.3 Die Perversion des Büros.
Angeklagte und Angestellte im *Process*

> Hiezu kommt noch dass der Türhüter
> seiner Naturanlage nach freundlich zu
> sein scheint, er ist durchaus nicht
> immer Amtsperson.
>
> Wenn Sie auch weiterhin so viel Glück
> haben, wie bei der Bestimmung ihrer
> Wächter, dann können sie zuversichtlich
> sein.
>
> *Franz Kafka, Der Process*

Orson Welles' Film *The Trial* von 1962, diese ebenso freie wie treue Adaption von Kafkas 1914 begonnenem, unvollendet gebliebenen und 1925 posthum erstmals veröffentlichten *Process*-Roman, wird niemand für eine Bürosatire halten. Es gibt hier wenig oder nur zur Unzeit zu lachen. Welles' Film verschärft und verdeutlicht die Unheimlichkeit seiner Vorlage, er reichert ihre Ambivalenzen an, indem er für die sexuellen und erotischen Subtexte des Romans Bilder und indem er für Kafkas Raumideen visuelle Entsprechungen oder gar Überbietungen findet. Man kann in Welles' und Josef K.s Büro das Büro der frühen Moderne überhaupt erkennen; bei allem historischen Wandel von Bürolandschaften ist hier oder nie der bürokratisch-administrative Komplex Inbild geworden – und mit ihm alles, was wir als »kafkaesk« zu bezeichnen pflegen. Das Großraumbüro, durch das Anthony Perkins als Prokurist Josef K. zunächst ein großes weißes Paket trägt, hat die Dimension einer Fabrik- oder Abflughalle. An Einzelschreibtischen sitzen, wie bei einem gigantischen Examen, die Angestellten, die Luft ist erfüllt vom Geräusch der Schreibmaschinen. Die Frauen tippen, während die Männer schreiben oder Akten studieren. Auf einer Galerie stehen Großrechner, Elektronengehirne, die Josef K. später vergeblich nach dem Ausgang seines Prozesses befragen wird. Diese Büros, in dem Josef K. einen abgeschiedenen Sonderplatz wie auf einem Podest innehat, könnte es, so oder ähnlich, tatsächlich gegeben haben.

Welles' Büro ist, anders als andere Funktionsräume im *Process*, die auf merkwürdige Weise ihren Ort verschoben haben (etwa das Gericht auf dem Dachboden), tatsächlich ein Büro, ein Verwaltungsort mit Hierarchien, Chefs und einem Heer gleichgerichteter, ununterscheidbarer Arbeitskräfte, einem gewaltigen Kollektiv- und Disziplinarkörper. K., der kein gewöhnlicher Büroangestellter ist, sondern eine Führungskraft, hat in dieser Welt einen unumstrittenen Platz, oder er *hätte* ihn, wenn nicht durch seine Verhaftung ein Schatten auf ihn gefallen wäre, eine Verhaftung freilich, die es ihm erlaubt, weiter seinen Dienstgeschäften nachzugehen. Man kann auch verhaftet weiterarbeiten oder man kann, auch wenn man seiner Arbeit nachgeht, weiter verhaftet bleiben. So unbescholten Josef K. sich selbst und anderen auch erscheinen mag, es muss für seine Verhaftung Gründe geben. Möglicherweise haben sie mit sittlichen Verfehlungen des Angeklagten zu tun. »Das ist mein Pornograph … äh mein Phonograph«, verstottert sich K. bei seiner ersten Begegnung mit den Justizbeamten in seinem Junggesellenzimmer. Was das Büro ebenso wie das von einer Wirtin überwachte Junggesellenzimmer unter Verschluss halten muss und was folglich mit Macht zur Sichtbarkeit drängt, ist das – im

Falle des Junggesellen besonders verdächtige – Begehren. Die Wollust, als Versuchung, Feind und Schatten der K.schen Büro- und Junggesellenexistenz, bricht sich beispielhaft in der Szene Bahn, als K. mit seinem Chef am Rande der Bürohalle ein ernstes Gespräch zu führen hat, während ein junges Mädchen mit ambivalenter erotischer Ausstrahlung, halb noch Kind, halb schon Frau, halb wie geistesgestört, halb verführerisch, auf der anderen Seite einer Glaswand durch Klopfen und Rufen K.s Aufmerksamkeit zu gewinnen sucht. »Meine Cousine Erni«, gibt K. beschwichtigend an, während sein Chef nur sagt: »Sie kann nicht mehr als sechzehn sein, mein Gott« und das Gespräch mit K. mit Kopfschütteln und paternalem Schulterklopfen beendet. Nur als Skandal, als Missbrauch oder Verführung kann das Sexuelle in die zölibatäre Welt des *Process*-Büros eindringen.

Während sich in der klassischen Psychoanalyse dem geschulten Blick überall Tarn- und Deckfiguren einer verdrängten Sexualität darbieten, laden Kafka und mehr noch Welles dazu ein, das Sexuelle als Tarnfigur eines anderen, tiefergehenden Komplexes zu begreifen, nämlich der Bürokratie selbst. Pervers ist nicht die eine oder andere angedeutete sexuelle Vorliebe des Angeklagten, sondern der Prozess selbst, als reinste Ausprägung der Macht im bürokratisch-administrativen Komplex. In Welles' Film, mit seiner »erstaunliche(n) Affinität« zu Kafkas Vorstellungswelten[51], hat dieser Komplex auf eine beängstigende Weise räumliche und architektonische Gestalt angenommen, in Fluchten, Winkeln, Korridoren und Treppenhäusern. Auf eine bestimmte Weise hat Welles dennoch den Bedeutungshorizont von Kafkas Roman eingeengt: *The Trial* erfasst nur die juristische Dimension dessen, was bei Kafka, breiter und bedrohlicher, »Process« heißt oder, ebenso doppeldeutig, auch »Das Verfahren« hätte heißen können. Kafkas *Process* ist nicht nur ein Jahrhundertroman, der »Process« oder Prozess ist auch ein Jahrhundertwort, zunächst in seiner juristischen Bedeutung – das 20. Jahrhundert ist das Jahrhundert der großen Strafprozesse, namentlich der Prozesse, in denen totalitäre Herrschaft und Rechtsprechung sich artikulieren (Stalins Schauprozesse, der Volksgerichtshof) oder in denen über totalitäre Herrschaft selbst Gericht gehalten wird (die Nürnberger Prozesse). Daneben existiert eine zweite Bedeutung des Prozess-Wortes. Es bezeichnet mit steigender Tendenz alles, was auf Prozeduren basiert, also die Welt selbst, insofern in ihr Programme ablaufen. Überall ist jetzt die Rede von Prozessmodellen oder Modellprozessen im Dienste der Standardisierung von Verwaltung. Neben Managementprozessen (und Prozessmanagement), Businessprozessen und IT-Prozessen gibt es auch gruppendynamische Prozesse, stochastische Prozesse und tausend Prozesse mehr, vom »Lernprozess« einmal ganz abgesehen. Es gibt Optimierungsprozesse und Prozessoptimierungen, bei denen darauf geachtet wird, dass die Prozesse »sauber aufgesetzt« werden, wobei das »sauber Aufsetzen« selbst ein Prozess ist und die Analyse der Sauberkeit des Aufsetzens wieder ein anderer.

Wir sind nicht Josef K., weder Zölibatäre noch Angeklagte, aber trotzdem haben wir teil an der Josef-K.-Erfahrung. Wie Josef K. können wir niemals außerhalb des Prozesses stehen; und wie er sind wir umstellt von freundlichen Wächtern, die unseren Prozess begleiten, der wie sein Prozess die Eigenschaft hat, nicht enden zu wollen. Prozessbegleiter in Veränderungsprozessen ist heute ein erlernbarer Beruf. Der Prozess hat *uns*, nicht *wir* den Prozess. Aber warten nicht auf Josef K. eine Strafe und ein Urteil, während wir einstweilen straffrei ausgehen? Es stimmt, der Prozess wird nicht gegen uns geführt, sondern mit uns – eben darin liegt die Strafe. Auch bei Kafka bleibt unklar, ob gegen Josef K. überhaupt ein Strafprozess geführt wird, denn dieser wird ja unaufhörlich verschleppt, und selbst die Vollstreckung des Urteils am Ende des Romans lässt nicht die Aussage zu, dass der Prozess gegen K. zu einem Ende gekommen, ja ob er überhaupt geführt wurde. Zum Wesen dieser Art Prozesse gehört ihre Unabschließbarkeit.

Tatsächlich ist damit – dass niemals etwas einfach nur zu Ende sein darf – unsere Büroerfahrung im Kern berührt. Kann man sich noch einen Reformprozess vorstellen, der an ein Ende gelangte, nachdem die Reform etwa vollzogen wäre? Kann man sich überhaupt Verläufe vorstellen, die endlich und abschließbar wären? Der zeitgenössische Büro- und Management-Prozess, der Prozess des 21. Jahrhunderts, von dem Kafkas *Process* einen Vorgeschmack gibt, scheint prinzipiell unabschließbar – und die Strafe besteht dann in der unabsehbaren Vorenthaltung ihrer selbst, einer »Sentenz«, eines Schlussstriches, und sei es auch einer Höchststrafe. Die neue Prozesslogik sieht als Höchststrafe vor, dass das Prozessende für ewig ausgesetzt wird. Es ist die Logik etwa des »lebenslangen Lernens«, das keine Meisterschaft und keine Erfahrung des Fertigwerdens – und auch kein finales Scheitern – mehr kennt, sondern nach erfolgter Zielerreichung nur die Vereinbarung neuer Ziele. Der Angestellte ist ein fliegender Holländer geworden, der lebenslang und rastlos durch die Welt der infiniten Prozesse irrt.

Deleuze und Guattari haben über Kafkas Bürokratie Entscheidendes gesagt. So wie bei Kafka immerfort ein »allzu großer Ödipus« den Blick verstellt für die Dynamik seiner antiödipalen Operationen, so lädt auch Kafkas Bild der Bürokratie ein, ihn als Kritiker, ja als Opfer einer Bürokratie-Tradition misszuverstehen, die auf verschlungenen Pfaden von China und Byzanz nach Wien und Prag gelangt sein und dort noch am Beginn des 20. Jahrhunderts in Form von lähmenden Hierarchien, Aktenvorgängen und Kanzleivorschriften überdauert haben muss. So gut Kafka diese Welt kannte, so genau er sie, in seinen Romanen, Tagebüchern, Briefen und amtlichen Schriften bezeugt, sosehr er an ihrer Verbesserung (durchaus im Sinne von Prozessoptimierung: »Zur Begutachtungspraxis der Gewerbeinspektorate« heißt eine seiner amtlichen Schriften) interessiert war – sowenig erschöpft sich sein Schreiben in der Kritik des Status quo. Deleuze und Guattari haben Kafka am Treffpunkt zweier Bürokratien lokalisiert, »der alten und der neuen, der traditionellen chinesischen, kaiserlichen und despotischen Bürokratie und der modernen, kapitalistischen und sozialistischen Bürokratie«.[52] Mit dem einen Fuß noch in der alten Ordnung des Büros, steht Kafka mit dem anderen in der neuen Ordnung der »Kontrollgesellschaften«, wie Deleuze sie nennt. »In den Disziplinargesellschaften hört man nie auf anzufangen (von der Schule in die Kaserne, von der Kaserne in die Fabrik), während man in den Kontrollgesellschaften nie mit etwas fertig wird: Unternehmen, Weiterbildung, Dienstleistung sind metastabile und koexistierende Zustände ein und derselben Modulation (…) Kafka, der schon an der Nahtstelle der beiden Gesellschaftstypen stand, hat im Prozeß die fürchterlichsten juristischen Formen beschrieben. Der scheinbare Freispruch der Disziplinargesellschaften (zwischen zwei Einsperrungen) und der unbegrenzte Aufschub der Kontrollgesellschaften (in kontinuierlicher Variation) sind zwei sehr unterschiedliche juristische Lebensformen (…).«[53]

Über den Unterschied zwischen scheinbarem Freispruch und Verschleppung lässt sich Josef K., wie folgt, von Titorelli, dem gerichtskundigen Maler, unterrichten: »›Beide Methoden haben das Gemeinsame, dass sie eine Verurteilung des Angeklagten verhindern.‹ ›Sie verhindern aber auch die wirkliche Freisprechung‹, sagte K. leise, als schäme er sich, das erkannt zu haben, ›Sie haben den Kern der Sache erfasst‹, sagte der Maler schnell.«[54] Die Disziplinargesellschaft (zum Beispiel die alte Bürokratie, wie sie Kafka in der Arbeiterunfallversicherungsanstalt begegnete) spricht den Angeklagten scheinbar frei, die Kontrollgesellschaft gewährt unbegrenzten Aufschub des Urteils bei lebenslanger Gültigkeit ihrer Kontrollfunktion. Sowenig wie die Disziplinargesellschaft der alten bürokratischen Ordnungen ist sie bereit, den Angeklagten/Angestellten jemals aus ihrem Prozess zu entlassen. Die Kontrollgesellschaft hat ihre Erwartungen an die gute Führung des Angestellten universalisiert oder, wie man heute gern sagt, »verstetigt«.

»›Du lieber Himmel!‹«, sagte der Wächter, »»dass Sie sich in Ihre Lage nicht fügen können und dass Sie es darauf angelegt zu haben scheinen, uns, die wir Ihnen wahrscheinlich von allen Ihren Mitmenschen am nächsten stehen, nutzlos zu reizen.‹«[55] Das ist die Erfahrung des heutigen, prozessgesteuerten Angestellten: Dass ihm milde Verwunderung entgegenschlägt, wenn er das freundliche Angebot der »Instrumente«, der »Prozesse«, der »Beratungen«

und »Dienste« nicht annehmen will, wenn er Anstalten macht, sich ins Unvermeidliche dieser Zwänge nicht zu schicken. Die besondere, gesteigerte Hoffnungslosigkeit von Josef K.s Fall liegt darin, dass er sich der Behörde durch Protest und Anflüge von Hochmut entziehen will. Als Beamter, ausgestattet mit eigener Macht, mit eigenen Kontakten zur nächsthöheren Macht, scheint es ihm, er könne die Prozessmacht aushebeln. Doch diese ist längst nicht mehr an Räume, Insignien und klassische Hierarchien gebunden. Sie kann jederzeit den Ort wechseln, sich in vielerlei Gestalt zeigen und, was das Schlimmste ist, sich freundlich und kooperativ geben. Das wirklich Albtraumhafte an Kafkas *Process* sind nicht die Drohungen und Einschüchterungen von Seiten eines Souveräns, der Gestalt annimmt, sondern die Kundenfreundlichkeit, mit der die Behörde und ihre Schergen dem Angeklagten begegnen.

Die Gerichtsbehörde, hat Niels Werber erkannt, »ist K.s eigener Organisation überlegen, weil sie einen neuen Typus der Macht repräsentiert, die Leib und Seele erfasst«.[56] Den neuen Typus hat Deleuze »Kontrollgesellschaften« genannt, Foucault hat ihn als »Bio-Macht« bezeichnet. Ihr Ziel heißt, mit einem Buchtitel Foucaults, *Überwachen und Strafen*. Wobei eine ausgedehnte Überwachungspraxis das Strafen beinahe überflüssig macht beziehungsweise das Strafen bereits als Element im Überwachen enthalten ist; durch Überwachung wird die Straftat im Keim erstickt, der potentielle Straftäter aber schon vor jeder Tat im Modus des Verdachts und der Kontrolle gehalten. Finden wir nicht im Büro von heute den »Überwachungs«-Begriff fast inflationär vor? Vor allem natürlich, wenn es um die Haushaltsüberwachung geht, aber auch überall und noch verschärft dort, wo sich durch Handlungs- und Zielkontrakte und deren Kontrolle mittels Indikatoren, Evaluationen, Zeiterfassungen und Leistungsorientierungen das Tun des Angestellten jederzeit kritisch »auf den Schirm« rufen lässt. Ein wenig erinnert das System der Evaluationen und 360-Grad-Beurteilungen an den Panoptismus der alten Gefängnisarchitekturen, die dem Gefangenen das Gefühl geben sollten, er werde ständig überwacht. Man weiß von Überwachungskameras, Radarfallen und elektronischen Fußfesseln, dass sie ihre Funktion auch dann erfüllen, wenn sie gar nicht in Betrieb sind. Man weiß auch, spätestens seit Foucault, dass die Überwachung gar nicht mehr durch externe Apparate zu erfolgen braucht, weil sie sich subjektiviert hat, also ins Innere des Überwachten abgewandert ist. Nichts anderes erwarten die Behördenvertreter von Josef K.: ein bisschen Einsicht in die Lage, die ist, wie sie ist, ein bisschen guten Willen zur Kooperation, ein bisschen Bereitschaft, anzuerkennen, dass »der Process nicht stillstehn« kann, nur weil ihn ein Angeklagter nicht versteht.

Am Ende – des Fragment gebliebenen Romans – wird Josef K. hingerichtet oder umgebracht. Er hätte durch Wohlverhalten die Verschleppung seines Prozesses erwirken können, aber er hat es offenbar vorgezogen, soweit es in seiner Macht lag, kurzen Prozess zu machen. Warum muss Josef K. sterben? Nicht wegen einer Tat, die er nicht begangen hat und die es gar nicht gibt. Sondern wegen seiner fehlenden Einsicht in die Natur des Prozesses und dessen, was der Prozess dem Angeklagten abverlangt. In einem der Fragmente des unvollendet gebliebenen *Process*-Romans, »Zu Elsa«, findet man eine mögliche Erklärung für das unerwartet rasche Prozess-Ende: »Eines

Abends wurde K. knapp vor dem Weggehn telephonisch angerufen und aufgefordert, sofort in die Gerichtskanzlei zu kommen. Man warne ihn davor, ungehorsam zu sein.«⁵⁷ Für denselben Abend hat sich K. aber schon vorgenommen, seine Freundin Elsa zu besuchen, weshalb er telefonisch die Frage stellt, was denn geschähe, falls er nicht käme: »›Man wird sie zu finden wissen‹, war die Antwort.« Und dann folgt, auf K.s Frage nach möglichen Sanktionen bei Nichterscheinen, eine sehr aufschlussreiche Antwort: »›Man pflegt die Machtmittel des Gerichtes nicht auf sich zu hetzen‹, sagte die schwächer werdende und schließlich vergehende Stimme.« Schließlich der Satz, auf den es in unserem Zusammenhang ankommt: »›Es ist sehr unvorsichtig, wenn man das nicht tut‹, dachte K. im Weggehn, ›man soll doch versuchen die Machtmittel kennen zu lernen.‹«

Keine Macht hat es gern, wenn man ihre Machtmittel kennenlernen will, statt sich mit den freundlichen Benutzeroberflächen zufriedenzugeben, die sie uns zur Kommunikation anbietet. Warum wird die Stimme schwächer, die K. am Telefon auf die »Machtmittel des Gerichtes« aufmerksam macht. Ist es Müdigkeit, ja Resignation angesichts von K.s Uneinsichtigkeit, ja Renitenz? Aber hat nicht dieselbe Stimme zuvor K.s Frage nach einer Strafe für den Fall, dass er nicht »freiwillig« käme, mit »nein« beantwortet? Die Macht strebt nur im äußersten Falle die Anwendung von Zwangsmitteln an. Viel angenehmer und praktischer ist es für sie (und für die von ihr Beherrschten), wenn sie sich damit begnügt, die Zwangsmittel, die »Instrumente« und »Werkzeuge«, bei Bedarf vorzuzeigen: zur Einschüchterung muss das allemal genügen. »Macht«, schreibt Niels Werber, »ist nicht ausgeübte Macht, sondern gerade die Überflüssigkeit der Anwendung von ›Gewaltmitteln‹.«[58] K. aber will allem Anschein nach dem Gericht seine Wahrheit entlocken, den durch Macht schlecht und recht camouflierten Zwang. Er will die »Machtmittel kennenlernen«. Er will den Zwang, wenn dieser denn die Wahrheit hinter der Macht ist, an sich selbst ausgeübt sehen – wenn er schon nicht unschuldig sein und vom Gericht unbehelligt bleiben kann.

Die beiden freundlich-einschüchternden Gerichts-Schergen sind Boten aus der Zukunft. Josef K. hat sich der Prozessmacht widersetzt, indem er auf ihrer Wahrheit bestanden und ihre Machtmittel in Zweifel gezogen hat. Dafür wird er mit dem Tod bestraft, mit einem Tod, der auf perverse Weise das Zeremoniell, die »widerlichen Höflichkeiten« der gesetzlichen Hinrichtung, mit der Rohheit eines gemeinen Mordes verbindet. »Wo war der Richter, den er nie gesehen hatte? Wo war das hohe Gericht, bis zu dem er nie gekommen war?«[59] Das hohe Gericht hat K. nie verurteilt, aber vielleicht hat es ihn *be*urteilt und als hoffnungslosen, gar nicht verurteilungsfähigen Fall erkannt und zur Tötung freigegeben. Man muss Welles' Verfilmung gesehen haben, mit ihrer beängstigenden Schlussszene, in der Anthony Perkins alias Josef K. mit seinen beiden Henkern lange durch das Brachland unweit »eines noch ganz städtischen Hauses« oder, bei Welles, unweit eines sozialistischen Plattenbaus taumelt (halb zieht er selbst, halb wird er gezogen), ehe dann das Tötungsinstrument gezogen wird, »ein langes dünnes beiderseitig geschärftes Fleischermesser«[60].

Bürohistorisch – in Bezug also auf die Evolution bürokratischer Herrschaft – markiert Kafkas *Process*-Roman eine Schwelle. »1914, als die Könige noch auf den Thronen sitzen, hat Kafka bereits einen Roman über die nachsouveräne Form der Macht geschrieben, unter deren Zeichen wir noch heute alle stehen«, schreibt Werber.[61] Die nachsouveräne Form der Macht ist kein stabiler Zustand, sondern in sich selbst ein »Process«, der zunehmend das Disziplinierungswerk vom Souverän und seinen Agenturen (Armee, Familie, Schule, Gefängnis, Büro, Krankenhaus …) auf das Individuum überträgt und in es hinein. Das meinen die Begriffe »Kontrollgesellschaft«, »Bio-Macht« oder »Subjektivierung« – und Kafka ist vielleicht der erste Zeuge dieser Evolution gewesen oder gar kein Zeuge, weil es noch nichts zu bezeugen gab, sondern, in Kafkas Worten, eine Uhr, die vorgeht. Kafka hat, noch in der Ära des Fordismus, wie vielleicht niemand sonst die Zukunft der Bürokratie vorausgesehen, also neuartige, postsouveräne Formen der »Kontrolle, Überwachung, Steigerung und Organisation«[62]. Er hat vorausgesehen, dass diese neue Bürokratie nicht im Gewand des Befehls, des Zwangs und der Einschüchterung daherkommen würde. Sondern im Modus eines, mit Kafkas Wort, »widerlichen« Komplizentums mit den Beherrschten selbst, die ja scheinbar über sich selbst herrschen dürfen und nur noch über stichprobenartige Kontrollen auf Kurs gehalten werden. In der Art und Weise, wie sich die Macht, obwohl oder weil sie fortdauert, in Fragen der Herrschaft für unzuständig erklärt und die Zuständigkeit an die Beherrschten delegiert, kommt die Perversion des Büros zum Ausdruck.

Sadismus und Obszönität in Kafkas Roman weisen stets zurück auf eine perverse Umkehrung der Herrschaftsverhältnisse. Josef K. soll mit seiner Uneinsichtigkeit schuld daran sein, wenn seine Wächter geprügelt werden, in einer der düstersten Szenen des Romans: »Der eine Mann, der die anderen offenbar beherrschte und zuerst den Blick auf sich lenkte, stak in einer Art dunklern Lederkleidung, die den Hals bis tief zur Brust und die ganzen Arme nackt ließ. Er antwortete nicht. Aber die zwei anderen riefen: ›Herr! Wir sollen geprügelt werden, weil Du Dich beim Untersuchungsrichter über uns beklagt hast.‹«[63] Das ist pervers: dem unschuldig Verdächtigten die Schuld an der Körperstrafe anzulasten, den die Gerichtsbehörde über ihre niedrigen Mitarbeiter angeblich wegen seiner Klage verfügt hat. Das bedeutet: Josef K. kann, selbst wenn er unschuldig verdächtigt und mit einem Prozess belegt wird, unmöglich Opfer sein. Indem er sein Opfersein, durch Protest oder Klage, vorbringt, hat er sich schon in einen Täter verwandelt, der »Prozesse gefährdet« und durch seine Renitenz anderen Schaden zufügt. Du, Angeklagter, bist schuld, wenn ich geprügelt werde, weil Du Dich höherenorts über mich beklagt hast: nun sieht sich der schuldlos Angeklagte mit einem Mal mit der Schuld konfrontiert, seine Schuldlosigkeit überhaupt geltend gemacht zu haben.

Ist es eine Anmaßung und eine unzulässige Dramatisierung unserer Lage, wenn wir nicht etwa unterjochten, sondern bloß strategisch gesteuerten Angestellten des frühen 21. Jahrhunderts Josef K.s Schicksal mit unserem eigenen in Verbindung bringen? Niemals werden wir ja aus dienstlichen Gründen in die Fänge der Justiz geraten, und noch weniger werden wir vermutlich Opfer eines Justizmordes werden. Blenden wir also die tragische und gewaltsame Dimension des »Process«-Geschehens für einen Moment aus und konzentrieren wir uns auf den Prozess, als allgemeinsten Ausdruck für das, was ohne unser Zutun von selbst abläuft. Wir sind nicht alle Opfer, aber wir sind alle im Prozess, ohne dass wir ihn gewollt hätten und ohne dass wir auf ihn Einfluss hätten. Der Prozess wird nicht gegen uns geführt, er ist auch niemals erklärt worden, aber wir sind ihm unterworfen. Wir kennen nicht die Instanzen und noch weniger die Personen, die ihn »aufgesetzt« haben. Der Quellcode all der über uns verhängten Regularien (die wir niemals mit Vorschriften verwechseln sollten, sondern die wir gewissermaßen als Instrumente unserer Freiheit sollen verstehen lernen) bleibt uns unzugänglich. Wir sind – und eben hierin besteht unsere Josef-K.-Erfahrung – in einem Prozess, dessen Ursachen, dessen Urheber wir nicht kennen, dessen Instanzen sich uns nur schemenhaft enthüllen und dessen Ergebnis offen ist.

Wir wissen, dass dieser Prozess uns nur helfen will, dass er unsere Eigeninitiative stärken und unsere Arbeitsleistungen nur noch stichprobenhaft überwachen will. Der Prozess vertraut darauf, dass wir selbst wissen, was unsere Ziele sind und wie wir sie erreichen. Der Prozess vertraut auf uns, deshalb sollten wir ihn nicht enttäuschen. Hätte nicht Josef K. seiner Strafe entgehen können, wenn er sich, ohne freigesprochen zu werden, auf die gute Kooperation mit dem Gericht eingelassen und so die unendliche Verschleppung seines Verfahrens erwirkt hätte? »Kooperation«, kein schönes Wort, wenn man daran denkt, wie oft es von Polizisten, Richtern und Verhörspezialisten ausgesprochen wird. Josef K. hat sich den scheinbaren Angeboten des Gerichts zur Kooperation widersetzt; er ist, im Verlauf des Romans und des Prozesses selbst, zum renitenten Subjekt geworden. Er hat sich den lockenden Angeboten, den Widerstand in Anpassung zu verwandeln und die Logik der Anpassung zu subjektivieren, widersetzt. Er hat es darauf angelegt, »die Machtmittel kennen zu lernen«, und muss dafür büßen. Die Schuld, für die K. am Ende hingerichtet wird, erwirbt er also erst im Verlauf des Prozesses. Auch wir tun gut daran, die Machtmittel, die freundlichen Instrumente der bürokratischen Herrschaft, nicht zu genau kennenlernen zu wollen. Es genügt völlig, wenn wir uns nach ihnen richten.

Jede Bürokratiekritik nach Kafka weiß sich in seiner Schuld. Wie niemand sonst hat Kafka die Wandlungen und Umbrüche der bürokratischen Herrschaft, ihre neuen, noch gar nicht entfalteten Formen vorausgeahnt und für sie hellsichtige Bilder gefunden. Wo Büro ist, so können wir Kafka verstehen, kann das Subjekt nicht sein – all den Angeboten der Bürowelt zum Trotz, im Büro Subjekt zu sein, zu werden oder zu bleiben. Kafka hat, das bezeugen seine *Amtlichen Schriften*, das bürokratische System seiner Zeit insgesamt für dysfunktional gehalten und darauf nicht nur mit Literatur, sondern mit operativen Vorschlägen reagiert. Seine Literatur als das Medium, das die Absurdität der Bürowelt überwindet, und seine Reformschriften, die am einzelnen Fall aufzeigen, wie Alternativen beschaffen sein könnten: aus dieser Dualität erwächst Kafkas großer, unschätzbarer Beitrag zur Kritik und, wer weiß, zur Überwindung der bürokratischen Welt.

2.4 Depressive Optimisten. Peter Drucker und die Erfindung des Managements

> Das Management wird als grundlegende und beherrschende Einrichtung bestehen bleiben, vielleicht solange die westliche Lebensart überhaupt bestehen bleibt.
> *Peter Drucker, 1954*

So tief hat sich die Idee und Praxis des Managements in der modernen Arbeitswelt eingenistet, dass man sich fragen kann, ob eine Welt *vor* dem Management überhaupt existiert hat und wie eine Welt *nach* dem Management aussehen könnte – oder ob sie vielleicht schon angefangen hat. Schon vor dem Management mussten ja Dinge irgendwie geregelt werden und gab es Leute, die besonders geeignet waren, Dinge zu regeln. Schon vor dem Management gab es komplexe Aufgaben, bei denen Institutionen und Organisationen unter verschärften Stress-Bedingungen Höchstleistungen abverlangt wurden, vor allem im Krieg, aber auch in der industriellen Fertigung von Hochtechnologie-Produkten, in der Luft- und Raumfahrt, im Bauwesen und in beinahe allen übrigen Bereichen des militärischen und des zivilen Ingenieurswesens. Aber ein Offizier ist ebenso wenig ein Manager, wie Ingenieure oder Architekten Manager sind. Ihre organisatorischen oder Management-Kompetenzen erwachsen aus ihrem Expertenstatus. Experten sind sie nicht für Leitung, Steuerung oder Human Relations, sondern für ein Fach oder eine Disziplin. Das unterscheidet sie vom Manager, der etymologisch für die Handhabung zuständig ist, ohne dabei selbst Hand anzulegen. Das überlässt er traditionell den Spezialisten und Experten. Die Aufteilung der Zuständigkeiten zwischen jenen, die managen, und den anderen, die, gestützt auf ihre Fachkenntnisse, die »operative« Arbeit tun, hat zu einer Entmächtigung der Fachleute geführt. Und gleichzeitig zu einer unabsehbaren Aufwertung von Führung und Steuerung als den eigentlichen, den fachübergreifenden und -überwölbenden Aufgaben, zu deren Bewältigung man vorzugsweise Spezialisten fürs Allgemeine, also Betriebswirte und Absolventen von höheren Management-Studien, heranzieht.

Begonnen hat dieser Prozess nach dem Ende des Zweiten Weltkriegs in den USA, verbunden mit einer Kampfansage an die Bürokratie alten Stils. Nicht dass das neue Management ganz ohne Vorläufer gewesen wäre. Schon zu Zeiten des Ersten Weltkriegs waren zu Kriegszwecken die »Gantt-Charts« entwickelt worden, der Urtyp des späteren Projektmanagements. Unter dem Einfluss des wissenschaftlichen Managements der Zwischenkriegsjahre drangen die analytische Logik und die Statistik in die Lehre von der Unternehmenslenkung ein; zeitgleich entwickelte sich das Marketing als Methodenlehre des erfolgreichen Vertriebs. In den zwanziger und dreißiger Jahren nahm das wissenschaftliche Management in den USA Gestalt an, wesentlich beeinflusst durch Pioniere wie den IBM-Chef Thomas Watson und Frederick W. Taylors Grundlegung einer neuartigen Arbeitswissenschaft. Der Vorsprung, den sich die USA auf militärischem wie auf zivilem Gebiet um die Mitte des 20. Jahrhunderts erarbeiteten, fußt auf Erfindungen wie der Teamarbeit, der automatisierten Produktion und dem Qualitätsmanagement.

Auf ambivalente Weise hat der Zweite Weltkrieg die Geschichte des modernen Managements mitgeschrieben. Er hat ihm zum Durchbruch verholfen, indem er die Überlegenheit amerikanischer, managementgestützter Kriegsführung ans Licht brachte. Als Produzenten ebenso wie als Logistiker von Rüstungsgut waren die USA allen anderen kriegführenden Nationen, seien es Alliierte oder Feinde, deutlich überlegen. Das Management hatte sich nach der erfolgreichen Kriegsführung der Amerikaner zur Organisations-Methodik auch der zivilen Welt qualifiziert. Wer Organisation sagt, meint fortan auch Management, ob nun an Universitäten, in Schulen, Kirchen oder Krankenhäusern, von den klassischen Wirtschaftsunternehmen ganz abgesehen. Wer Organisation sagt, meint Ziele, Leistung, Marketing, meint Motivation, Wandel und Innovation, kurz Größen, die früher nicht etwa nicht existiert hätten, die aber hier nun erstmals Gegenstand eines organisierten und methodischen Zugriffs werden, die Wissenschaft, Lehre und Weltanschauung werden und deren Scheitern unschwer auf Miss-Management zurückgeführt werden kann.

Vieles spricht für die These, dass der Zweite Weltkrieg die Idee des Managements stärken konnte, weil er zugleich die Mentalität der alten Bürokratie dramatisch diskreditiert hatte. Nicht nur, dass sich die alte, europäische Kriegsbürokratie dem modernen amerikanischen Kriegsmanagement als hoffnungslos unterlegen zeigte. Hinzu kam, dass die Bürokratie in den totalitären Systemen, denen sie bereitwillig zuarbeitete, zum Mordinstrument geworden war. Man konnte in den Lagerwelten des Nationalsozialismus und des Stalinismus mit ihrer Allianz aus Grausamkeit und Pedanterie die teuflische Perfektionierung des bürokratischen Prinzips erkennen. Zygmunt Bauman, der polnische Soziologe, hat diesem Gedanken eines seiner bekanntesten Bücher gewidmet.[64] Der Holocaust, so Bauman, sei kein Rückfall in die Barbarei gewesen, sondern ein Projekt ganz aus dem Geist der bürokratischen Moderne, geprägt von Prinzipien wie Arbeitsteilung, Verfahrens- und Prozessrationalität, strategischer Steuerung und Statistik. Der Schreibtisch, an dem der Schreibtischtäter saß, war der Schreibtisch eines Vernichtungs-Bürokraten. Das allerdings heißt nicht, dass man nicht auch mit neueren Management-Methoden Menschen vernichten könnte. Der Unterschied zwischen der alten, totalitär zu missbrauchenden Bürokratie und dem neuen, demokratisch gestimmten Management liegt weniger in den Methoden selbst als in dem Gebrauch, den man von ihnen macht.

Im Kalten Krieg ließ sich der Wettstreit der Systeme mühelos in die Opposition Bürokratie versus Management übersetzen. Bürokratie, das war nun die byzantinische Welt der Politbüros und der Zentralkomitees, Management dagegen die helle und verheißungsvolle Welt eines demokratischen Kapitalismus. Die Alliierten hatten das totalitär-bürokratische Schreckensregime dank einer deutlich flexibleren Organisation besiegt. Die Geburtsstunde des modernen amerikanischen Managements schlug vielleicht am 6. Juni 1944 in Omaha Beach, Normandie. »Vor allem die Landung in der Normandie«, schreibt Chris Grey, »stellte eine ungeheuere logistische Leistung dar, und es war fortan diese Logistik, in der sich die Überlegenheit des amerikanischen Managements symbolisierte.«[65]

Die oft noch jungen Veteranen des Weltkriegs, die nun

in die großen Unternehmen strömten, um dort ebenso wie im Krieg ihren Mann zu stehen, wollten einerseits weiter den erprobten militärischen Methoden folgen, andererseits aber auch den demokratischen Prinzipien des freien Westens zum Durchbruch verhelfen, der eben erst den Sieg über die ideologische Gewalt- und Zwangsherrschaft davongetragen hatte. Was sich als Losung und Lösung in diesem Moment anbot, was die Prinzipien des guten und gerechten Krieges ins zivile Geschäftsleben einzuführen versprach, war die Idee des Managements. Als General Dwight E. Eisenhower 1952 zum Präsidenten der Vereinigten Staaten gewählt wurde, ernannte er ein Kabinett aus »acht Millionären und einem Klempner«, dem er die amerikanische Innenpolitik zur weitgehend selbständigen Erledigung übertrug. Die Millionäre und der Klempner waren weder Politiker noch Technokraten, weder Experten noch wirklich Manager. Aber sie verkörperten den Common Sense des Geschäftslebens; Ideologie und Bürokratie waren ihnen verhasst. 1954 schreibt Peter Drucker, der vor den Nazis aus Wien nach Amerika geflohene Ökonom und nachmalige erste »Management-Guru«, sein Buch *Die Praxis des Managements*[66]. Seit diesem Buch, so lässt sich wohl ohne Übertreibung sagen, gibt es das Management, seit diesem Buch gibt es Management-Bücher, und seit diesem Buch folgt die Welt, die »westliche«, wie Drucker stets im Ton des Kalten Krieges hervorhob, den Regeln des Managements. Wenn Drucker vom Westen spricht, meint er die kapitalistische Welt noch vor dem Siegeszug des Fernen Ostens, der bald als neuerliche »gelbe Gefahr« die amerikanischen Managementdenker in heftige Zweifel versetzen sollte. Er meint den Westen im Unterschied zur Welt hinter dem Eisernen Vorhang, den Westen als die

Bastion des Unternehmertums, des Leistungsprinzips und der wirtschaftlichen Freiheiten. Management ist bei Drucker ein anderes Wort für den Westen überhaupt: »Im Management verkörpern sich auch grundsätzliche Überzeugungen der modernen Gesellschaft westlicher Prägung.«[67] Merkwürdig findet Drucker dabei nur den Umstand, dass das Management einerseits zwar das Organ schlechthin des westlichen, unternehmerischen und produktiven Geistes sei, andererseits aber »die am wenigsten bekannte und am wenigsten verstandene Institution unserer Zeit«.[68] Das mag damit zusammenhängen, dass das Management, wenn es zwar die Gesellschaft als ganze prägt, nicht unbedingt an bestimmten Erscheinungsformen erkannt werden kann. Oder auch damit, dass dem Management einstweilen, im Jahre 1954, noch die Methodenlehre seiner Praxis fehlt – eben diese verspricht Druckers Buch zu liefern.

Von grundlegender Bedeutung sind dabei Ziele; als »Management durch Ziele« ist dieser Gedanke seither in zahllose Leitfäden und Hausphilosophien hinuntergesickert. Die Menschheit hatte entweder schon immer Ziele, ohne sie aber zu vereinbaren, oder sie war ohne Zielvereinbarung auch ganz gut über die Runden gekommen. Nun aber soll ein neues Regime der Ziele die Streuverluste menschlichen Handelns begrenzen. »Jeder Manager«, so Drucker, »vom ›obersten Chef‹ bis herunter zum Vorarbeiter oder Büroleiter – braucht klar umrissene Ziele. Diese müssen zeigen, welche Leistung von der Arbeitsgruppe, der der Betreffende vorsteht, erwartet wird (…). Diese einzelnen Zielsetzungen müssen stets von den Zielsetzungen des Gesamtunternehmens abgeleitet sein.«[69] Auf diese Weise könne man führen, ohne zu herrschen, meint Drucker. Jeder könne sich auf Grundlage seiner Ziele selbst kontrollieren. Man erkennt in solchen Formulierungen den freiheitlichen, optimistischen Impetus von Druckers Werk und insgesamt der frühen Managementlehren. Das Management über Ziele legt den Chefs Zügel an und befreit die Untergebenen aus den Fesseln der Vorgesetzten-Willkür. Nun können sich am Arbeitsplatz die Parteien im Geist der Rationalität und der Gleichheit begegnen. Deutlich unterscheidet sich Druckers Ansatz vom wissenschaftlichen Management Frederick W. Taylors. Bei ihm geht es nicht um die Prozesssteuerung von Arbeitsabläufen, sondern um die Unternehmensführung als rationale, aber nun auch »kreative« Aufgabe und Herausforderung freier Subjekte. Wo das Scientific Management eine Optimierungs-Methodik für Arbeitsvorgänge anbot, strebt Drucker eine »Philosophie des Management« an (und ist vielleicht der erste, der je die Wörter Philosophie und Management in einen gedanklichen Zusammenhang brachte). Druckers »Manager von morgen«, kein Rädchen im Fabrik-Getriebe, sondern ein Stoßtruppführer des Geschäftserfolgs, ähnelt schon sehr dem Helden heutiger Manager-Magazine: risiko- und entscheidungsfreudig, teamfähig und von rascher Auffassungsgabe, detailfreudig, aber ausgestattet mit dem ganzheitlichen Blick, vernetzt, flexibel und interaktiv, hat er alles, wonach Headhunter suchen. Aber er wird, sagt Drucker, »es sich nicht leisten können, seine Aufgabe intuitiv zu bewältigen. Er wird ein System und Methoden beherrschen müssen, wird ein Gedankengebäude anwenden müssen. Ohne das wird er versagen.«[70] Der moderne Manager nach Drucker ist auch und vor allem ein Held der Anpassung. Wer ihn verstehen will, wer seine Anpassungsleistung würdigen will, der muss schon einmal selbst »Aufgaben gestellt, organisiert, motiviert, Informationen weitergeleitet, Leistungen beurteilt und Menschen entwickelt« haben.[71] Wer ihn verstehen will, muss selbst ein Manager sein. Manager sein, Manager verstehen und Manager ausbilden ist eine systematische Angelegenheit; deshalb verlangt Drucker nach einer besonderen Ausbildung für Manager der Wirtschaft, die es seinerzeit noch nicht gab: nach BWL, nach MBAs, nach Studiengängen, die Management mit gleich welchem »X« verbinden. Druckers Ruf ist nicht unerhört geblieben.

Aber ist Manager-Sein denn überhaupt ein Beruf wie Architekt, Pilot, Kapitän, Ingenieur oder Programmierer (von den weiblichen Vertreterinnen dieser Berufe hier ganz zu schweigen)? Er ist es geworden, erklärt Drucker in einem seiner nächsten Bücher, in *Das Fundament für morgen* von 1958. Wir lebten, so Drucker, in einer neuen, einer »nach-neuzeitliche(n) Welt«.[72] Es ist die Welt der großen Organisationen, der Corporations, die einen eigenen, neuen Menschenschlag, den Organization Man oder Corporation Man hervorbringt. Eine kopernikanische Wende habe stattgefunden, nach der sich die (sicher auch kriegsbedingt) erhöhte Fähigkeit zur Organisation ihre eigene Klasse geschaffen habe, den Mittelstand, eine Klasse von angestellten Managern: »Ihrer Verantwortung nach sind sie ›Manager‹, ihrem Gesichtskreis, ihren Erwartungen, ihrer Vergütung, ihren Möglichkeiten und ihrer Geltung nach aber ›Mittelstand‹.«[73] Das ist eine gute Nachricht und eine schlechte zugleich: es gibt ihr zufolge immer mehr hochqualifizierte Arbeitskräfte, die aufgrund technologischer und betrieblicher Innovation eine verantwortungs- und anspruchsvollere Tätigkeit ausüben als zuvor, mit diesen Eigenschaften aber allen anderen Arbeitskräften lediglich immer ähnlicher werden und sich unterschiedslos ins graue Heer der Mittelschicht-Arbeitnehmer einreihen lassen.

Was ist dann mit der von Drucker beschworenen »großen Tradition eines europäischen und besonders angloamerikanischen Konservativismus mit seinem Glauben an Freiheit, Gesetz und Recht, an Verantwortung und Arbeit, an die Einzigartigkeit der Person und an die Fehlbarkeit der Kreatur?«[74] Und was ist mit der wünschenswerten Umstellung von klassischer Befehlsorganisation zu einer Organisation der Selbstverantwortung? Man fühlt sich an die Melancholie amerikanischer Mittelschichts- und Vorort-Epen erinnert, an Songzeilen wie die der Talking Heads (»You may find yourself behind the wheel of a large automobile / You may find yourself in a beautiful house with a beautiful wife / You may ask yourself, how did I get there«), wenn Drucker schreibt, der Fließband-Roboter von früher sei jetzt einer anderen, auch nicht glücklicheren Figur gewichen, dem »›Organisationsmenschen‹ – dem jungen leitenden Angestellten im grauen Anzug, mit akademischer Bildung und gutem Einkommen, dem es gelingt, eine anspruchs- und verantwortungsvolle, vielleicht sogar ›schöpferische‹ Tätigkeit in den Rahmen einer gleichförmigen und risikolos monotonen ›vollkommenen Anpassung‹ zu pressen«.[75] Das sind ja wir, möchte man an dieser Stelle rufen: wir sind die Organisationsmenschen, die unterwegs auf der Laufbahn ihren Beruf verloren haben oder einen neuen Beruf angenommen haben, weil die neuen Umstände es geboten, den des Managers. Seltsam, wie Drucker dieser Entwicklung im selben Moment das Wort redet, wie er vor ihr warnt. Manager, sagt er wenig später, heißt das, was wir heute an der Stelle eines Berufs haben. Und nur dieses Surrogat eines Berufs habe Zukunft. Der Manager, seine Klasse oder »Kaste«, sei der »Motor der wirtschaftlichen und sozialen Entwicklung; Mangel oder Knappheit an Managern ist das kritische Minus unterentwickelter Länder. Denn der Manager ist der Träger unserer neuen Fähigkeit zur Organisation.«[76] Aber was wird denn dann aus dem »geistigen Menschen« oder auch nur aus dem fachlich gebildeten Menschen im Zeitalter des Druckerschen, des »nach-cartesianischen Weltbildes«? Leidet er? Zieht er bereitwillig den alten Menschen in sich aus und den neuen an? Die einförmige Welt des mittleren Managements, die Drucker als zwar nicht schön, aber unausweichlich und unerlässlich schildert, tut den Fachkräften nicht gut und will ihnen auch nichts Gutes.

Merkwürdig, wie schon bei Drucker auf den strahlenden Morgen eines neuen Zeitalters sogleich ein langer Schatten fällt. Es ist der lange Schatten, der auch in den Hollywoodfilmen dieser Epoche auf Middle-Class-Amerika fällt. Der Schatten mag daher kommen, dass das neue Management die alte Bürokratie gar nicht überwunden, sondern sie lediglich transformiert in sich aufbewahrt hat. Die Bürokratie ist nicht verschwunden, sie ist lediglich dem neuesten wissenschaftlichen Stand angepasst worden. Und das heißt zunächst: mehr Bürokratie. Die Nachkriegsjahre markieren den Übergang von technischer zu einer neuen bürokratischen Kontrolle; während die technische Kontrolle noch im Wesentlichen eine Aufgabe der Ingenieure war, ist die bürokratische Kontrolle Aufgabe der neuen Manager. Richard Edwards hat in seinem bahnbrechenden Buch über die *Transformation of the Work-*

place in the Twentieth Century von 1979 den Übergang so beschrieben: »Während technische Kontrolle in die physischen und technologischen Aspekte der Produktion eingebettet ist (…), fußt bürokratische Kontrolle auf der sozialen und organisatorischen Struktur des Unternehmens und gliedert sich auf in Job-Kategorien, Aufstiegs-Prozeduren, Disziplin, Vergütungsschemata, Definition von Zuständigkeiten und anderes. Bürokratische Kontrolle etabliert die unpersönliche Macht von ›Firmenregeln‹ und ›Unternehmensphilosophie‹ als Basis für Kontrolle.«[77]

Die Organisation, jede Organisation, trägt den Keim ihrer Krankheit in sich, einer Krankheit an sich selbst. Keine Organisation ohne Pathologie, sagt Drucker, ohne »angeborene Neigung, in ›Bürokratie‹ zu entarten«.[78] Leistung werde mit Aufwand verwechselt, Größe mit Bedeutung, Verwaltung mit Geschäftsbetrieben und Geschäftigkeit mit Leistung. Die Organisation produziert Opportunisten, und sie produziert Langweiler, und wenn beides zusammenkommt, ist eine Karriere programmiert. Keiner hat der existentiellen Tristesse des Organisationsmenschen ein eindrücklicheres Denkmal errichtet als William H. Whyte in seinem gleichnamigen Klassiker von 1956.[79] Den Organization Man findet man in einem großen, oft in einem staatlichen Unternehmen, man findet ihn im öffentlichen Dienst, in einer Bank oder in einer Wissenschaftsorganisation. Man erkennt ihn daran, dass er keine besonderen Eigenschaften hat. Er strebt nach Sicherheit, nach einem gewissen verlässlichen Wohlstand und nach einer Beschäftigung, die ihm körperliche Arbeit erspart und moderate geistige Ansprüche stellt. In solchen Organisationen herrschen keine straffen Hierarchien und gewiss keine entwürdigenden Arbeitsbedingungen; was sie leitet, ist nicht der Befehl und die Willkür, sondern, in Whytes Wort, »Scientism«. Es gibt, schreibt Whyte, zu diesem Zeitpunkt »nicht einen Sektor des amerikanischen Lebens, der nicht einen tiefen Schluck aus der Quelle des Versprechens des Scientismus getan hätte. Dieser erscheint in vielen Formen – der Erziehungskunst, den Fähigkeitstesten, dem monströsen Nichts der ›Massenbeziehungen‹.«[80] Während das Büro vermenschlicht wurde, wurde es gleichzeitig verwissenschaftlicht; die exakten Wissenschaften vom arbeitenden Menschen haben sich seiner bemächtigt. Keine Disziplin, die nicht zur Beobachtung und Verbesserung des Büromenschen hätte beitragen wollen: die Psychologie, die Pädagogik, die Kybernetik, die Medizin; und alle ihre Erkenntnisse fließen in die neuen Managementlehren ein. Ist in Whytes Beschreibungen nicht schon vieles artikuliert, was uns noch heute im Büro erwartet: das Übergewicht der Administration, der »Projektismus«, die Ausrichtung der Arbeit an Standards, Instrumenten und nach innen verlagerten Vorschriften?

Man könnte denken, schreibt Whyte, dass die Standardisierung und Maschinenförmigkeit der Bildungsgänge, der Übertritte ins Berufsleben und der Anforderungen, die Berufsanfänger in ihrem neuen Habitat erwartet, von diesen mit Abneigung betrachtet würde. Es könnte ja sein, dass man sich von ihnen in seinem Individualismus beschränkt fühlte. Tatsächlich aber stelle die planbare und planmäßige Zukunft in einer großen Organisation für die Studienabgänger die Erfüllung ihrer innersten Wünsche dar. Aber nicht nur für sie, für die Manager in großen Organisationen, sondern auch für die jungen Anwälte, Ärzte und Wissenschaftler ist der Organization Man ein Ideal.

Zwar unterlägen alle diese Berufe der »selben Zentralisierung, demselben Trend zu Gruppenarbeit und Bürokratisierung«.[81] Aber die jungen Männer (und noch nicht sehr zahlreichen Frauen), die auf solche Posten drängten, wollten genau das. »Wie unterschiedlich sie auch sonst sein mögen, in einer wichtigen Hinsicht sind sie alle gleich: mehr als irgendeine Generation vor ihnen, werden sie eine Generation von Bürokraten sein.«[82] Das durchgängig Farb- und Gesichtslose des wissenschaftlich aufgerüsteten mittleren bis leitenden Angestellten, seine Anpassungsbereitschaft, sein Sicherheitsbedürfnis, seine politische Abstinenz, sein Ehrgeiz und seine Demut finden hier, bei William Whyte im Jahre 1956, ihre bis heute nicht gänzlich überholte Beschreibung. Die jungen Organisationsmenschen sind außerdem noch etwas: sie sind konservativ, nicht unbedingt in ihren Ideen (sie haben vielleicht gar keine), sondern in ihrem Beharren auf dem Status quo. Nichts fürchten sie mehr als unternehmerisches Risiko. Der Kurzschluss von »Business« und »Revolution«, ein Produkt der revolutionären sechziger Jahre, liegt offenbar noch in weiter Ferne. »Ihr Konservatismus ist passiv«, klagt Whyte. »Sie sind Demokraten oder Republikaner, und in Wahlzeiten gibt es die üblichen Kampagnen, aber im Vergleich mit der Agitation der dreißiger Jahre scheint sich niemand allzusehr in der einen oder anderen Weise zu erregen.« Es stecke in dieser Generation »keine wirkliche Revolution«[83], und auch wenn sie einmal kurz über die Stränge schlügen, fände man sie am nächsten Tag bestimmt mit beiden Füßen fest auf dem Boden irgendeines Rekrutierungscontainers auf dem Uni-Campus stehen.

Eine andere Generation hat Anfang der achtziger Jahre, nach dem Ende der Kulturrevolutionen, die Freuden des

Geschäftslebens wiederentdeckt und sich auf eine neue Weise anpassungsfreudig gezeigt – nun nach Art von Oliver Stones *Wall Street*. Ein gewaltiger Schub von Hedonismus, individualistischer Lockerung und Ent-Loyalisierung muss die Gesellschaft erfasst haben; womit dann der Organisationsmann vom Geschäftsmann abgelöst wurde, der selbst als Festangestellter gern den Eindruck erweckt, er sei in Wahrheit ein Unternehmer. Der einförmigen und einfarbigen Generation der Organisationsmänner der fünfziger und frühen sechziger Jahre hatte, zu Whytes Bedauern, der uramerikanische Impuls zum Unternehmertum gefehlt. Keiner wollte auf eigene Rechnung arbeiten, keiner das eigene Tun als wirtschaftliches Handeln begreifen und seine Früchte individuell genießen. Aus dem Kollektivismus der alten Korporationen tritt irgendwann, etwa um 1980, der Manager neuen Stils strahlend hervor, der selbsternannte Nonkonformist und Business-Freak.

Bei Whyte und Drucker kann man studieren, was Arnold Gehlen in einem soziologischen Klassiker jener Jahre auf den Begriff brachte: das Schicksal der *Seele im technischen Zeitalter*.[84] Was Gehlen an sozialpsychologischen Befunden über den »spätkulturellen« Menschen des Industriezeitalters zutage fördert – Anpassungen, Erfahrungsverlust, Meinungen zweiter Hand und anderes –, findet seine Entsprechung in der risikoarmen, behavioristisch ausbalancierten Gemütsverfassung der mittleren amerikanischen (und zunehmend auch deutschen) Angestellten dieses Jahrzehnts. Was wir bei Whyte vor uns sehen, ist Adornos »verwaltete Welt« – auch dies ein Begriff aus dem Jahre 1956.[85] Diese Welt darf nicht einfach hingenommen werden, findet nicht nur Adorno, sondern auch –

ansonsten revolutionärer Ideen unverdächtig – Whyte. Sein Organisationsmann müsse endlich kämpfen lernen, so schreibt er am Ende seines Buches: »Der Mann der Organisation«, meint Whyte überraschend zuversichtlich, stecke »nicht in den Krallen ungeheurer sozialer Kräfte, gegen die er nichts tun kann: er hat die Wahl, und mit Verstand und Voraussicht kann er die Zukunft des entpersönlichten Kollektivs abwenden, das uns zu dräuen scheint«.[86] Der Mann der Organisation muss endlich »die Organisation bekämpfen«, die ihm bis in sein privates Heim in der amerikanischen Vorstadt hinein sein Leben diktiert. Er muss den »Konflikt zwischen ihm und der Gesellschaft leben«, statt ihn von der Organisation und ihrer Ideologie »wegzaubern« zu lassen. Es dürfe, sagt Whyte, keinen »geistigen Frieden« zwischen dem Angestellten und seiner Organisation geben.

Das war die ziemlich monochrome Welt vor Pop, vor der großen Kulturrevolution, es war die Welt vor Flower Power und Marihuana. Es war auch die Welt, bevor Meldungen über sagenhaft effiziente japanische Produktionsmethoden Amerika erschütterten. Ein Jahrzehnt nach Whyte hat der Organisationsmensch den geistigen Frieden mit seiner Organisation aufgekündigt, woraufhin die Organisation die Geschäftsgrundlage von Frieden auf Konflikt umstellte. Am Organization Man und an den Organisationen selbst ist die Kulturrevolution nicht spurlos vorübergegangen. Der Kampf des Organisationsmenschen gegen die Organisation ist in gewisser Weise siegreich gewesen; der Konflikt zwischen ihm und der Gesellschaft hat den alten geistigen Frieden verdrängt und neue Spielarten des organisierten Nonkonformismus hervorgebracht. Man kann dies an Bekleidungsvorschriften ebenso studieren wie an Formen des organisierten Widerspruchs und der Selbst- und Mitbestimmung am Arbeitsplatz. Es haben Lockerungsübungen stattgefunden seit den Tagen der paramilitärischen Organisationsformen der fünfziger Jahre. Die Organisation hat den Geist der Rebellion und des Nonkonformismus inkorporiert; der Manager-Angestellte hat seine Kreativität und seinen Widerspruchsgeist entdecken dürfen.

Die sechziger Jahre, nicht nur die Zeit der Pop-Revolution sondern auch des amerikanischen Desasters in Vietnam und des Aufstiegs der asiatischen, vor allem der japanischen Wirtschaft, haben das Bild und Selbstbild des angestellten Managers rundum erneuert. Gehorsam ist out und sichert keine Arbeitsplätze mehr. Die neue Management-Kultur sieht anders aus. Ihr Name wird bald »Chaos« heißen, aber es wird ein weiteres Jahrzehnt der Unzufriedenheit und des Ungenügens mit den alten Organisationsformen vergehen, ehe sie Gestalt annimmt. 1977 bildet sich bei McKinsey eine Projektgruppe zum Thema »Leistungsfähigkeit von Organisationen«. Ihre Leiter sind Thomas J. Peters (der als Tom Peters zum führenden Management-Guru der Post-Drucker-Ära aufsteigen wird) und Robert H. Waterman Junior. »Im Grunde spüren wir alle«, schreiben sie 1982 in ihrem Management-Kultbuch *In Search of Excellence*[87], »dass zur Erhaltung der Lebens- und Handlungsfähigkeit einer großen Organisation viel mehr gehört, als in Grundsatzerklärungen, neuen Strategien, Plänen, Budgets und Organigrammen dargestellt werden kann. Und doch tun wir noch allzu oft so, als wüssten wir das nicht. Wenn wir etwas ändern wollen, basteln wir an der Strategie herum. Vielleicht wäre es an der Zeit, einmal unser Verhalten zu ändern.«[88] Das klingt wie ein fernes Echo von Marx' *Deutscher Ideologie* und ist sicher genauso revolutionär gemeint. Was Peters/Waterman hier skizzieren, ist der »neue Geist des Kapitalismus«[89], durch Freisetzung der Selbstverwirklichungspotentiale des Individuums, durch die Proklamation der Projektkultur, in dem das Subjekt ein Manager ist und der Manager ein Subjekt. Exzellenz, lehren Peters und Waterman, entsteht nicht mehr durch angepasstes Verhalten, sondern durch den richtigen, gezielten, am Selbstwohl ausgerichteten Einsatz von Ungehorsam. Vorbei sind die Zeiten des Szientismus mit seiner Konditionierung der Angestellten: »Der rein analytische Ansatz, sich selbst überlassen, führt zu einer abstrakten Philosophie ohne Herz. Unsere Fixierung auf die Zahl der getöteten Gegner in Vietnam und unsere Unfähigkeit, die Beharrlichkeit und die zeitliche Großräumigkeit des östlichen Denkens zu verstehen, haben uns in den katastrophalsten Fehleinsatz menschlicher, moralischer und materieller Ressourcen hineingetrieben, den die Geschichte Amerikas je gesehen hat.«[90] Der Vietnamkrieg, eine »Fehlinvestition« mit unbrauchbaren Indikatoren (»*body count*«), stellt gewissermaßen den Motor dar für die Revolution des amerikanischen Managements. Mit Peters und Waterman kommt die leitende unternehmerische Idee der Gegenwart in die Welt: die der fortwährenden »Umstrukturierung« – welch ein Gegensatz zu den stabilen und monotonen Verhältnissen der klassischen Korporationen: »Die exzellenten Unternehmen begegnen der Kompliziertheit dadurch, dass sie den Experimentiergeist in die Verwaltung übernehmen: Alles ist im Fluss. Unablässig wird umorganisiert.«[91]

Exzellent ist, wer umstrukturiert. Umstrukturierung aber ist keine Sache des herkömmlichen Organisationsmannes, sondern eine Herausforderung an den ganzen Menschen in der Zweiheit seiner Gehirntätigkeiten. Erstmals wird bei Peters und Waterman das dann so folgenreiche Profil des »intuitiven Managers« entworfen. Erstmals wird die rechte Gehirnhälfte, die »künstlerische Hälfte« in ihr Recht gesetzt: »sie sieht und erinnert sich an Bilder, merkt sich Melodien, bekommt poetische Anwandlungen«.[92] Der auf unablässigen Change gepolte Manager ist mithin ein Künstler, nicht ein Künstler wie Andy Warhol, der das Business im Geist des Pop zur höchsten Kunst erhob, sondern ein »Kreativer«, der die neuronalen Potentiale des ganzen Menschen und seine ganze (natürlich positive) Verrücktheit für den Geschäftserfolg einsetzt.

Mit Peters und Waterman kommt wohl auch die folgenreiche Idee des Managers als Energieteufel und Profit-Freak in die Welt, die bis heute durch die Managementliteratur und -presse zieht. Hat sich damit der von Whyte seinerzeit beklagte Konformitätsdruck des Angestellten gelöst, hat sich der mittlere Manager, angestachelt vom rebellischen Geist der Popkultur, im Jahre 1982 nunmehr zum Exzentriker gemausert? Ganz so weit ist es dann doch noch nicht. »Die exzellenten Unternehmen«, schreiben Peters und Waterman, »zeichnen sich durch sehr ausgeprägte Firmenkulturen aus, die nur eine Alternative lassen: sich voll in diese Norm einzufügen oder auszuscheiden.«[93] Was die Norm genannt wird, hat sich freilich bei den exzellenten Unternehmen, bei McDonald's, McKinsey und anderen »Champions«, sehr geändert. Die Norm heißt jetzt: »temporäre Strukturen, Ad-Hoc-Gruppen, organisatorische Mobilität, ›klein ist schön‹, ›Versuch macht klug‹, Aktionsorientierung, Nachahmung, sinnlose Vielfalt, interner Wettbewerb, Verspieltheit, Technologie der Torheit, Produkt-Champions (…).«[94] Die neue Norm heißt auch: »Familiensinn, offene Tür, Rally, Jubilee, Management durch Herumwandern, Bühnenauftritt usw.«[95] Zur neuen Norm gehören die Prinzipien einer »Struktur der 8oer Jahre«, ein Dreieck mit den Seiten »Mobilität/Stabilität/Unternehmertum«.[96] Was immer Peters und Waterman als Grundlagen einer neuen Exzellenz verkünden, es hat Eingang in unsere Büros gefunden. Ohne diese Revolutionäre gäbe es keine »Mission Statements«, ja wahrscheinlich nicht mal eine Mission. Es gäbe nicht die Idee vom Wertbeitrag und andere Mythen unserer Legitimität, und es gäbe wahrscheinlich auch die Berater und Coaches nicht, die unseren Alltag umstellen. Nach Drucker und Whyte wären wir melancholische Herdentiere, mit und seit Peters und Waterman sind wir enthusiastische »Champions« unter dem Dach unserer Firmenlogos, chaotische, in ihrer Unberechenbarkeit weiterhin freilich berechenbare Wesen, die ihren größten Wertbeitrag dann erbringen, wenn man sie nicht lenkt und kaum steuert. Die Freiräume, die das neue Management der Chaoten und Kreativen eröffnet, können nicht davon ablenken, dass auch für Business-Freaks ein Management durch Ziele gilt. Es dauert nicht lange, bis die Firmenkultur der exzellenzmäßig mobil gemachten Unternehmen wieder dieselben bleiernen Routinen und Rituale entwickelt, wie man sie aus den grau in grau gemalten Büroszenen der fünfziger Jahre kennt. *Engineering in Culture*, Gideon Kundas Studie zur Unternehmenssoziologie, gibt ein anschauliches Bild davon, was Angestellte von der ihnen verordneten Organisationsideologie tatsächlich denken.[97] Gideon Kunda hat die Mitarbeiter der später untergegangenen HiTech-Firma »Tech« befragt und ihnen ein großes

Maß von Resignation oder Gleichgültigkeit hinsichtlich der Organisations-Semantik abgelauscht. Manche nennen es Theologie, andere Philosophie, wieder andere »Song and Dance«. Andere sagen nur »Bullshit« dazu.

Auch drei Jahrzehnte nach *In Search of Excellence* ist Tom Peters nicht müde geworden, das Lied des Management-Anarchisten und des immerfort *change*-willigen Rebellen zu singen. Es ist Tom Peters selbst, der inzwischen vorwiegend Manifeste schreibt und sich textlich in einen Business-Rapper verwandelt hat: »tomAto« oder »Tom's Re-imagine Manifesto« geht wie folgt:

»*They say ... my (Tom's) language is extreme.*
I say ... the times are extreme.
They say I'm extreme.
I say I'm a realist.
They say I demand too much.
I say they accept mediocrity & continuous improvement too readily.«

In diesem Stil geht es weiter bis zum Ende, das lautet:

»*I say ›Been to China lately? Visited Infosys in Bangalore lately?‹*
They say this is just a Rant.
I say this is just Reality.
They say ›The man is not nice.‹
I say ›The times are not forgiving.‹«[98]

Das ist der Predigerton der neuen Antibürokraten, wie man ihn heutzutage manchmal auch in öffentlichen Verwaltungen hören kann. Der Tom-Peters-Sound ist nie weit weg, wo Behörden in Agenturen umgewandelt werden und wo Veränderungen, gerade wenn sie wehtun, als

Chance begrüßt werden sollen. So haben die Clownerien eines Tom Peters weithin Eingang gefunden in die neue Bürokratie, in der wir leben.

2.5 Das Subjekt als Manager.
Michel Foucault und die Frage nach der (Selbst-)Regierung

Wir sind jetzt alle Manager, in der Weise, wie wir regieren und regiert werden. Auf merkwürdige Weise sind wir zu Herrschern geworden, die nicht herrschen, aber Einfluss nehmen durch »Steuerung«: wir steuern uns selbst, die uns anvertrauten Mitarbeiter, unsere »Prozesse«, unsere »Instrumente«. Wir »gleisen«, wie man heute gern sagt, Menschen und »Prozesse« auf. Trotzdem ist weiterhin viel von Führung die Rede, ohne dass genau zu erkennen wäre, worin die Führung besteht. Die Führung hat sich im Zuge der Verabredungs- und Kontraktkultur weitgehend in eine Selbstführung verwandelt. Gelegentliche Stichproben können genügen, um die Vertragstreue der nachgeordneten Mitarbeiter sicherzustellen. Wenn vereinbarungsgemäß alle wissen, was zu tun und zu lassen ist, kann sich die Führung auf die Pflege der Steuerungsinstrumente beschränken. So ist das Managertum unserer Tage weniger durch die Aufsässigkeit der Untergebenen bedroht als durch die Selbsttätigkeit der Instrumente, die der Manager schuf, um sich langsam ersetzbar zu machen.

Im Büro hat eine Revolution der guten Führung stattgefunden. Aber nicht derart, dass wir unsere Führungskunst an anderen oder andere ihre Führungskunst an uns verwirklichen. Die Führung hat sich nun weitestgehend verinnerlicht. Wir führen uns selbst, und zwar in aller Regel gut. Wir sind im ständigen Einklang mit den Zielen unserer Organisation und können schon deshalb nicht subversiv sein, weil wir diese Ziele ja selbst vereinbart haben, weil wir unsere Ziele selbst formuliert und ihnen auf der anderen Seite des Verhandlungstisches selbst zugestimmt haben. Kein autoritärer Chef nötigt uns, die Dinge zu tun, die wir tun, sondern unser verständiges Selbst selbst. Die Geste der Weigerung, der Blockade oder der Obstruktion kann es unter diesen Voraussetzungen kaum mehr geben; sie würde sich ja gegen unser gutes Selbst richten. Nicht einmal der Widerwille, das lustlose Arbeiten unter Zwang, kann unter solchen Umständen glücken. Er wäre ein Akt der Selbst-Destruktion. »Ich« bin ja im Büro stets zu zweit mit mir: einmal als ausführendes Organ der Büroarbeit, das andere Mal als guter Hirte und Seelsorger meiner selbst. Das eine Ich leitet und regiert mich/sich, während das andere Ich die Arbeit tut. Nie waren wir so frei im Büro, und nie zuvor waren wir derart dressiert. Das ist die Dialektik der Gouvernementalität, die Michel Foucault an älteren Beispielen erforscht hat, ehe sie, vor allem im britischen Neoliberalismus bei Margaret Thatcher und dann unter Tony Blairs New Labour, als schlankes Regierungsmodell des Steuerns-statt-Ruderns ihre vielbewunderte Gestalt annahm.[99]

Was Foucault in den siebziger Jahren, als er sich der Geschichte der Gouvernementalität zuwandte, nicht voraussehen konnte, war der Übergang vom amerikanisch geprägten Neoliberalismus mit seiner Staatsphobie zum

»Dritten Weg« von New Labour und dessen »nachhaltigem Neoliberalismus«[100] mit einer ebenso ausgeprägten Staatsphobie. Der Liberalismus, den er als Quellgrund der zeitgenössischen Techniken des Regierens ansieht, war noch der alte: jene vor allem von deutschen und amerikanischen Ökonomen entwickelten Theorien der Marktkräfte und ihrer vom Staat zu schützenden Freiheit. Solche Denkansätze gehen freilich noch immer von einer konventionellen Vorstellung von Staat und Regierung (Government) aus; erst mit den Neokonservativen, dann aber auch mit New Labour setzt sich ein neuer Begriff vom Regieren durch; wo Regierung (Government) war, soll Regieren (Governance) werden. Unschwer erkennt man im Wortstamm *go(u)vern* das griechische Wort für Steuermann, *kybernétes*, wieder, das sich Norbert Wiener für seine Kybernetik, eine Steuerungslehre für Mensch und Maschine, lieh.[101] Governance, wie sie heute die vielen Schools of Governance lehren, ist nicht mehr die klassische Lehre vom staatlichen Regieren und Verwalten, sondern die Lehre von den post-, trans- und parastaatlichen Steuerungstechniken. Was wir jeden Tag im Büro erleben, ist nicht Government, sondern Governance. Wenn wir das Government der alten Ordnung der Bürokratie zurechnen, dann ist die Governance die Leitdisziplin der neuen, der Managerial-Bürokratie. Hier geht es um »dezentrale, netzwerkartige Formen der ›Kontextsteuerung‹«[102] statt um die klassischen, zentralistischen und dirigistischen Steuerungsformen des Staates.

Governance bedeutet in den Augen ihrer Verfechter, dass weniger und besser regiert wird, dass die Regierung auf eine größere Zahl von Akteuren und Agenturen verteilt wird, dass zwischen den Regierenden und den Regierten Absprachen und Instrumente die »Prozesse« regeln. Regieren heißt Regeln, und dies nach Möglichkeit (weil es unter allen Umständen einfacher und billiger ist) in Übereinkunft mit den Regierten. Governance, auch wenn sie kein geschlossenes Ganzes von Regierungs- oder Regelungstechniken ist, sondern eher ein Programm mit laufenden Updates, hat nicht nur dem Wortsinn nach Ähnlichkeit mit der Kybernetik. Sie ist selbst eine Sozialkybernetik, und wie in dieser kann es für ihren Regierungs- und Regelungsanspruch kein Außerhalb geben. Sie fußt ja nicht auf Herrschaft als Unterwerfung, sondern auf der im Einverständnis aller erzielten Anerkennung der, wie heute alle sagen, Best Practice. Wie einst die Kybernetik, weiß oder wähnt sich heute die Governance in Übereinstimmung mit den neuesten Naturwissenschaften: irgendwie übertragen ja die netzwerkartigen Regierungstechniken die kognitive Informationsarchitektur (»neuronale Netze«) auf unsere soziale Realität. Welches Argument wäre der Behauptung gewachsen, dass uns ja die Gehirnforschung längst den Weg in die Governance gewiesen habe?

Bei Foucault stellt sich die Frage nach dem Regieren und Regiertwerden vor einem viel breiteren zeitlichen Horizont und fast ohne Bezug zur »Gouvernementalität der Gegenwart«[103]; erst in der Foucault-Nachfolge ist der Übergang von Government zu Governance in den Blick getreten. Nicht einmal für den Kunstbegriff »Gouvernementalität« selbst hat Foucault eine einprägsame Definition hinterlassen. Eines wird aber hinreichend deutlich: die neoliberale oder auch postneoliberale Technik und Ideologie des Regierens bildet nur die historisch letzte Stufe einer christlich-abendländischen Tendenz zur Delegation der staatlichen Macht an Apparate, Agenturen und schließlich an die Individuen selbst. Die Geschichte des abendländischen Regierens schreitet voran von der Fremd-Regierung zur Selbst-Regierung, oder anders, von der äußeren zur verinnerlichten Macht. »Mit dem Wort ›Gouvernementalität‹«, schreibt Foucault, sei »dreierlei gemeint: Unter Gouvernementalität verstehe ich die Gesamtheit, gebildet aus den Institutionen, den Verfahren, Analysen und Reflexionen, den Berechnungen und den Taktiken, die es gestatten, diese recht spezifische und doch komplexe Form der Macht auszuüben (…). Zweitens verstehe ich unter Gouvernementalität die Tendenz oder die Kraftlinie, die im gesamten Abendland unablässig und seit sehr langer Zeit zur Vorrangstellung dieses Machttypus, den man als ›Regierung‹ bezeichnen kann (…), geführt und die Entwicklung einer ganzen Reihe spezifischer Regierungsapparate einerseits und einer ganzen Reihe von Wissensformen andererseits zur Folge gehabt hat. Schließlich glaube ich, dass man unter Gouvernementalität den Vorgang oder eher das Ergebnis des Vorgangs verstehen sollte, durch den der Gerechtigkeitsstaat des Mittelalters, der im 15. und 16. Jahrhundert zum Verwaltungsstaat geworden ist, sich Schritt für Schritt gouvernementalisiert hat.«[104]

Wer über die Geschichte der Regierung und des Regierungswesens in Europa spricht – die sich von den Regierungskünsten anderer Kulturen und Kontinente so signifikant unterscheidet –, begibt sich unvermeidlich auf theologischen Boden. Das entscheidende Stichwort für Foucault heißt »Pastoralmacht«, und es liefert uns die Genealogie des Guten Hirten, der unsere Schritte im Büro lenkt und der wir selbst geworden sind. Wie heißt der Psalm Davids: »Der Herr ist mein Hirte; mir wird nichts mangeln. Er weidet mich auf grüner Aue und führet mich zum frischen Wasser. Er erquicket meine Seele; er führet mich auf rechter Straße um seines Namens willen. Und ob ich schon wanderte im finstern Tal, fürchte ich kein Unglück; denn du bist bei mir, dein Stecken und dein Stab trösten mich. Du bereitest vor mir einen Tisch im Angesicht meiner Feinde. Du salbest mein Haupt mit Öl und schenkest mir voll ein. Gutes und Barmherzigkeit werden mir folgen mein Leben lang, und ich werde bleiben im Hause des Herrn immerdar.« Das ist der Urtext für das christliche »Pastorat der Seelen«, für die Pastoralmacht, die sich im Zuge der Säkularisierung und Aufklärung keinesfalls verflüchtigt, sondern nur subjektiviert hat. Hirte und Herde sind nun eins; ich selbst führe mich auf rechter Straße um meines eigenen Namens willen. »Nirgendwo sonst«, hat Foucault dazu gesagt, »in der Geschichte der menschlichen Gesellschaften – nicht einmal in der alten chinesischen Gesellschaft – findet sich, wie ich glaube, innerhalb der politischen Strukturen eine so komplexe Verbindung zwischen Techniken der Individualisierung und totalisierenden Verfahren.«[105] Techniken der Individualisierung – wir erleben sie in der Art und Weise, wie wir die Ansprüche der Macht annehmen und sie uns zu eigen machen. »Totalisierende Verfahren« – wir erleben sie im ständigen »Wertbeitrag« unserer Individualitäten zur Erreichung der allgemein verordneten Ziele. Wie konnte es zu dieser Beständigkeit des Pastoralen in scheinbar posttheologischen Organisationen und Verwaltungen kommen? Wie Foucault zeigt, ist das theologische Gedankengut nie verschwunden, sondern bloß mutiert worden. Der Grund für die Beharrlichkeit des Theologischen liegt für Foucault »in der Tatsache, dass der moderne westliche

Staat in neuer politischer Form eine alte Machttechnik aufgriff, die in den christlichen Institutionen entstanden war. Diese Machttechnik wollen wir als Pastoralmacht bezeichnen.«[106] Man versteht leicht, wie sich die Pastoralmacht im Mutterland des protestantischen Kapitalismus weit über den Geltungsbereich kirchlicher Herrschaft ausdehnen konnte. Das Management, unter dem wir leben, ist ein Kind der ehemals christlichen Machttechniken. Vor allem im Vollzug der lutherischen Reformation, der Mutter aller Umstrukturierungen und Change-Prozesse, haben sie das Pastorat der Seelen in den Seelen selbst verankert.

Man sollte sich demnach den Staat und seine Verwaltung nicht als seelenlose Maschinerie vorstellen. Im Gegenteil: der Staat und seine Regierungsagenturen haben sich nie vom Anliegen der Seelsorge verabschiedet. Foucault spricht deshalb von einer »Transplantation« der »traditionellen Ziele der Seelsorge«: »Man sagt oft, der Staat und die moderne Gesellschaft ignorierten das Individuum. Wenn man es näher betrachtet, dann ist man im Gegenteil über die Aufmerksamkeit erschrocken, die der Staat den Individuen schenkt; man ist erschüttert von all den Techniken, die vorbereitet und entwickelt wurden, damit das Individuum nicht auf irgendeine Weise der Macht entkommt.«[107] Die Macht – ist das nicht ein zu großes Wort für die Steuerung, die Instrumente, die Verfahren und Prozesse, denen die Arbeit in Organisationen nun einmal unterliegt? Aber es ist ein Merkmal der Macht der Gouvernementalität, dass sie sich nicht »mächtig« und schroff gibt, sondern sanft oder mild; als »Macht der milden Mittel« hat Foucault die neue, post-rigide »Disziplinarmacht« bezeichnet, die sich seit Beginn des 19. Jahrhunderts durchsetzt.[108]

Die neue milde Macht steht im Zeichen des »Du sollst nicht merken, dass du gesteuert wirst, wenn wir dich steuern« und des »Wir steuern nicht *dich*, sondern du steuerst dich selbst, *deine* Projekte und *deine* Prozesse (Du lieferst uns dann nur noch die Dokumente und Ergebnisse)«.[109] Das unternehmerische Selbst unserer Arbeitswelt könnte es mit seinem Selbstbild nicht vereinbaren, einer Macht ausgesetzt und von ihr gelenkt zu werden; schon deshalb muss die Macht als selbst-lenkende Funktion gleichsam ins Cockpit des neuen, autonomen Selbst eingebaut werden. Foucault hat, in seiner Zeit, die Disziplinarmacht noch stark an die hergebrachten »großen Disziplinarmaschinen« angekoppelt: »Kasernen, Schulen, Werkstätten und Gefängnisse«.[110] Ebenso spricht er von einer »›Taktik‹ der Individualisierung«, die infolge der Kopplung von Pastoralmacht und politischer Macht entstanden und für »diverse Machtformen« typisch sei: »für die der Familie, der Medizin, der Psychiatrie, des Bildungswesens, der Arbeitgeber usw.«[111] Man müsste heute ständig ergänzen: der Personalentwicklungs-Workshops, der Qualitätsmanagement-Seminare, der Open-Space-Technology-Meetings, der Evaluierungs-Audits und so weiter. Die Geschichte der Gouvernementalität managementgestützter Verwaltungen, die Geschichte also des »Subjekts als Manager«, steht noch aus.

Das Subjekt als Manager: man kann in dieser Figur eine gesteigerte Beteiligung der inneren Wahrheit konstatieren. Der Beamte wird alimentiert, weil er seine Arbeitskraft für die Erfüllung hoheitlicher Aufgaben zur Verfügung stellt, mit denen er sich nicht notwendig innerlich identifizieren muss, wenn er auf sie seinen Amtseid leistet. Nicht dass sich der Beamte an anderer Stelle, in seinem

Privatleben, von seiner Beamtenfunktion distanzieren sollte. Aber es wird ihm stillschweigend die Möglichkeit eingeräumt, außer Dienst und dort er selbst zu sein. Dass der Beamte, wie Alfred Weber zeigt, von dieser Option selten Gebrauch macht, weil der Apparat seinen Habitus über die Bürostunden hinaus prägt, steht auf einem anderen Blatt. Die gouvernementale Machtform geht darüber hinaus: sie ist, so Foucault, »auf das Seelenheil ausgerichtet (im Unterschied zur politischen Macht). Sie ist opferbereit (im Unterschied zum Herrschaftsprinzip), und sie ist individualisiert (im Unterschied zur richterlichen Macht) (…). Sie ist mit der Erzeugung von Wahrheit verbunden, und zwar der Wahrheit des Einzelnen.«[112] Nun kann ich nicht länger zwischen mir als Amtsträger und mir als Privatperson unterscheiden; wenn ich arbeite, steht dauernd *meine Wahrheit* auf dem Spiel. Der Grund dafür, dass immer länger gearbeitet wird, liegt also weniger darin, dass immer mehr Arbeit anfällt, sondern darin, dass meine Selbstartikulation und -dokumentation als Wahrheitssubjekt dort (in der Arbeit) stattfindet und nicht hier (im Privatleben). Da ich im Büro Selbst-Performer, Prozesse- und Projekte-Inhaber, lebenslanger Lerner und manches andere bin, bin ich ständig als Subjekt gefordert; früher hätte ich mein Selbst möglicherweise in der Freizeit gepflegt. Jetzt dient die Freizeit vornehmlich als Trainingslager des arbeitenden Kreativsubjekts. Im Regime der Freiheit kann es eigentlich keine Freizeit und kein Freihaben mehr geben; die Freiheit ist ja in der erfolgreichen Selbststeuerung schon realisiert. Wenn ich, in der Sprache der Manager, selbst die »Ownership« meiner Arbeitskraft und Arbeitsleistung übernehme, habe ich logischerweise nie mehr frei – es sei denn zu Zwecken der Regeneration (und auch in der Freizeit werde ich das lebenslange Lernen nicht vernachlässigen) oder für die Happy Hour, den einen oder anderen kontrolliert unkontrollierten Feierabend-Exzess. »Subjektivierung«, wie Foucault es nennt, bezeichnet also die Einsenkung aller ehedem externen Appelle und Imperative in die Seele des Subjekts selbst; eine großartige Machttechnik, die letztlich auch dem Subjekt die Investition in sich selbst als nicht endende Aufgabe stellt. Das kann man erkennen und vielleicht sogar bekämpfen. Es findet sich dennoch keine Position außerhalb dieser Disziplinarmacht, es sei denn die der Faulheit, der *inertia*, in der die Anforderungen der anderen an mich ebenso verstummen wie die Anforderungen des Selbst an die eigene Adresse.

»Führe mich sanft«, so heißt ein Lied von Tocotronic, das die gouvernementale Frage umspielt. War uns das Wort »Führung« nicht immer schon ein Greuel? Weniger deshalb, weil es einen unangenehm an den »Führer« erinnert, sondern eher, weil die »Führung« uns schon früh als Schulnote begegnete, als »Kopfnote«, wie es so schön hieß. Auch da wurde mit der Fähigkeit oder Bereitschaft zum Gehorsam schon die andere Fähigkeit oder Bereitschaft benotet, sich selbst zu führen, durch Disziplin oder eben »Selbstzucht«. Damals war die gute Kopfnote noch ein Ausweis für angepasstes Verhalten. Die guten Kopfnoten der neuen Bürokratie werden dagegen für ein Verhalten gewährt, in dem die Anpassung in Richtung auf eine erfolgreiche, zugleich konformistische und nonkonformistische Selbststeuerung überschritten ist.

Man kennt aus der Managementliteratur das Lob des Frechdachses. Der Frechdachs ist der Star, und leicht sieht man ihm nach, dass er Regeln verletzt, die für Nicht-Stars gelten würden. Der Frechdachs-Star demonstriert, wie man seine ganze, »wilde« Subjektivität in die Arbeit investiert und damit auch noch Erfolg hat. Der Frechdachs wird nicht nur für seine Frechheit belohnt, sondern mehr noch für das vollbrachte gute Werk der Subjektivierung. Deswegen sind sich Subkultur und erfolgsorientierte Anpassung im Geiste des unternehmerischen Selbst heute so nah wie nie. Was würde es unter solchen Umständen bedeuten, schlechte Kopfnoten für Führung zu bekommen?

Und was heißt unter solchen Prämissen überhaupt Führung? »Führung«, sagt Foucault, heißt »einerseits, andere (durch mehr oder weniger strengen Zwang) zu lenken, und andererseits, sich (gut oder schlecht) aufzuführen (…). Machtausübung besteht darin, ›Führung‹ zu lenken, also Einfluss auf die Wahrscheinlichkeit von Verhalten zu nehmen. (…) In diesem Sinne heißt Regieren, das mögliche Handlungsfeld anderer zu strukturieren. Der für Macht typische Beziehungstyp ist daher nicht im Bereich der Gewalt und des Kampfes zu suchen und auch nicht im Bereich des Vertrags und der freiwilligen Bindung (die letztlich nur Instrumente der Macht sein können), sondern im Bereich jenes einzigartigen, weder kriegerischen noch juristischen Handlungsmodus, den das Regieren darstellt.«[113] Führen heißt dann nicht befehlen und nicht unterdrücken, es heißt nicht einmal mehr selbst ein Beispiel geben; es bedeutet vielmehr, Einfluss auf die Wahrscheinlichkeit meines Verhaltens durch Instrumente zu nehmen, die mein Verhalten lenken, ohne dass ich mich gelenkt fühle. Die Macht kann nur deshalb auf mich ausgeübt werden, weil ich »frei« bin – »wo die Bedingungen des Handelns vollständig determiniert sind, kann es keine Machtbeziehung geben«.[114] Das »Regime der Freiheit«, die »Selbstregierung« durch Subjektivierung gibt ein glänzendes Beispiel für den schlanken Staat. Er hat die Macht zunächst als Teile seiner Befugnisse an das Management delegiert und dieses hat die Macht sodann an uns alle weiterdelegiert. Wir sind jetzt alle »committed to excellence«[115] und liefern hierfür die erforderlichen Kennzahlen und Indikatoren, aber nicht weil uns ein Chef das mühsam erklären musste oder weil uns Sanktionen bei Zuwiderhandlung Beine machen, sondern weil es für unser Tun vernünftige, allseits anerkannte Standards und Best Practices gibt.

Das also ist die Gouvernementalität der Gegenwart oder, mit einem etwas fragwürdigen Wortspiel, die Mentalität der Governance, unter der wir stehen. Die Machtbeziehungen, hat Foucault geschrieben, ohne das Management oder den Kapitalismus zu erwähnen, seien zunehmend »›gouvernementalisiert‹, das heißt in der Form oder unter den Auspizien der staatlichen Institutionen elaboriert, rationalisiert und zentralisiert worden«.[116] Das ist eine lange Geschichte, die vorzeiten im christlichen Abendland ihren Lauf genommen hat, aber es könnte sein, dass sie heute, im Regime der managerialen Post- oder Neobürokratie ihr vorläufiges Ende erreicht hat. Das Pastorat der Seelen hat sich als äußerst anpassungsfähig erwiesen und begegnet uns heute beispielsweise als »Zertifizierung«, der zeitgemäßen Form der Gewissenserforschung, als »Prozesssteuerung«, Evaluation oder »Totales Qualitätsmanagement«. Das manageriale Selbstbild hat sich tief in Lebensbereiche wie die Politik, den Sport, die Wissenschaft oder die Künste hineingefressen und hat die Mentalitäten einstmals weit auseinanderliegender Sphären einander angenähert. Was immer wir sonst sind, wir sind Manager, weil und wenn wir Projekte haben und mit Planung, Organisation, Führung und Kontrolle (bzw. mit Selbstplanung, Selbstorganisation, Selbstführung und Selbstkontrolle) befasst sind. Und ist nicht die Situation des Subjekts als Manager tatsächlich konkurrenz- und alternativlos? Als was wollten und könnten wir uns das zeitgenössische Subjekt sonst vorstellen? Nicht als Beamten, auch nicht als Untertan, ebenso wenig als Monade, sondern eben genau als das autonom gelenkte Wesen, als das wir uns selbst und einander laufend auf dem Markt begegnen.

Man kann die Geschichte von der Ausdehnung der Gouvernementalität auf die Subjekte selbst nicht trennen von der Geschichte der Ausdehnung der Ökonomie als Prinzip. So wie es keine Sphäre gibt und geben darf, die der (Selbst)-Regierung entzogen bliebe, so gibt es auch keine Sphäre, die dem Zugriff des Ökonomischen entzogen werden könnte. So wie sich die Subjektivität zunehmend in einen Schauplatz von messbarer Leistung verwandelt hat, so ist auch die Ökonomie tief in Lebensbereiche vorgedrungen, die ihr ehedem fremd waren. Es gibt nun für alles – die Aufmerksamkeit, die Leidenschaften, das Glück oder das Recht – eine Ökonomie. Insofern darf man das Projekt der Gouvernementalität ein neoliberales nennen. Natürlich ist das »Subjekt als Manager« ein Homo Oeconomicus.[117] Seine Freiheit ist die Freiheit eines Marktteilnehmers. Und wie verhält es sich mit dem Nicht-Ökonomischen? Es »besitzt«, schreibt Foucault, »in diesem Denken lediglich den residualen Status des Noch-nicht-Ökonomischen. Diese Vigilanz wird so maßgebliches Kriterium einer neoliberalen Gouvernementalität, die auf der Basis einer permanent aktiven Politik das Ökonomische exterritorialisiert und das Soziale ökonomisiert.«[118] Das ist nicht nur die Politik des Neoliberalismus alter Prägung (Reagan/Thatcher), sondern ebenso die des »Dritten Weges« und anderer staatsphobischer Strömungen.

Dem liberalen (oder neoliberalen) Regieren hat Foucault in seinen Vorlesungen zur »Geschichte der Gouvernementaliät« subtile Analysen gewidmet. »Wenn ich das Wort ›liberal‹ verwende«, schreibt er, »dann zuerst deshalb, weil diese Regierungspraxis, die im Begriff ist, sich durchzusetzen, sich nicht damit begnügt, diese oder jene Freiheit zu respektieren oder zu garantieren. In einem tieferen Sinn vollzieht sie die Freiheit. (…) Die neue Regierungskunst stellt sich also als Manager der Freiheit dar, und zwar nicht im Sinne des Imperativs: ›Sei frei‹, was den unmittelbaren Widerspruch zur Folge hätte, die dieser Imperativ in sich trägt. Es ist nicht das ›Sei frei‹, was der Liberalismus fordert, sondern einfach Folgendes: ›Ich werde dir die Möglichkeit zur Freiheit bereitstellen. Ich werde es so einrichten, dass du frei bist, frei zu sein.‹ (…) Mit einer Hand muss die Freiheit hergestellt werden, aber dieselbe Handlung impliziert, dass man mit der anderen Einschränkungen, Kontrollen, Zwänge, auf Drohungen gestützte Verpflichtungen usw. einführt.«[119] Ob die Verpflichtungen auf Drohung basieren, wäre zu diskutieren; fraglos trifft aber die Beobachtung zu, dass gerade im entfesselten Freiheitsregime des Liberalismus der Regelungsbedarf ins Unendliche geht. Das Regime der Freiheit ist zugleich ein Regime der »Durchführungsbestimmungen«. Das liberale Paradox liegt offen zutage: eine Freiheit von der Freiheit darf es nicht geben, als muss diese bestimmte Freiheit, die »Freiheit, die *wir* meinen«, engmaschig geregelt und überwacht werden, und zwar von uns selbst. Wir alle sind nicht nur Manager und Seelsorger unserer selbst, wir sind auch unsere eigenen Ordnungshüter, unsere eigene Polizei oder »Polizey«.[120]

Ist es aber nicht letzten Endes beinahe egal, wer uns (politisch) regiert, wenn wir uns doch erfolgreich selbst regieren? Ist es nicht beinahe egal, welche Partei an der Macht ist, wenn mein Tun ohnehin von Zertifizierungsagenturen und deren »europäischen Qualitätskriterien« geleitet wird. Nehmen wir an, ich wollte aus dem EU-Bildungsprogramm für »lebenslanges Lernen« aussteigen, weil ich lebenslanges Lernen für eine – in mehrfachem Sinn – Zwangsvorstellung halte. Es gibt aber kein »Exit« und kein »Escape« zu solchen Programmen. Es handelt sich ja um Ausgeburten der Vernunft selbst, über die sich jede weitere Abstimmung verbietet. Würde etwa eine linke Regierung das Freiheitsregime des zeitgenössischen Angestellten abschaffen oder modifizieren? Oder kann man links und zugleich ein Verfechter der managerialen Selbstregierung sein (das war womöglich das Selbstverständnis von Tony Blair)? Kann man grün sein und das Freiheitsregime gutheißen? Man kann es, und wahrscheinlich wüsste kaum einer zu sagen, worin das Problem besteht. Der Managerismus ist (fast) niemandes erklärter Feind, er bildet das Brückenglied zwischen der hegemonialen Kultur und dem, was früher einmal Subkultur(en) waren. Er bildet das Brückenglied zwischen den ehemals antagonistischen Sphären des Staates und der Kultur wie zwischen denen der Kultur und der Wirtschaft. Eine gewaltige Homogenisierungsleistung hat hier stattgefunden: die Pflicht zum Management hat uns alle, in unseren Praktiken und Mentalitäten, einander angenähert. Unser Standard ist die manageriale Subjektivität, was insofern etwas Komisches hat, als wir einerseits dem Standard entsprechen, andererseits unablässig »in search of excellence« sein sollen – beides zugleich, würde man denken, kann nicht gehen.

Für den Status, in dem wir leben, bieten sich Begriffe an, die nicht dasselbe bezeichnen, wohl aber in der Summe ein Dispositiv erkennbar werden lassen: »Gouvernementalität der Gegenwart«, »Der neue Geist des Kapitalismus«, »Kognitiver Kapitalismus«. Man kann diesen Begriffen ohne großen Aufwand einen positiven Dreh geben und hätte schon den Anschluss an die Zukunftsvisionen der Politik geschafft, etwa so: »Kognitiver Kapitalismus – lebenslanges Lernen macht Dich fit für die Wissensgesellschaft.« Man kann das Manager-Dispositiv als gut verschleiertes Diktat begreifen oder als unvermeidliche Artanpassung an die Bedingungen einer Welt, in der, wie man hören kann, Wissen das neue Erdöl ist. Uns interessiert hier lediglich die Frage, wie wir *sein sollen* und wem es mit welchen Mitteln gelingt, dass wir sind, wie wir sind, wie wir sein sollen. Uns interessieren die rhetorischen und disziplinarischen Praktiken, mit denen wir auf Kurs gebracht und gehalten werden. Uns interessiert der Lehrplan unserer eigenen Governance. Und uns interessieren die Geschichten, die wir den anderen und die die anderen uns erzählen, um uns und sie glauben zu machen. Das Glaubenmachen ist zu einer Kernkompetenz des Managers geworden. Er muss den Stakeholdern und »Anspruchsnehmern« erzählen können, dass wir »gut aufgestellt« sind, und nur wenn seine Erzählungen verfangen, wird es neuen Kredit geben. Der neue Manager: ein Storyteller, ein Performer, ein Übertreibungskünstler, ja überhaupt ein Künstler.

2.6 New Public Management.
Tony Blair und die Bürokratie des »Dritten Weges«

Politik und Verwaltung haben in den zurückliegenden Jahrzehnten immense Anstrengungen unternommen, um »Bürokratie abzubauen«. Wer den expansiven keynesianischen Wohlfahrtsstaat mit seinem – wie es hieß – monströs aufgeblähten öffentlichen Dienst bekämpfen wollte, wusste die nicht verbeamteten Teile der Wählerschaft hinter sich. Ausgerechnet das Management sollte helfen, den Verwaltungen den Weg aus der Bürokratie zu weisen. Nicht nur drängte auf einmal die öffentliche Verwaltung zum Management, es drängten auch die Manager in die öffentliche Verwaltung – »weil der Manager in der Privatwirtschaft schon funktionslos geworden ist«.[121]

Die Idee der Post-Bürokratie, also einer weithin auf manageriale Praktiken und Sprachregelungen umgestellten öffentlichen Verwaltung, stammt aus Großbritannien. Dabei greift sie Vorstellungen auf, die sich früher schon in den USA im neokonservativen Milieu gebildet hatten: antietatistische, gegen den Wohlfahrtsstaat gerichtete und an der Privatwirtschaft orientierte Ideen vom schlanken Staat. Was die Labour Party bei ihrem Wahlsieg 1997 von den Konservativen erbte, war eben dies: ein von Margaret Thatcher und ihrem Nachfolger durch immer neue Verschlankungen und Privatisierungen hindurchgetriebener und weitgehend verwahrloster öffentlicher Dienst. Die Bahn, die Gefängnisse, das Gesundheitswesen, die Schulen und andere öffentliche Einrichtungen waren Opfer einer Politik geworden, die ihnen ein weiteres Existenzrecht nur für den Fall zubilligten, dass sie sich den Praktiken der managerialen Privatwirtschaft unterwarfen. New Labour wollte und musste etwas anderes sein als Old Labour, exakt jene politische Kraft, unter welcher der Wohlfahrtsstaat alten Typus erblüht und schließlich kollabiert war. New Labour musste und wollte ebenfalls etwas anderes sein als die Neue Rechte, nämlich die neokonservative Achse Reagan-Thatcher mit ihrem von Thatcher auf die einprägsame Formel »There is no such thing as society« gebrachten Ressentiment gegen die Gesellschaft als ganze.

Was genau wollte New Labour? Man kann es nachlesen im berühmt gewordenen Wahlprogramm der 1997er-Wahl.[122] »Einen Vertrag mit den Bürgern« bietet Tony Blair ganz persönlich an. New Labour sei eine Partei von Ideen und Idealen, nicht aber von altmodischen Ideologien. Die Ziele seien radikal. Die Mittel würden modern sein. Es ist ein optimistisches Brio in Blairs Worten. Die Zukunft bietet Herausforderungen (»tough and dangerous challenges«), für die man sich fit machen muss. Dogmatismus, wohl ein Kennzeichen von Old Labour, hilft nicht weiter. Die neue Welt ist nämlich ganz »anders«. Sie ist so komplett anders, dass man sie nur noch durch lebenslanges Lernen und permanenten Change in den Griff bekommt; wahrscheinlich aber auch dann nicht. Es gibt, bei New Labour und überhaupt in der damaligen Rhetorik des Dritten Weges, die fixe Idee, die Globalisierung müsse zunächst als vorwaltende Realität anerkannt, könne dann aber durch sozialdemokratische Politik ein bisschen gezähmt werden. Die Strategie der doppelten Abgrenzung – gegen neurechts wie altlinks – zieht sich durch das gesamte Manifest. Seinen Höhepunkt findet es in dem Paragrafen über den National Health Service (NHS).

»Das Geld für die Patienten, nicht für die Bürokratie«, fordert das Papier, ganz so, als habe eine Vorgängerregierung das Gegenteil dekretiert. Wer hatte die Bürokratie eingeführt? Der NHS, eine Gründung der Labour-Regierung im Jahre 1948, war von den Konservativen in ihrer Regierungszeit ab 1979 teilprivatisiert und, wie New Labour sagt, bürokratisiert worden (»20 000 neue Manager, 50 000 Krankenschwestern weniger«). New Labour, sagt das Manifest, werde die Kosten senken, indem es die internen Markt- und Konkurrenzprozesse zwischen den Kliniken wieder abschafft. Den Patienten werden jedenfalls schon einmal »Higher Quality Services« in Aussicht gestellt; dies erfordert für die Krankenhäuser selbst ein neues System von Qualitätsstandards, für deren Erreichung das jeweilige Management zur Verantwortung gezogen wird. Auch eine neue »Patienten-Charta« soll es geben, die Qualität und Erfolg klinischer Leistungen beschreibt. Während die Konservativen mit einem Efficiency Index nur die Zahl der sogenannten Patienten-»Episoden« maßen, sollen nun die Qualität und das Ergebnis der Behandlung gemessen werden. Die Gesundheitsbehörden werden die »outcome«-orientierte Performance der Krankenhäuser messen. Sie werden »die Wächter der hohen Standards« sein, die Dienstleistungen überwachen, Best Practices verbreiten und die weitere Verbesserung der Pflegestandards sicherstellen. Nicht Privatisierung ist, wie bei den Konservativen, das Ziel, sondern neuartige Private Public Partnerships.

Mit dieser hundertfach kopierten Rhetorik hat die manageriale Umdeutung des öffentlichen Sektors ihren Anfang genommen. Nicht von den Todfeinden des Wohlfahrtsstaates wurde sie ersonnen, sondern von seinen Rettern oder besser, seinen Therapeuten. New Labour präsentiert sich in seinem 97er-Manifest als Fitnesstrainer der großen, unvermeidlichen Veränderungen, denen wir als Realisten ins Auge zu blicken haben. Dass die Konservativen mit ihrer Radikalkur zuvor Schiffbruch erlitten hatten, machte die Mission leichter. Was immer New Labour ankündigte, geschah ja »zum Schutz« der von den Vorgängern gefledderten öffentlichen Institutionen. Zum Schutz und Erhalt des öffentlichen Sektors hat man Best Practices und Evaluationen, Performance Levels und Qualitätsstandards eingeführt; abschaffen wollten ihn stets nur die anderen. Das ist die Logik des Dritten Weges, die Logik einer Verwaltungsreform, in der die Verwaltung, wenn sie überleben will, im Mantel des Nichtstaatlichen daherkommen soll, als Agentur, als Dienstleister, als auf Kundenfreundlichkeit getrimmtes Unternehmen. Wir kennen es von der Bahn, von der Bundesanstalt für Arbeit oder von der Post. Keine der in den letzten zehn Jahren vollzogenen Umstrukturierungen oder auch nur semantischen Umstellungen wäre ohne das Vorbild von New Labour denkbar gewesen.

Es wundert daher nicht, wenn man dieselbe Sprache im Schröder-Blair-Papier von 1999 wiederfindet.[123] »Neue Konzepte für neue Realitäten«, heißt es im Titel, und dann: »Ein einziger Arbeitsplatz fürs ganze Leben ist Vergangenheit.« Aber auch dies: »Wir wollen eine Gesellschaft, die erfolgreiche Unternehmer ebenso positiv bestätigt wie erfolgreiche Künstler und Fußballspieler und die Kreativität in allen Lebensbereichen zu schätzen weiß.« Weiter liest man dann: »Die notwendige Kürzung der staatlichen Ausgaben erfordert eine radikale Modernisierung des öffentlichen Sektors und eine Leistungssteigerung und Strukturreform der öffentlichen Verwaltung. Der öffentliche Dienst muss den Bürgern tatsächlich dienen: Wir werden daher nicht zögern, Effizienz-, Wettbewerbs- und Leistungsdenken einzuführen.« Das ist bemerkenswert in diesen Papieren aus der letzten Blütezeit der Sozialdemokratie: die alte Welt, der sie so energisch den Rücken kehrt, ist offenbar von anderen Kräften geprägt worden als von ihr selbst. Effizienz, Wettbewerb und Leistung müssen erst eingeführt werden, weil offenbar die alte Sozialdemokratie wie auch bürgerliche Vorgängerregierungen ohne sie ausgekommen sind. Man wartet dann nur noch auf eine Ansage über einen neuen Regierungsstil, der sich wie folgt liest: »Der Staat soll nicht rudern, sondern steuern, weniger kontrollieren als herausfordern. Problemlösungen müssen vernetzt werden. Innerhalb des öffentlichen Sektors muss es darum gehen, Bürokratie auf allen Ebenen abzubauen, Leistungsziele zu formulieren, die Qualität öffentlicher Dienste rigoros zu überwachen und schlechte Leistungen auszumerzen.«

Das klingt nicht freundlich und deutet auf eine gewisse Unerbittlichkeit des sozialdemokratischen Modernisierungsregimes hin. Schlechte Leistungen, die offenbar ein Kennzeichen von vor-sozialdemokratischen Gesellschaftsordnungen sind, gehören »ausgemerzt«, die Qualität der öffentlichen Dienste hingegen »rigoros überwacht«, so wie ein Schwerverbrecher überwacht gehört, den man nach mehreren Ausbruchsversuchen in den Hochsicherheitstrakt eingeliefert hat. Die rigorose Überwachung soll erstaunlicherweise ohne Kontrolle vonstattengehen, sondern lediglich durch Steuerung, wenn nicht ganz allein durch den guten Geist der permanenten Herausforderung. Hier spürt man, wie oft in den Verlautbarungen der Verwaltungsreformer, den Geist des Wunders. Was Schröder und Blair hier herbeiträumen, ist, ganz in einer positiven Lektüre Foucaults, eine Regierung, die nicht regiert, sondern bloß »steuert« (aber das »vernetzt«), die statt Government nur noch Governance wäre.

Ausführlicher noch wird zu diesem Thema ein White Paper des Premierministers aus dem Jahre 1999 namens »Modernising Government«.[124] Über »Quality Public Services« lesen wir hier: »Wir werden effiziente, hochqualitative öffentliche Dienstleistungen liefern und werden Mittelmäßigkeit nicht tolerieren.« Wer ist gemeint mit diesem Null-Toleranz-Programm? Die Staatsdiener und »faulen Säcke« (Schröder), die sich auf Kosten des Steuerzahlers einen lauen Lenz machen? Hier ist sie wieder, die Schule des Verdachts. Zwar glaube, so steht es im Papier, die Regierung an den öffentlichen Dienst, aber nicht »um jeden Preis«. Deutlicher als das Wahlmanifest zwei Jahre zuvor bekennt sich das White Paper zum Managerismus als Regierungs- und Verwaltungsform. »Die britische Öffentlichkeit hat sich an ›customer choice‹ und Wettbewerb im privaten Sektor gewöhnt. Wenn unser öffentlicher Dienst überleben und gedeihen soll, muss er sich auf der Höhe zeigen, was Innovation, gute Ideen und Kostenkontrolle angeht. Vor allem muss der öffentliche Dienst effizient und effektiv die von der Regierung angeordneten Politiken, Programme und Dienstleistungen umsetzen.« Manche Sparten schafften dies bereits, sagt das Papier, andere nicht; ihnen müsste die Gelegenheit zur Besserung gegeben werden. Mit leichtem Schaudern fragt man sich, ob hier Einrichtungen wie etwa British Railway gemeint sein könnten.

Was muss sich ändern, fragt das Papier. Alles. Öffentliche Körperschaften müssten deutlicher auf die Ergebnisse fokussiert sein, die sie für »die Menschen« erbringen, sie hätten den Prozess in der Erreichung dieses Ziels zu »monitoren« und zu berichten und, vor allem, »bürokratischen Beschränkungen« aus dem Weg zu gehen. Wir müssen – und hier halten wir wieder die ganze Palette heutiger post- oder vielmehr neobürokratischer Wirkungsmittel in der Hand – zur Verpflichtung, zur Qualität und zur ständigen Verbesserung ermutigen, und wir müssen sicherstellen, dass öffentliche Einrichtungen wissen, wie sich diese Verpflichtung in Ergebnisse überführen lässt. Das gehe aber nur in Partnerschaft mit »unabhängigen Audit-Einheiten und Inspektoraten«, so dass »wir uns alle auf das Ziel konzentrieren, den Wert, den wir der Öffentlichkeit bieten, ständig zu verbessern«.

Die hier vorgeschlagenen Sprachregelungen haben in Europa die Runde gemacht wie einst die Verlautbarungen kommunistischer Führer auf Parteitagen. Sie sind überall in die Bezirkskrankenkassen, Bibliotheken, Landeskirchen und Sendeanstalten eingedrungen und haben die fixe Idee des immerwährenden Wandels angestachelt. Sind wir jetzt gut? Vielleicht besser, aber noch nicht gut genug. »We can do better«, wie wäre es also zur Abwechslung einmal mit einer kleinen Fortbildung oder auch nur einer Zwischendurch-Evaluation oder wenigstens einem neuen Formular zur Erhebung unserer Performance? »Zu oft«, heißt es im White Paper, war es eine Tendenz des öffentlichen Dienstes, an Traditionen festzuhalten. Aber »die Welt bewegt sich zu schnell, als dass dies ein effektiver Zugang wäre«. Die Welt bewegt sich, wenn das wahr wäre, auch zu schnell, um dem öffentlichen Dienst seifige Empfehlungen dieser Art zu geben. Wir hören die geschmeidige, charismatische

Stimme Tony Blairs in diesen Sätzen, das missionarische, auf Umkehr drängende und von eigener Läuterung kündende Timbre: »The best public bodies have shown an ability to innovate and improve. We need to encourage others to follow the example of the best, and to make a step change in the general standards of public services.« Wahrscheinlich war es ja damals um den öffentlichen Sektor in Großbritannien wirklich schlimm bestellt, und vielleicht ist es um ihn zehn Jahre und viele schöne Worte später nur noch schlimmer bestellt.

Nicht ohne Entsetzen liest man diese alten Pamphlete, in ihrer Mischung aus Prophetie und Strafandrohung bei Zuwiderhandlung. Was ihrer frohen und einschüchternden Botschaft zugrunde lag, war der Glaube an die Post-Bürokratie. Das Management sollte die Erlösung von den Sünden der alten Bürokratie (wie zu sehen war: Faulheit, Ineffizienz, Verschwendung und Ziellosigkeit) bringen. Gegen den bürokratischen Idealtypus Max Webers und seine tatsächlichen Degenerationen brachten neue Lehren das Total Quality Management, das Culture Management oder Matrix Management in Stellung und lösten damit große Hoffnungen bei den öffentlichen Verwaltungen aus. Hier schien sich eine Möglichkeit zu bieten, von traditionell auf modern und von defensiv auf offensiv umzuschalten. Zwar war damals wie heute nicht klar, ob es überhaupt Organisationen gibt, die es schaffen, dauerhaft nichtbürokratisch zu sein, aber das tat der Vorfreude auf einschneidende Modernisierung keinen Abbruch.

Nichtbürokratisch wäre etwa nach Charles Heckscher eine Organisation, die auf Dialog und Konsens statt auf Autorität und Befehl fußt, die eher ein »Netzwerk« wäre als eine klassische Hierarchie, die eher auf »Meta-Entscheidungen« (Steuerung) als auf Entscheidungen (Regierung) abstellt[125], die ihre Mitarbeiter nicht anweist, sondern »empowert« – aber ist das nicht genau die banale Wunderwelt des heutigen Büros, die uns eher als das höchste und letzte Stadium der Bürokratie erscheinen will? Gewiss, solche optimistischen Bekundungen können weitere hundert Jahre Managementliteratur bestücken, aber man könnte nicht sagen, dass sich ihre Rhetorik in der Wirklichkeit bislang hätte erhärten lassen. Zum Beispiel das Netzwerk, jenes von Schröder und Blair (aber im Grunde von jedem Politiker seither) dauerfavorisierte Etwas, das unsere Zukunft (»vernetzte Lösungen«, überhaupt »Lösungen«), wenn sie denn glücklich sein soll, von der Vergangenheit unterscheidet. Die Netzwerkstruktur, lesen wir an anderer Stelle, sei beispielhaft verwirklicht in der Textilkette H&M, die ihre Produktion an ca. 700 Lieferanten, vor allem in Billiglohnländern Asiens, outgesourct hat. Das erlaubt eine weit erfolgreichere »low-cost-strategy« als bei anderen Wettbewerbern, die womöglich daheim und selbst fertigen, und wir glauben es. »Netzwerk« heißt dann wohl: selbst nichts fertigen, statt dessen überall andere billig fertigen lassen, aber selbst daran verdienen. Der rasend populäre Netzwerkgedanke ist nie ganz frei von der Vorstellung, an der Arbeit, der geistigen wie der körperlichen, anderer kostengünstig und parasitär teilzuhaben.

Das mag in der freien Wirtschaft aufgehen, aber wünschen wir öffentlichen Kunden und Verbraucher uns ernstlich die vernetzte Landeskirche oder die vernetzte Krankenkasse? Es würde uns genügen, wenn sie uns in etwa den Service böten, für den wir unsere Gebühren, Beiträge und Steuern entrichten. Oft genug ist das nicht der

Fall, aber keineswegs deshalb, weil diese Organisationen nicht vernetzt genug wären. Vielleicht sind sie *zu* vernetzt, weil auch sie ihre Fertigung, also ihre Kundendienste, nach Asien gegeben haben, uns dies aber nicht gleich wissen lassen oder erst dann, wenn uns Taste 1 wieder mit Bangalore verbunden hat. Wir misstrauen den heutigen, auf Post-Bürokratie und Kundenservice getrimmten Einrichtungen tiefer, als wir der alten Bürokratie, auch wenn sie uns manchmal länger warten ließ, jemals misstraut hätten. Wir misstrauen zum Beispiel der Deutschen Bahn, die sich uns als modernes und kundenfreundliches Dienstleistungsunternehmen darbieten und sich gleichzeitig immerfort »fit für den Börsengang« machen will. Beides zusammen wird nicht gehen, sagt uns ein nicht unbegründeter Verdacht. Wir haben nämlich unsererseits auch einen Verdacht, so wie uns die Governance-Politiker vom Schlage Schröder/Blair samt ihren Nachfolgern mit einem Verdacht begegnen.

Man weiß nie genau, wie taufrisch die jeweiligen Radikalkuren sind, die dem öffentlichen Dienst zur Heilung und Bewährung verordnet werden; das Total Quality Management etwa, das Mitte der neunziger Jahre dort ankam, war in der Privatwirtschaft offenbar schon damals seit einem Jahrzehnt passé. Entscheidend ist aber gar nicht, dass ein bestimmtes Set von Methoden tatsächlich Anwendung findet; entscheidend ist vielmehr die starke Ankündigung, dass ab sofort durchgegriffen werde. Mit New Labour hat sich der Furor der bloßen Ankündigung (»Null Toleranz für Faulpelze!«) als politisches Wirkungsmittel etabliert. Die Spin Doctors, auch sie eine Entdeckung von New Labour, wussten früh, dass, wie bei der Börse, die Ansage allein es ist, die im permanenten Kampf um den Wähler für Phantasie sorgt. New Labour hat die Pflege der jeweils gängigen Rhetorik als politisches Stilmittel und schließlich als Wirklichkeitsersatz in neue Höhen getrieben. Neoliberale und technokratische Ansätze durften dabei um keinen Preis neoliberal und technokratisch aussehen; sie mussten anschlussfähig bleiben für das »Projekt der Linken«, was immer dies dann noch zu bedeuten hatte.

Manche Kritiker haben früh im Blick auf New Labour von einem »Thatcherismus mit menschlichem Antlitz« gesprochen.[126] Die Linke hatte wichtige Teile der Thatcher-Ideologie adaptiert und zugleich vermittels einer »linguistischen Operation«[127] in ihr Gegenteil verkehrt. Was unter Thatcher zynisch klingen konnte, klang unter Blair nun religiös-charismatisch, war aber immer noch zynisch. Modern sein hieß nun, die konservative Revolution umzuwerten, hieß, ihr Wasser auf die eigenen Mühlen zu lenken. Der City-Banker, Liebling der Konservativen, konnte Liebling auch der neuen Linken bleiben, nur dass sein Spaß am Geldverdienen nun unter »Kreativität« verbucht wurde.

Man hat diesen neuen Realitäts-Sinn der Linken oft genug als Pragmatismus gelobt. Links und pragmatisch in diesem Sinn ist demnach, wer nicht länger an Systemfragen rührt, sondern statt dessen dem Wahlvolk verlässlich den Eindruck vermittelt, die Linke habe für die verbliebenen Probleme das überlegene Management. Zwischendurch bietet sich an, mit Hilfe der Spin Doctors die eine oder andere Neuerfindung der eigenen Position vorzunehmen. Zugleich herrscht ein frappanter Unernst, was Fragen der Realpolitik angeht. Korrekturen an der Frisur reichen, so scheint es, schon aus, um die Suggestion eines neuen Menschen und einer neuen Gesellschaft zu erzeugen. So konnte es geschehen, dass seit Mitte der neunziger Jahre und mindestens bis zur Finanzkrise 2008 Sozialdemokraten selig vom Markt schwärmen konnten, in England stets noch ein bisschen mehr als in Deutschland. Es ist das Renegatenhafte und frisch Bekehrte in dieser neuen Markt-Begeisterung, das den sozialdemokratisch gefärbten Neoliberalismus fast schon unerfreulicher aussehen lässt als ungeschminkt neokonservative Positionen.

Dieser neue Trend nannte sich Entrepreneurial Governance oder »unternehmerisches Regieren«, und seine Merkmale sind zugleich die unseres Büroalltags: die Herrschaft der Berater, der Wettbewerb zwischen verschiedenen Dienstleistern, der Dreh hin zur »Gemeinschaft« (der Steuerzahler, der Public Value), denen unsere Dienstleistungen gelten, die Ersetzung von Autorität durch »partizipatorisches Management«, die Neuentdeckung des Kunden, der unsere Dienste konsumiert, und endlich die weitgehende Verdrängung administrativer zugunsten managerialer Mechanismen. Das sind die Umrisse der neuen, nur scheinbar linken Staatsverwaltung im Geiste des Unternehmertums, zumindest auf dem Papier. Stuart Hall, ein führender Kritiker von New Labour, hat es so formuliert: »Die Marktförmigkeit ist nun in jedem Bereich des Regierens verankert. Diese stumme Revolution in der *governance* verbindet nahtlos den Thatcherismus mit *New Labour*.«[128] Bei Thatcher konnte man die Marktideologie neokonservativ oder neoliberal nennen, bei New Labour ist sie technokratisch und immer noch neoliberal; in beiden Fällen sind die autoritären Züge des Managerismus unverkennbar. Doch kann man auch hier wieder einen merkwürdigen Spin in der Art beobachten, wie sich der autoritäre Charakter des Staatsmanagements geltend macht. Die thatcheristischen Methoden – drohen, einschüchtern, verhandeln – ließen sich noch dem klassischen politischen Machtgebrauch zurechnen, die Methoden von New Labour hingegen geben ihre Herkunft aus Werbe- und Marketingstrategien unschwer zu erkennen. Das Autoritäre der neuen Lehren und Forderungen ist nicht gleichzusetzen mit Paternalismus; es ist autoritär ohne Autorität, ja ohne Autor. So haben es ja Blair und Schröder versprochen: steuern, statt zu rudern. Zu den Listen dieses neoautoritären Stils gehört, dass er sich selbst für antiautoritär und aufmüpfig hält, dabei aber unerbittlich an der Konsensproduktion arbeitet. Das bisschen strategische Planung, die Evaluationen und Standards, Kontrakte und »Nachhaltedialoge«, die dieser Stil uns abverlangt, sind für ihn nicht Ausdruck von, sondern Ersatz für Autorität. Das neue Management-Regime führt uns nicht am Gängelband, sondern an der langen Leine; Hauptsache es führt uns.

In Großbritannien hat man Ende der neunziger Jahre dieses System der freundlichen, konsensualen und immer schon streitfreien Bevormundung zum New Public Management erkoren. Von nun an sind wir alle Unternehmer, gleich in welchem Büro wir unseren Dienst verrichten. Nicht weil unsere Gehälter über Nacht unternehmerisch geworden wären, sondern weil unser Denken unternehmerisch ist. Weil wir Unternehmer sind, haben wir mit Kunden oder Konsumenten zu tun. Ebenfalls zu diesem Geschäftsmodell gehört die Vorstellung, dass wir Eigner von Projekten und Prozessen sind. Der realen Entmächtigung korrespondiert ironischerweise ein Diskurs, der uns immer neue Eigentumsrechte und -pflichten aufdrängen will. Stuart Hall hat es in seiner Abrechnung mit den Errungenschaften von New Labour schon früh auf den Punkt gebracht. Das New Public Management ersetze »professionelles Urteil und professionelle Kontrolle durch en gros importierte Mikro-Management-Praktiken wie Audit, Inspektion, Monitoring, Effizienz und value-for-money«[129]. Aber das war ja ein Ziel der Zeitgeist-Offensive von New Labour: die Abschaffung oder wenigstens Schwächung des Experten und seines Wissens zugunsten des jederzeit kampagnenfähigen und darstellungsfreudigen Managers.

Wer nicht nur Tag und Nacht an seine Performance denkt, sondern noch mehr an die Performance der Performance, also darüber, wie man launischen und zunehmend nach Neuigkeit gierenden Zuwendungsgebern den eigenen Nutzen fasslich macht, der sollte unbedingt die Geschäftsführung übernehmen, als gewissermaßen oberster Spin Doctor seiner Behörde. Das hierfür erforderliche Fachwissen erwerben wir uns schnell im Grundstudium der Betriebswirtschaftslehre, wo man uns rasch die Regeln einer am Storytelling orientierten Unternehmensführung vermitteln wird.

Auf diese Weise haben New Labour und New Public Management weit über ihren ursprünglichen Einzugsbereich hinaus die Kultur des öffentlichen Sektors verändert. Es ist eine Kultur, die, ohne autoritär aufzutreten, keinen Widerspruch duldet oder die den Widerspruch für absurd erklärt – wie und warum sollte man auch Instrumenten widersprechen? Es ist eine Kultur, in der etwa die Anerkennung von Arbeitsleistungen über »Smilies« erfolgt und in der ich das kaum noch merkwürdig finde. Es gibt, wie Stuart Hall bemerkt hat, längst einen neuen ökonomistischen, computergestützten Denkstandard, der kommenden Generationen vielleicht gar nicht mehr als historisch gewordener auffallen wird. Wir können und dürfen über alles diskutieren, aber nicht über das Betriebssystem der neuen Bürokratie. Die Prinzipien unserer Governance waren vielleicht so nie gewollt und nie beabsichtigt, und wir beherrschen sie vielleicht nur inkonsequent oder fehlerhaft, aber sind, wie man immer hört, »gesetzt«. Wollen wir denn etwa zurück? Wohin zurück? In die prämanageriale Welt? Ja, warum eigentlich nicht, oder noch viel lieber gleich in die postmanageriale Welt.

Was New Labour so erfolgreich werden ließ, war auch der Optimismus, der Glaube an die Machbarkeit, die Begeisterung für »Tools« und Techniken, kurz, an die Optimierbarkeit von Menschen und ihrer Arbeit durch Prozesse. Dagegen möchte man dringend den Pessimismus und den Sinn für das Tragische in Erinnerung rufen. Es gehört wohl zu den wahrhaft tragischen Aufgaben, große öffentliche Projekte wie das Gesundheitswesen, die Staatsbahn, die Universitäten oder die Gefängnisse zu verwalten, Aufgaben, bei denen man nur mehr oder minder ehrenhaft scheitern und sich der Kritik aller Parteien stets sicher sein kann. John Clarke, einer der intelligentesten Kritiker der Management-Obsession von New Labour, hat es so formuliert: »Im Gegensatz zum Großteil des heutigen Managementdiskurses mit seinem ›heroischen‹ Bild vom change-begeisterten Unternehmensführer, der ständig auf der Suche nach Exzellenz ist, denke ich, eine ›tragische‹ Perspektive beschreibt besser die Position des öffentlich Angestellten, für den das erste Attribut wohl die Frustrationsresistenz ist. An Stelle der schimärenhaften Jagd nach fehlersicheren Prozeduren und ›totaler Qualität‹ wären öffentliche Bürokratien besser beraten, nach Lösungen zu suchen, die ›gut genug‹, also eher ›befriedigend‹ als ›optimal‹ sind.«[130]

Seltsam: erklärte mir morgen ein Chef, ich sollte nach diesen Grundsätzen agieren – mein Vertrauen in das Büro wäre rasch wiederhergestellt.

KAPITEL 3

Pathologien des Gegenwartsbüros

3.1 Neue Steuerungslehre

Im ersten Kapitel war ein Arbeitstag zu besichtigen, mein (oder irgendeines anderen Angestellten) Arbeitstag nicht in einem Unternehmen, sondern in einer Einrichtung, die, wie alle anderen Einrichtungen des öffentlichen Sektors auch, inzwischen nach den optimistischen Grundsätzen und Methoden des Public Service Management operiert. Verwaltung, so konnte man sehen, gehört nach der neuen Lehre der Vergangenheit an. Verwaltung klingt inzwischen per se negativ, ganz so wie in dem beliebten Sportreporterspruch, nach dem zum Beispiel der FC Bayern »seinen Vorsprung nur noch verwaltet«. Wie anders sähe es aus, wenn der FC Bayern seinen Vorsprung statt dessen managen würde? Wir sind alle, war das Resümee, ob wir wollen oder nicht, Manager. Ich nannte diesen gegenwärtigen und unbefristeten Zustand die »neue Bürokratie«, eine Bürokratie neuer Ordnung, die, angetreten in der Absicht, die alte Bürokratie zu zerschlagen, eine neue gezüchtet hat, die zeitaufwendige und selbstbezogene Managerial- und Reformbürokratie der Ziele, Standards, Instrumente, Best Practices und Evaluationen, unter der wir heute stehen.

Im zweiten Kapitel ging es um die Frage, wie und warum es zu dieser erzwungenen Abdankung der alten Bürokratie kommen konnte. Wann hatte die alte Verwaltung ausgedient, und was hatte man ihr vorzuwerfen? Wenn der Bürokratieabbau heute zur politischen Maxime geworden ist, müsste das Todesurteil über die alte Bürokratie aktenkundig sein. Viel spricht dafür, dass es die antietatistischen, neoliberalen Strömungen der angloamerikanischen Politik seit den siebziger Jahren waren, die das Vertrauen in Korporationen, privatwirtschaftliche wie staatliche, unterminiert haben. Wir haben zurückgeschaut auf New Labour und den sogenannten Dritten Weg der europäischen Sozialdemokratien, der die von Thatcher und Reagan begonnene Arbeit der staatlichen Entstaatlichung wirkungsvoll zu Ende gebracht hat. Wir haben einen Blick auf die Kulturgeschichte des Managers geworfen, der nach dem Zweiten Weltkrieg als junger Veteran und ziviler Wiedergänger der erfolgreichen amerikanischen Kriegsführung die Bühne betritt. Man konnte sehen, wie dem Kulturtypus des Corporation Man von Beginn an ein Moment der Depression innewohnte. Sein Leiden heißt Entfremdung, aber der Manager wird sich von ihm befreien und sich, beflügelt von der amerikanischen Kultur des Charismas und des positiven Denkens, über die Jahrzehnte in einen fröhlichen Business-Anarchisten verwandeln. Der Manager, inzwischen geschult in Niederlagen, ist vom Soldaten zum Business-Punk mutiert. Im Wandel des Managers vollzieht sich die Geschichte der Individualisierung und Subjektivierung der Regierungsformen, die Michel Foucault als »Gouvernementalität« bezeichnet hat. Die Subjektivierung des Büromenschen – keiner ist mehr Herdentier, aber allen ist der

Gehorsam über Instrumente der Steuerung eingepflanzt – löst das alte, schauerliche Dispositiv des Scientific Management ab, das sich in Kafkas und Orson Welles' Büroalbträumen beobachten ließ. Kafkas *Process* steht seinerseits an der Schwelle zweier Ordnungen: dem hierarchischen Prinzip der alten Bürokratie und der neuen Modalität einer bedingten Freiheit, in dem mir selbst meine Henker immer nur behilflich sein wollen.

Schluss jetzt aber, ermahne ich mich, mit dem Lamento über die neue Bürokratie. Wie lange noch wollen Change-Legastheniker[1] wie wir die Optimierung der Prozesse behindern? Natürlich, die Organisation ist offiziell für Kritik dankbar, ja sie lebt geradezu davon, dass die Mitarbeiter Kritik üben. Schlimm sind, wie es heißt, nur die, die ihre Kritik gar nicht äußern, sondern sie gleich in Form von Arbeitsverweigerung praktizieren. Danke also für die Kritik, aber das wird selbstverständlich die Verantwortlichen nicht davon abhalten, die einmal und erfolgreich eingeführten Instrumente auch weiterhin zu verwenden oder sogar neue und verbesserte zu erfinden. Das ist interessant: alle sind zur Kritik eingeladen, aber »der Zug« ist leider immer »schon abgefahren«, wenn wir noch glauben, über Reisewege und -richtungen mit entscheiden zu können. Die Kritik am Regime der neuen Bürokratie ist zulässig, ja erwünscht. Sie darf sich aber stets nur innerhalb der Grenzen der reformbürokratischen Verfassung bewegen. Den Eid auf die neue Büroverfassung haben wir freilich nie abgelegt; und es kamen die neuen Instrumente auch gar nicht als Verfassung daher, der wir hätten zustimmen können oder nicht. Es waren ja, wie es immer schön verharmlosend heißt, »nur Instrumente«, die uns ein bisschen das Arbeiten erleichtern sollten, benutzerfreundliche, die Usability fördernde kleine Diener[2] unseres Büroalltags.

Ich bin zu deiner Entlastung gekommen, spricht der Büro-Diener, aber ist es nicht so, dass uns der Diener zum Gebrauch seiner Dienste zwingt? Wir dürfen uns *nicht nicht* bedienen lassen – könnte man diese Figur nicht beinahe als das Grundgesetz des Dieners/Helfers, nicht mehr der leiblichen, sondern der elektronischen Funktions- und Format-Diener, betrachten? Zu unserer Unfreiheit gehört, dass wir gezwungen sind, von Diensten Gebrauch zu machen.

Früher gab es das Regime der Vorschriften, jetzt gibt es das Regime der Programme. Ein Wandel hat stattgefunden: von explizit zu implizit, von bewusst zu unbewusst, von gegenständlich zu immateriell, von autoritär zu (schein)-partizipativ. So wie den modernen Lebensmitteln herstellerseitig Zusatzstoffe beigegeben werden, ist der Bürotag werkseitig voreingestellt auf Formate und Instrumente, die unser Tun in bestimmte kognitive Bahnen lenken sollen und aus denen ein Ausstieg nicht vorgesehen ist. Die Werkseinstellung soll uns ja nur helfen, noch besser unsere Ziele zu erreichen. Wir sollen nicht so neugierig sein, das Innenleben unserer vielfältigen Bürodiener zu erforschen; es genügt, wenn wir uns zu ihnen als User verhalten.

Man kann die neue Bürokratie ebenso wie ihre Vorgängerinnen als Regime bezeichnen. Damit ist der Umstand bezeichnet, dass Macht ausgeübt wird, nämlich von »Prinzipalen« auf »Agenten«.[3] Das Wort Regime deutet freilich auf eine Form der Herrschaftsanmaßung und -ausübung, die undemokratisch ist. Wer Regime sagt, meint Willkürherrschaft, usurpierte Macht, Missachtung bürgerlicher Freiheiten und anderes. Wir meinen aber nicht die Vorstellung vom bürokratischen Regime als einer Junta von Machthabern, die Recht brechen oder in ihrem Sinne interpretieren. Eher kommt hier Foucaults Begriff des »Wahrheitsregimes« in Betracht: die Wahrheit, etwa die der modernen Organisation, kommt in einem Aggregat von wissenschaftlichen Sätzen, Verfahrens-Vorschriften, diskursiven Routinen und disziplinarischen Regeln zum Tragen, das, ganz ohne explizite Machthaber, als Regime wirkt und das Büro-Subjekt auf einen Kurs bringt, den es für seinen eigenen halten soll. Widerstand und Widerspruch sind auch deshalb zwecklos, weil es keinen Adressaten der Beschwerde gibt. Auch die Spitze der Organisation wird gesteuert, selbst oder gerade wenn sie sich selbst und alle anderen steuert. Denn das Regime der Steuerung ist zum einen politisch gewollt und über alle Behörden verhängt und zum anderen in den angestellten Individuen als persönliches Ziel verankert. Die Ausübung des Regimes und sein Fortbestand werden somit gewährleistet durch Makropolitik und Mikropolitik zugleich, durch einerseits gesetzliche Vorschriften und Erlasse und andererseits durch Kontrakte auf individueller Ebene, die sicherstellen, das alles Sinnen und Trachten im jeweils kleineren Maßstab die allgemeine Zielsetzung spiegelt.

So hört man sich mit wachsendem Gleichmut seit Jahren dieselben Reden an, in denen gesagt wird, dass sich die Welt nun einmal verändert habe, dass die Verwaltungen sparen müssten, dass sie aber durch Sparen und Umstrukturieren letztlich ihren Job viel besser und effizienter machen würden als zuvor und dass sie anderenfalls zum Aussterben verurteilt wären. Man weist in diesen Reden auf die besondere Bedeutung von Instrumenten hin, ebenso auf die Wichtigkeit von »lebenslangem Lernen« und, sagen wir, »passgenauer Implementierung«. Ist es nicht bemerkenswert, dass der ganze Change-Prozess, der ja eigentlich eine fantastische Heils-, Erweckungs- und Umkehrgeschichte darstellt, mit der tranigsten aller möglichen Rhetoriken einhergeht? Dass die ganze herrliche Vorstellung des Dinge-anders-Machens einhergeht mit der konventionellsten, ödesten Sicht auf die Welt? Der neoliberale Reformdiskurs hat alle einstmals nonkonformistischen Ideen vom Wandel, von der Reform und vom Anderswerden gekapert und für seine Zwecke umgerüstet. Was nunmehr im Diskurshandel von solchen Ideen übrig ist, sind nur noch Attrappen.

So hat sich in den reformbürokratisch gelifteten neuen Verwaltungen eine Mythologie breitgemacht, an die eigentlich keiner glaubt, die aber, mangels besserer Ideen und aufgrund des hohen Anpassungs- und Konformitätsdrucks, als Wahrheitsregime funktioniert. Zum Kernbestand unserer Transformationsregimes gehören die Wörter Ziel, Optimierung, Strategie, Kommunikation, Change, Qualität, Nachhaltigkeit, Netzwerke, Instrumente, Projekt, Steuerung, Performance, Standards, Evaluation. Mit diesem Bündel Wörter kann man sich im Grunde schon ganz gut durchs Büroleben bluffen. Es wäre alles vielleicht noch zumutbar, wenn wir eine Firma wären, aber wir sind es nicht. Mit dem New Public Management ist der Unterschied zwischen Business und Verwaltung weithin kassiert worden – schlecht für die, die einmal für die Arbeit in einer Organisation optiert haben (und dafür Einkommenseinbußen in Kauf nahmen), die nicht Business ist. Die businesslogisch verwandelte Organisation, ob es nun Stadtwerke sind oder Krankenhäuser, Gefängnisse, Schulen, Universitäten, Armeen oder Museen, muss ihre Leistung und ihren Erfolg nun anhand von Parametern nachweisen, die ihrem Wesen fremd sind, oder anders: um Leistung und Erfolg nachweisen zu können, muss sie ihr Wesen ändern. Der Widerstand, der der Geschäftslogik in öffentlichen Einrichtungen bisweilen (noch) entgegenschlägt, rührt daher, dass die Kultur der öffentlichen Einrichtung die Businessorientierung nicht vorsah, dass sie als Matrix auf diese Einrichtungen nicht passt und dass sie vom Stamm der Mitarbeiter auch gar nicht beherrscht wird. Denn wer von uns wäre denn auch ein richtiger, ein gelernter Manager? Eingestellt hat man uns seinerzeit, weil wir den Eindruck erweckten, über Sachkenntnis und Organisationstalent zu verfügen; von Management war damals noch nicht die Rede. Die einzigen Management-Profis sind die paar Organisationsentwickler, der Rest ist Anmaßung, Simulation und Semantik.

Man findet hier und da noch einen intellektuell grundierten Hochmut gegenüber der vorherrschenden Ideologie des Managements. Jeder weiß oder ahnt, dass hier Machtfragen im Raum stehen. Es geht, wie immer in hundert Jahren Management, um den Kampf zwischen den Verfahrensspezialisten auf der einen und den Fachleuten, Praktikern und Gelehrten auf der anderen Seite. Es geht um die Frage, wie die Organisation organisiert sein soll, um Deutungs- und Entscheidungsmacht. In der Defensive befinden sich dabei seit längerem die Konservativen – wenn man so diejenigen bezeichnen will, die nicht recht an den managerialen Change glauben. Sie trifft gern der Vorwurf, »retrograd, altmodisch, elitär, change-resistent und grundsätzlich aus der modernen Welt ausgeschert« zu sein.[4] In der Tat, was verteidigen wir, wenn wir das »alte«

Büro verteidigen? Man sollte besser nicht die alte Bürokratie verherrlichen, nur weil man die neue ablehnt. Man sollte sich besser nicht gegen die neue Bürokratie stellen, wie sich einst der linke Flügel der Sozialdemokratie gegen die »Agenda 2010« stellte. Unangenehm wäre die Vorstellung, man fände sich mit der Kritik am neoliberalen Managerismus unversehens in Übereinstimmung mit Positionen der Linkspartei. Die Gefahr ist indes nicht allzu groß: alle Parteien sind heute gegen Bürokratie, selbst diejenigen wie die Linke, aus deren Erbgut die Bürokratie nicht wegzudenken ist. Gäbe es die DDR mit ihrem Politbüro und ihrer Planwirtschaft noch, sie würde gewiss von McKinsey beraten.

Das Prinzip Manager, das heißt, der Führungsanspruch und -auftrag über Prozeduren, Instrumente und neuerdings verstärkt auch wieder über Charisma, ist universell geworden. So ist auch das eigene Selbst zur Firma geworden, das mit den Mitteln der bürokratischen Kontrolle gemanagt und optimiert wird. »Selbstmanagement« ist kein böser Traum, sondern ein Geschäftsfeld.[5]

Die Geschichte des Managers, also jenes neuartigen, oberhalb der alten Berufe angesiedelten oder in sie eingedrungenen Spezialisten fürs Allgemeine, zeigt, wie die Manager erst die Firmen erobern, später dann die Verwaltungen des Staates und schließlich die Subjekte selbst. Nichts anderes hatte Peter Drucker 1954 prophezeit, als er schrieb, das Management sei die folgenreichste Erfindung des 20. Jahrhunderts. *Das Regime der Manager,* so der Titel von James Burnhams 1941 erschienenem Klassiker der Büroliteratur (*The Managerial Revolution*), bringt in seinen Kapitelüberschriften die neue Lage auf den Punkt: »Die Manager auf dem Wege zur Herrschaft«, »Die Wirtschaftsordnung des Managerstaates« oder »Die Manager verlagern den Sitz der Souveränität«.[6] Die alte Idee der berufsständischen Professionalität ist unter dem Einfluss der Manager der Vorstellung gewichen, dass professionell ist, wer Prozesse erfolgreich managt.

Unsere These war, dass die Herrschaft der Manager über neue Formen bürokratischer Kontrolle ausgeübt wird, wenngleich sie die Überwindung alter bürokratischer Hemmnisse verheißt. Die Form der gegenwärtigen Bürokratie, so könnte man es zuspitzen, ist der Bürokratieabbau. Die Reform der Bürokratie hat uns in die Reformbürokratie geführt.[7] Es gibt bis jetzt keine Entbürokratisierung, die zugleich eine Reform ist. Es gibt nur die neue Bürokratie als Update der alten. Der Manager kann einerseits als das schlechte Gewissen der alten Bürokratie fungieren, andererseits desto ungebremster eine Bürokratie neuen Stils etablieren. »Der Manager«: wir meinen nicht nur den Mann, den Roger Willemsen einmal am Flughafen beim Handy-Telefonat belauscht hat, »… in der consulting practice machen wir das als knowledge management und utilisation im Rahmen von workshops … hör auf, das ist ein Sales Legastheniker … klar … kein Thema«.[8] Wir meinen die Organisationsentwickler und Change Agents, die unseren Büroalltag auf Effizienz hin optimieren wollen, indem sie uns immer neue Instrumente an die Hand geben, die uns das Leben erleichtern, vor allem aber bürokratische Kontrolle ausüben sollen. Bürokratische Kontrolle, über Qualitätsstandards, Indikatoren, Ziele, Evaluationen und andere Komponenten im großen Fundus der zeitgenössischen Mess- und Regeltechnik, vollendet den Gedanken der Weberschen rationalen bürokratischen Herrschaft, indem sie ihn verzerrt.

Nicht länger verfahren die Büro-Beamten nach Maßgabe ihrer Erfahrung und Urteilsfähigkeit: Sie werden statt dessen strategisch gesteuert, was einen Unterschied ums Ganze darstellt. Neue, das heißt, instrumentengesteuerte, von Managern überwachte, insgesamt aber unpersönliche, scheinbar nichtautoritäre bürokratische Kontrolle ist, so hat es schon 1979 Richard Edwards erkannt, die Form, in der sich kapitalistische Macht organisiert. »Vor allem«, schreibt er, »hat bürokratische Kontrolle den Gebrauch kapitalistischer Macht institutionalisiert, indem sie den Anschein erweckte, dass die Macht gleichsam aus der formalen Organisation entspränge. (...) Indem es eine Gesamtstruktur etablierte, gewann das Management die Kontrolle über die betrieblichen Operationen. Nachdem einmal die Ziele und Strukturen etabliert waren, konnte das System nach seinem Willen operieren.«[9] Man könnte meinen, so Edwards weiter, dass bürokratische Kontrolle, wie sie irgendwann bei IBM und Ford, dann in Schulen, Kirchen und Universitäten etabliert wurde, die erste Organisationsform kapitalistischer Macht sei, die sich erfolgreich gegen Opposition immunisiert habe. In der Tat: die bürokratische Kontrolle hat sich, auch dank des Computers und seiner Software, derart universalisiert, dass man sie kaum mehr als solche erkennt. Sie ist, weit über den Computer hinaus, zu unserem Betriebssystem geworden – und wie wollte man sich Opposition gegen ein Betriebssystem vorstellen? Und wie sollte man sich Opposition zu Systemen vorstellen, die x-fach zertifiziert, approbiert, akkreditiert sind, die den Standard oder gar die Best Practice verkörpern?

Nicht mehr rudern, nur noch steuern, hatten Schröder und Blair euphorisch propagiert, ganz so, als täten die Arbeit fortan die anderen. Die Manager haben rasch erkannt, dass in den öffentlichen Verwaltungen seit Anfang der achtziger Jahre Reform- und Reformrhetorikbedarf bestand, und er hat sich, da er in der Wirtschaft allmählich überflüssig wurde, den Verwaltungen äußerst erfolgreich als Problemlöser und Optimierungs-Sherpa angedient.[10] Als »Sozialfigur der Gegenwart« ist der Manager, genauso wie sein Bruder im Geiste, der Berater, unentbehrlich geworden, wenn nicht als Problemlöser, dann ganz bestimmt als Problemlösungsversprecher in chronisch klammen und defensiv-verdrossenen Verwaltungen.

Wenn man darangeht, die Geschichte des Steuerungswesens in Deutschland zu erforschen, stößt man bald schon auf den Namen von Gerhard Banner. Seine bahnbrechenden Schriften wie »Von der Behörde zum Dienstleistungsunternehmen« oder »Haushaltskonsolidierung durch Aufgabenkritik und Sparmaßnahmen« haben in den deutschen Verwaltungen die Runde gemacht.[11] Als langjähriger Leiter der Kommunalen Geschäftsstelle für Verwaltungsmanagement hat der Sozialdemokrat Banner die Managerialisierung der öffentlichen Verwaltung in Deutschland maßgeblich beeinflusst und vorangetrieben. Ohne selbst Manager zu sein und auch ganz ohne die auftrumpfende Attitüde von New Labour hat er die Modernisierung des deutschen Gegenwartsbüros durch bürokratische Kontrolle energisch befördert. Erst waren es die Kommunen, dann die Länder, und wenn 2005 im Koalitionsvertrag der großen Koalition der Bürokratieabbau und, zunächst einmal, die »Messung von Bürokratiekosten« zum Regierungsziel erklärt wurden, dann ist das nicht zuletzt auf Gerhard Banners Wirken zurückzuführen. Die Verwaltungsmodernisierung nach Banners Modell verläuft von der klassischen Administration zum Management und zur Governance. Auf Bundeskongressen wie »Gute Verwaltung begeistert« in Köln 2010 kann man die Ergebnisse besichtigen.[12] »In einer Podiumsdiskussion, drei Strategie- und Best-Practice-Foren sowie einem Plenumsbeitrag wurden anschließend auf der Tagung neue Entwicklungen rund um das Thema Qualitätsmanagement in Bund, Ländern und Kommunen präsentiert und diskutiert.« In den Diskussionsforen ging es um »Strategien des Qualitätsmanagements« (»Bilden und Umsetzen von Strategien – zehn Gebote für Führungskräfte«), um »Selbstbewertung«, »Qualität und Leadership« (»QM-Instrumente und deren Verzahnung«), um den »Mehrwert von QM für Behördenleitungen« und den »Lange(n) Weg zur Excellence«. Im Forum »Qualität und Leadership« gab es einen »Praxisbericht Kommunen: Von der Geschäftsprozessoptimierung zum strategischen Qualitätsmanagement«. Man konnte von erfolgreichen Konversionen lesen wie dieser: »Die Abteilungsleiter sollten jeweils mit den Leitern der untergeordneten Organisationseinheiten Ziele vereinbaren, die im Jahresrhythmus anhand eines strukturierten Berichtssystems nachgehalten werden sollten. Die Leitung hatte Bedenken, da sie Widerstände der Leiter der Organisationseinheiten befürchtete. Dem Organisationsreferat gelang es jedoch, ein erstes Pilotverfahren mit freiwilligen Teilnehmern durch die Leitung billigen zu lassen. Diesem freiwilligen Verfahren schloss sich in der Folge eine Mehrheit der Betroffenen an. Die Entwicklung überzeugte schließlich auch die Leitung, das Verfahren nach einer internen Evaluierung verbindlich für alle Organisationseinheiten einzuführen.«

Das sind die Erfolgsgeschichten auf dem Millimeterpapier des bürokratischen Fortschritts. Solche Fortschrittserzählungen finden die Unterstützung der Bundesregierung: »Die Staatssekretärin im Bundesministerium des Innern Cornelia Rogall-Grothe sprach zur Eröffnung der Tagung darüber, welchen Stellenwert und welches Potenzial Qualität und Qualitätsmanagement in der öffentlichen Verwaltung haben und welchen sie haben sollten. Sie führte aus, wie die angespannte Haushaltslage, der demografische und der technologische Wandel, die Globalisierung und die steigenden Anforderungen von Bürgern und Unternehmen die öffentliche Verwaltung vor eine große Herausforderung stellen: Sie muss mit immer geringeren finanziellen und personellen Ressourcen immer schneller immer bessere Ergebnisse erzielen. Modernisierungsinstrumente, wie Aufgabenkritik, Zielvereinbarungen, strategische Steuerung, eine wirkungsvolle Fachaufsicht und zielgenaue Weiterbildung, seien eine adäquate Antwort darauf, so die Staatssekretärin. Diese und andere Instrumente würden aber erst durch ein Qualitätsmanagement nachhaltig wirken. Für den Erfolg seien außerdem mehrere Voraussetzungen zu erfüllen: Qualitätsmanagement müsse auf die Bedürfnisse der jeweiligen Behörde angepasst sein, benötige Zeit und einen hinreichenden Implementierungszeitraum, müsse angemessen organisatorisch verankert und ›Chefsache‹ der Behördenleitung sein.«[13]

Wer wollte beklagen, dass in Bürgerbüros und Polizeidienststellen, in Krankenhäusern und Finanzämtern der Geist der Dienstleistung eingekehrt ist – auch wenn man immer noch Hemmung hat, den Polizisten, der uns zur Alkoholkontrolle bittet, als Dienstleister zu begrüßen? Warum genau aber wollen immer alle, die Staatssekretärin, der Vordenker Gerhard Banner, die Behördenleiter von heute und überhaupt alle Modernisierer, weg von der klassischen Administration? Weil die öffentlichen Haushalte kein Geld mehr haben? Dann wäre zu fragen, warum das so ist, wohin das Geld verschwindet und was zu tun ist, damit sich daran etwas ändert – denn Steuern werden von uns »Diplom-Bürgern« (Peter Sloterdijk) ja auch weiterhin bezahlt. Oder weil sich die klassische Verwaltung als unfähig und ineffizient erwiesen hat? Es ist ja nicht so, dass auf Dienstleistung umgetrimmte Ex-Verwaltungen zwangsläufig Zuversicht einflößen. Aber selbst wenn es so wäre – und es kann durchaus sein, dass ein »Fallmanager« in der Arbeitsagentur seine Fälle effizienter löst als einst der Sachbearbeiter im Arbeitsamt –, steht noch die Frage im Raum, ob der Fortschritt in der Kundennähe nun unbedingt durch Qualität und Qualitätsmanagement, durch »Aufgabenkritik, Zielvereinbarungen und strategische Steuerung«, wie die Staatssekretärin hofft, erreicht wurde. Kritik aus den eigenen Reihen, prominent etwa die von Thilo Sarrazin aus dem Jahre 2008[14], über den Unsinn von Steuerungslehren wie etwa der Kosten-Leistungs-Rechnung mitsamt ihren Indikatoren, deutet eher auf das Gegenteil.

Man muss sich das gesamte, von der Staatssekretärin so energisch begrüßte Reformpaket zunächst einmal als Aufwand (an Zeit, Semantik und Transaktionskosten) vorstellen. Die Herstellung und der Betrieb von Steuerungsinstrumenten kosten Geld, und niemals dürfen der Misserfolg oder die Ineffizienz solcher Instrumente auf diese selbst zurückgeführt werden. Allenfalls darf es heißen: »schlechte Implementierung«, niemals aber »falsche Theorie«. Dabei spricht eben dafür eine Menge.

Historisch und theoretisch wurzelt die neue Steuerungslehre im New Public Management, wie es im angloamerikanischen Raum seit den späten siebziger Jahren entwickelt wurde. Zur Überwindung der Wohlstandsbürokratie wollte New Public Management (NPM) antisozialstaatliche und generell antietatistische Motive des älteren Kapitalismus erneut mobilisieren. Den echten oder herbeigeredeten Unmut der Bürger über die unendliche Expansion der Verwaltungen, die Anmaßung ihrer Experten und ihren nicht enden wollenden Finanzbedarf hatte das NPM auf seiner Seite. Richard Münch fasst das neue Reform-Regime wie folgt zusammen: »Im neuen Dienstleistungsunternehmen wird das Denken in den Kategorien von Verträgen, Wettbewerb, Kosten-Nutzen-Rechnung und Prinzipal-Agenten-Beziehungen der Neuen Institutionenökonomik in die Praxis umgesetzt. An die Stelle bürokratischer Regeln – aber auch an die Stelle von Handeln nach Maßgabe von professionellen Ethiken – treten Kontraktmanagement mit Zielvereinbarungen, Outputorientierung statt Regeltreue bzw. Berufsethik, Controlling, Kosten- und Leistungsrechnung, Berichtswesen, Budgetierung, Kundenservice, prozessorientierte Organisation, Qualitätsmanagement und Benchmarking in die Konkurrenz mit vergleichbaren Leistungsanbietern.«[15] Das kennt jeder heute tätige Angestellte, ebenso das Folgende: »Die eigentliche Sacharbeit wird von Berichtspflichten, Controlling, aufwendigen Suchprozessen (Screening) und umfassendem Marketing der Serviceangebote (Signalling) überwuchert.«[16]

New Public Management ist die gegenwärtige Form der Bürokratie, nicht etwa der Zustand *nach* der Bürokratie. Die Steuerungsinstanzen heißen »Prinzipale«, die

Gesteuerten sind die »Agenten«. Hinzu kommen weitere Akteure wie etwa die »Kunden« oder die externen Akkreditierungs- und Evaluationsagenturen, die einen guten Teil vom Wasser der ehemaligen administrativen Souveränität auf ihre Mühlen geleitet haben. Vorschriften gibt es eigentlich kaum mehr, sondern nur noch Regeln. »Das neue Modell«, so Münch weiter, »beseitigt alte bürokratische Konditionalprogramme, bei denen die Beamten einer Behörde eine Entscheidung aus der Tatbestandsaufnahme und dem anzuwendenden Gesetz ableiten. Die Entscheidung gilt in diesem Fall unter der Bedingung (konditional), dass der Tatbestand zutrifft und das richtige Gesetz richtig angewandt wurde. Steuerungsinstanz (Regierung) und Bürger *vertrauen* in die rechtmäßige Entscheidung der Beamten. (...) Das neue Steuerungsmodell setzt an die Stelle des Vertrauens das grundsätzliche Misstrauen, bürokratische Regelungen seien ineffektiv und die Expertenautonomie würde missbraucht. Deshalb verlangt es eine weitestmögliche ›Transparenz‹ der Leistungen, über die anhand von Kennziffern detailliert Rechenschaft abgelegt werden muss.« [17]

Solche Kritik hat der Neobürokratie bis jetzt nicht viel anhaben können. Das mag damit zusammenhängen, dass NPM Arbeitsplätze schafft und dass eine Lobby ihre Arbeitsplätze zu verteidigen pflegt. Mit seinen imposanten Transaktionskosten (Managerial Transaction Costs) in Form von Berichtspflichten, Audits, Evaluationen und »Nachhaltedialogen« etc. zur Überprüfung all des Vereinbarten müsste NPM bei jeder Bürokratiekostenmessung der Bundesregierung eigentlich als erstes unangenehm auffallen. Tatsächlich aber hat sich die Bundesregierung offenbar entschlossen, am Bürokratieabbau durch neue

Bürokratie festzuhalten. Man kann, so hört man immerfort, die Uhren nicht zurückdrehen. Dabei treffen sich Münchs Befunde lückenlos mit der Alltagseinsicht des heutigen Büroteilnehmers: »Der flächendeckende Einsatz von NPM lässt eine Audit-Gesellschaft entstehen, in der die Rechenschaftslegung und Evaluation von Tätigkeiten einen solchen Umfang annimmt, dass die Tätigkeiten selbst von dem Zwang zur Berichterstattung und dem Aufwand der Evaluation deformiert und überfrachtet werden und so ihren ursprünglichen Sinn und Zweck verlieren.«[18]

Wenn das aber so ist und von jedem ohne Mühe erkannt werden kann: warum bleibt dann alles, wie es ist, warum erleben und erleiden wir neobürokratische Kontrolle, ohne jemals ihrer Segnungen und Verheißungen teilhaftig zu werden? Die Planungseuphorie der Gerhard-Banner-Ära hat sich inzwischen zwar verflüchtigt, die erwarteten Effizienz- und Spareffekte sind weitgehend ausgeblieben und es mehrt sich die furchtbare Einsicht, »dass die »Idee einer unbürokratischen, schlanken Dienstleistungs-Verwaltung in Wirklichkeit einen für alle undurchschaubaren gigantischen Verwaltungsapparat« produziert hat.[19] Was wäre, wenn die ganze große planungseuphorisch begleitete Verwaltungs-Erneuerung der letzten Dekaden die Ineffizienz des bürokratischen Handelns eher gefördert hätte und wenn sie obendrein noch ein Konditionierungsprogramm gestartet hätte, das mit den Erfordernissen einer »modernen Demokratie« in puncto Kritik, Transparenz und Partizipation schwer vereinbar ist? Dass die Instrumentendiktatur des neuen Managerismus indes so schnell und plötzlich vorüber sein könnte wie andere Dikaturen, scheint unwahrscheinlich.

Immerhin wird die Kritik allmählich lauter. Das Neue

Steuerungsmodell mit seinem ökonomistischen Ansatz könnte, so heißt es jetzt öfter, gescheitert sein, ehe es sich wirklich durchgesetzt hat. Neue Verwaltung heißt vielleicht nicht, wie Banner glaubte, gute Administration plus gutes Management plus gute Governance, sondern in Wirklichkeit: alte (Webersche) Bürokratie mit ihren Stärken und Schwächen plus Rhetorik und Transaktionskosten.[20] In deutschen Kommunen herrscht deshalb, wie man lesen kann, »eine Mischung aus Frust, Ratlosigkeit und Durchhalteparolen«.[21] Nicht nur in deutschen Kommunen übrigens: Jeder Büromensch kennt diese Stimmungslage, sie ist gekennzeichnet durch Galgenhumor. Dabei war doch eben erst die Zukunft ausgerufen und büroweit zum Beispiel in »Umstrukturierungsfrühstücken«, auf denen einem erst einmal der Unterschied von »bottom up« und »top down« nahegebracht wurde, an die Belegschaft vermittelt worden. Wir hatten gelernt, dass zwischen Politik und Verwaltung jetzt ein »Kontraktmanagement« etabliert sei, bei dem die Politik das »Was« und die Verwaltung das »Wie« festlege. Unsere Tätigkeiten hatten wir im Sinne der Kosten-Leistungs-Rechnung in Produkte und Produktgruppen zerlegt, auf die wir unsere Arbeitszeit zu buchen hatten. Statt kameral verwaltet zu werden, hatten wir jetzt wie im wirklichen Leben ein Budget; das neue System nannte sich »Doppik«. So wurden wir im Geiste Gerhard Banners »unter Strom gesetzt«.[22] Was es sonst noch alles gab: Kundenorientierung, Wettbewerbssimulationen, »outputorientierte Steuerung«. Man würde gern über den Aufbruch ins NPM ähnlich begeistert erzählen wie vorzeiten ein junger Kommunist über den Aufbruch in die Planwirtschaft. Vieles war ähnlich, allein es fehlte den meisten – von Anfang an – die Begeisterung.

Der Gedanke einer Modernisierung der öffentlichen Verwaltung hat unsere besten Kräfte, die für richtige Reformen ja empfänglich wären, nie mobilisiert. Halb lachten wir über die neue Rhetorik, halb versetzte sie uns in Panik. Wir wussten, wir würden mehr lügen müssen. Wir hatten gelernt, mit Autoritäten zu leben, was wir aber nicht wollten, war, von Instrumenten gesteuert zu werden. Und man konnte schnell sehen, wie die Steuerung nicht funktionierte, wie etwa die Politik – was sonst hatte man erwartet? – gar keine Ziele vorgab, zu der die Verwaltung dann nur noch die Umsetzung hätte liefern müssen. Wir sahen auch, wie die verheißenen Effizienzgewinne und Konsolidierungsbeiträge ausblieben, auch weil die Zahl der Organisationsentwickler, Berater, Evaluatoren, Prozessbegleiter oder externen Dienstleister ins Unermessliche stieg und mit ihnen die »Transaktionskosten outputorientierter Steuerungselemente«[23]. Hierzu gab Berlins Finanzsenator Sarrazin 2008 den guten Rat, man solle »wieder der Realität den Vorrang geben. Andernfalls bestünde die Gefahr, dass sich hier Experimente mit Steuerungsdiensten und Zielvereinbarungen, mit Personal- und Qualitätsmanagement verfestigen und im Ergebnis eine überflüssige Parallelverwaltung entsteht, die sich vornehmlich mit sich selbst beschäftigt und einer effizienten Aufgabenwahrnehmung eher entgegensteht.«[24]

NPM und Neue Steuerungslehre sind zwar in der Kritik, aber sie sind deswegen noch nicht abgeschafft und vielleicht, wie Instrumente überhaupt, gar nicht abschaffbar, sie bestimmen weiterhin das Verwaltungshandeln der deutschen Exekutive (»Gute Verwaltung begeistert«). Man darf sie aber wenigstens politik- und realitätsfern nennen. Zur Realitätsferne (oder sollte man sagen: zur

Realität*snähe*) des Instrumentariums gehört seine Anfälligkeit für Korruptionen aller Art. Auch das hatte Sarrazin mit kühlem Blick erkannt: »Die Produktsystematik, die sich an imaginären Hierarchien von strategischen und operativen Staatszielen orientiert, bietet zudem dem Parlament keine Ansatzpunkte für finanzpolitische Steuerungsentscheidungen. (...) Produktkosten, die neben liquiditätswirksamen Ausgaben auch – und oft zu mehr als 50 % – interne Verrechnungen enthalten, die sich auf Zeitaufschreibungen, Umlageformeln für Overheadkosten und ähnliche Annahmen stützen, erlauben weder dem Parlament noch den Verwaltungen eine verantwortungsvolle Steuerung, weil diese fiktiven Daten jederzeit manipulierbar sind.«[25]

Die Reformbürokraten konnten oder wollten nicht erkennen, dass Politik selten klare Ziele hat. Und hätten etwa die Regierungen einmal klare Ziele, dann hätten die Verwaltungen noch immer die Möglichkeit, diese nicht umzusetzen. Den Output erheben schließlich die Verwaltungen selbst, und sie werden bestimmt in der Lage sein, die Zahlen so zu schönen, dass sie auf Umsetzungs-Effizienz schließen lassen. Man könnte auch Unternehmensberater den Output messen lassen, aber das wäre teuer, und wer sagt, dass nicht auch sie die Zahlen schönen? Schließlich wollen sie ja dem Auftraggeber gefallen und sich einen Anschlussauftrag sichern. Es gilt hier wie überall Anthony Downs »Gesetz der unvollständigen Kontrolle«.[26] Alles kann demnach wie immer weitergehen, solange wir den schönen Schein wahren. Aber wir arbeiten hart und teuer für den schönen Schein. Das sind unsere Transaktionskosten. Das ist unsere Korruptionsgefahr. Die Suspension des Vertrauens ist den Staat teuer zu stehen gekommen.

Die Erfolgsgeschichte von NPM und Neuer Steuerungslehre ist noch nicht zu Ende, auch wenn manche Avantgardisten der Verwaltungswissenschaft, gerade in Großbritannien, dem Mutterland des NPM, ihr Ende nahen sehen – so wie überhaupt das Ende des managerialen Zeitalters nach ihrer Wahrnehmung nicht mehr weit sein kann. Noch ist es aber nicht soweit, die Mühlen der Modernisierung haben langsam gemahlen, zumindest in Deutschland. Trotzdem möchte man den Ärzten am Krankenbett der öffentlichen Verwaltung schon jetzt ein Adieu zurufen: der Patient ist nicht genesen, er war nur nie krank, jedenfalls nicht so krank, wie ihr ihn aus Eigennutz zu machen versuchtet. Schluss also mit den neuesten Implementationsempfehlungen zum Change Management, mit all den Workshops und Seminaren zur Einbindung und zum »Mitnehmen« der ohnehin schon reformwunden Belegschaft, Schluss vor allem mit dem Glauben an eine Haushaltskonsolidierung durch gesteigertes Management. Jetzt müsste endlich der Abbau der neuen Bürokratie beginnen, jetzt müsste die Erforschung der »kontra-intentionalen Wirkungen von Reformen« beginnen[27], der entschlossene Kampf gegen »neue Bürokratisierung durch Produkte, Kennzahlen und Indikatoren und steigende Transaktionskosten«.[28] Aber es geht nicht nur um die kommunale Verwaltung und die Exekutive in Kommunen, Ländern und Bund, es geht um Universitäten, um öffentliche Einrichtungen aller Art, die mit NPM gegängelt und geknebelt werden. Morgen wird uns wieder ein freundlicher Kollege nach der »Qualität unserer Prozesse« fragen. Erst der Tag, an dem er uns das nicht mehr fragen wird, wird ein guter im Kampf gegen die neue Bürokratie sein.

3.2 Change. Die Kirche des Wandels

> Wie schon oft gesagt worden ist und stets wiederholt werden muss, haben sich die meisten Menschen vor dem Arbeiten geflüchtet nicht in die Bewegungslosigkeit, sondern in eine total tote Bewegung.
> *Ludwig Hohl*

Die theologischen Untertöne des neuen Managements sind schwer zu überhören. Der Manager, sei es nun der Corporation Man der Peter-Drucker-Ära oder Tom Peters' neocharismatischer Business-Punk, ist ein Guter Hirte im Pastorat der Büroseelen, er führt (sich und andere) gut. Ohne die berühmte Weber-These von der protestantischen Ethik als Quelle des Kapitalismus überstrapazieren zu wollen, muss man die Ethik des neuen Managements mit den Erweckungs- und Erlösungslehren der amerikanischen Neureligiosität in Beziehung setzen. Das Management mit seinen Lehren ist eine Kirche, oder noch eher: es ist eine oder mehrere »church(es) of management« im Sinne der unzähligen amerikanischen »churches« neben den offiziellen Kirchen, mit ihren Gründern, die uns alle auf jeweils verschiedene Weise eine Heilung durch den Geist versprechen wollen. Wenn wir Religion mit Martin Riesebrodt als Kopplung von »Cultus und Heilsversprechen«[29] begreifen und sodann einen Blick auf die zeitgenössische Funktion des öffentlichen wie des privaten Managements, auf seine Pädagogik, Psychologie und Ethik werfen, dann liegen die Parallelen auf der Hand. Durch übende Praktiken bereitet sich der Gläubige auf die Ankunft des Wunders vor. Beständiges Training ist die Voraussetzung für den Zugang zum Übersinnlichen. Religion ist insoweit Self Fulfilling Prophecy, als sie den frommen Trainee tatsächlich durch stete Übung in ein immer geschmeidigeres Werkzeug Gottes verwandelt. Sie fügt der selbst erfüllenden Prophezeiung indes noch den privilegierten Zugang zum Wunder hinzu. Der übende Gläubige reinigt sich, schult sich, bereitet sich vor und kann so einer Prämie teilhaftig werden, die nur ihm, nicht aber dem untrainierten Frommen winkt: dem Beitrag Gottes zur eigenen Vollendung.

Auf merkwürdige Weise hat in die vorgeblich nüchterne Welt der Fertigungsstätten und Büros der Geist des Wunders, der Radikalität und der Umkehr Einzug gehalten. Wer hier von radikalem Wandel spricht, meint nichts, was politisch verdächtig sein müsste (stellt hier etwa jemand die »Systemfrage«?). Nein, hinter solchen Redeweisen verbergen sich keine politischen Extremisten, Terroristen und sonstige Systemveränderer, sondern die Prediger der Verwaltungsreformen und neuen Steuerungslehren. So wie es am modernen Seelsorgemarkt zahllose konkurrierende Anbieter gibt, konkurrieren auch die Kirchen der Managementmethodiken miteinander: ob nun FMEA, Audits, BSC, Benchmarking, CIA, CMMI, SPC, QFD oder Data Mining.[30] Radikal sind sie im selben Sinn wie die Asketen und Propheten, die uns Umkehr und Erlösung durch gesteigertes Üben verheißen. Wenn sich beinahe die ganze Welt in ein Trainingslager oder Fitnessstudio verwandelt hat, in dem – lebenslang – gelernt wird, in dem wir, als Gute Hirten unserer selbst, unsere Subjektivitäten gemäß den Ansprüchen unserer beruflichen Existenz modellieren, dann geschieht dies unter dem Einfluss dieses neureligiösen Appells.

Der Extremismus in der Lebensführung der arbeitenden Mittelklasse – der eben erst vom Burnout genesene Manager regeneriert sich beim Triathlon –, mit seiner Begeisterung für »Herausforderungen«, Situationen »am Limit« und darüber hinaus, lässt sich vom Geist der Optimierung leiten. So wie unsere Business-Prozesse unablässig hinterfragt und optimiert werden müssen, so stehen auch unsere ehedem privaten Subjektivitäten unter hohem, eigenem wie fremdem (eigenem *als* fremdem) Optimierungsdruck. Der Manager ist Pionier und Avantgardist einer Lebensführung, die man als radikale Anpassung beschreiben könnte.

Change, wohin man schaut. Michael Portillo, der ehemalige Thatcher-Minister, erzählt uns auf YouTube mit leuchtenden Augen von »christmas – the greatest change message ever«. Tony Blair ist zum Katholizismus konvertiert und predigt öffentlich. Von Barack Obamas Website »change.gov«, die seine Amtseinsetzung begleitete, zu Renaults Firmenslogan »Driving the change« oder Christiane zu Salms Kunstsammlung namens »About Change, Collection«, zu der die ansonsten als Medienmanagerin tätige Sammlerin schreibt: »An den Schnittstellen zwischen den verschiedenen Welten entsteht Neues, entsteht Veränderung. Das ist es, was mich an Kunst interessiert: inwiefern sie Veränderungen auslösen kann, die über den eigenen Wahrnehmungsbereich hinausgehen.«[31] In solchen Sätzen werden die Welten der Gegenwartskunst und des unternehmerischen Managements vollends kompatibel. »Veränderung«, »Schnittstelle«, »Neues«, es ist derselbe Geist der Mobilisierung und Mobilität, der sich auf einen neuen Handytarif ebenso beziehen kann wie auf die nächste Medienkunst-Vernissage. Hat nun die Rhetorik der Managementliteratur die Künste geflutet, oder ist es genau umgekehrt? Vermutlich sind es ein und dieselbe Gouvernementalität, dasselbe manageriale Selbstregime, die beide, ehedem streng geschiedene, Welten verknüpft. Ihr Bindeglied ist, anders aber als früher etwa von Joseph Beuys beschworen, die »Kreativität«. Erst hat die Werbung den Kreativitätsbegriff aus der Kunst entführt, dann kamen die Marketingleute, jetzt gibt es schlechthin keine Möglichkeit mehr, nicht kreativ zu sein.

Zum zeitgemäßen Selbstregime der Optimierung gehört die Kreativität so zwingend wie der Triathlon. Wir befinden uns im Kontinuum des Change, also im Bann einer Semantik der Selbstmobilisierung und -veredelung, wie sie etwa auch im derzeit so beliebten »Exzellenz«-Gedanken (frei nach Peters und Waterman) Triumphe feiert.

»Church of Change«: Kirchen leben von Ritualen, die die Verbindung des Gläubigen zum Heilsgeschehen unterstützen, Taufe, Beichte, Abendmahl. Sie erzählen von Konversionen, von Umkehr und Buße, von Momenten der Schwäche und vom Anruf des Herrn, und sie verheißen dem, der Gutes tut, eine gesegnete Zukunft. Kirchen brauchen Hierarchien, einen Apparat, Dogmen, Wall- und Pilgerfahrten, Strafen und Sanktionen, Mitgliedschaftsregeln mit Inklusionen und Exklusionen. Die Kirche ist ein Club, der seinen Mitgliedern allerlei Bonus- und Prämienprogramme als Lohn für Treue anzubieten hat. Zwar haben die klassischen Amtskirchen mit Mitgliederschwund zu kämpfen, aber dies nicht etwa deshalb, weil das Prinzip Kirche an Attraktivität verloren hätte. Im Gegenteil, das Prinzip Kirche hat sich universalisiert, es ist in andere Lebensbereiche eingedrungen und hat den Gedanken des

Seelenheils in die Trainingslager der modernen Bürosubjekte hineingetragen. So wie jetzt, dank Microsoft Office und dem Smartphone, überall Büro ist, so ist auch, dank der neuen, flexibleren Metaphysik des Seelenheils, überall Kirche. Das change-orientierte Bürosubjekt ernährt sich, treibt Sport, schult, bildet und ertüchtigt sich in tätiger Erwartung eines Wunders. Der Name des Wunders – ganz im Sinne von William James: »Blinde wurden sehend, Lahme konnten wieder gehen, Menschen, die ihr Leben lang behindert waren, sind wieder gesund geworden«[32] – ist: Kompetenz. Fähigkeit. Ertüchtigung. Instandsetzung. Empowerment. Durch lebenslanges Lernen kann auch ich den Übermenschen in mir mobilisieren.

Es überrascht nicht, wenn in den Welten des New Public Management der Geist des Wunders allgegenwärtig ist. Durch, sagen wir, professionelles Monitoring, umfassende Evaluation und Best-Practice-Modelle soll der Wandel gelingen, von dem nicht ganz klar ist, ob er ein Zielstadium kennt, in dem dann – endlich – alle »Prozesse optimiert« sind, oder ob er uns im Sinne einer lebenslangen Pilgerreise einen »kontinuierlichen Verbesserungsprozess« abverlangt. Im neureligiös unterlegten Management lässt sich eine eigentümliche »Fähigkeitsmystik« konstatieren[33], die sich in den wohlbekannten semantischen Angeboten rund um das Wort »Kompetenz« niederschlägt. »Wenn jemand einen Pudding kocht und dieser Pudding auch gelingt: schreiben wir dieser Person dann ein Puddingkoch*vermögen* zu?«[34] O ja, das tun wir jeden Tag, wenn wir Stellen ausschreiben, Arbeitsplätze beschreiben und Mitarbeiter beurteilen. Dabei reden wir gern von Kompetenz und verwechseln dabei planvoll Kompetenz als Befugnis und Kompetenz als Vermögen.

Der Glaube an Vermögen, Kompetenzen und Fähigkeiten, die durch Aus-, Fort- und Weiterbildung aus ihrer jeweiligen Latenz zur vollen Wirksamkeit hin veredelt werden können, hängt zusammen mit der Annahme, wir seien als Menschen und Mitarbeiter eine Ressource, ja eine »Humanressource«. Um den Ressourcenbegriff hat sich ein ganzer Kranz aus Begriffen wie »Humankapital« oder Human Capital Management oder Human Asset Management gelegt, das »Humankapital-Reporting« nicht zu vergessen. Die Humanressouce Mensch/Mitarbeiter ist immer schon im Besitz von Fähigkeiten, Kompetenzen und »Skills«, die in vor-, außer- und innerbetrieblichen Zyklen der Befähigung und Ertüchtigung sodann (lebenslang) weiter behauen und geformt werden. Inzwischen wird nahezu alles mit der Existenz oder dem Fehlen von Kompetenzen, Fähigkeiten und Vermögen erklärt, womit durchgehend suggeriert wird, durch Change-Prozesse seien diese planmäßig auszubilden und es handele sich jeweils nur um »noch nicht« gegebene Zustände. Zur altbekannten »Wettbewerbsfähigkeit« sind unter anderem hinzugetreten: Innovationsfähigkeit, Evolutionsfähigkeit, dann, sehr beliebt in Regierungs- und Unternehmensverlautbarungen, die Zukunftsfähigkeit, die Kooperations- und Netzwerkfähigkeit, ganz zu schweigen von »Dynamic Capabilities« oder »Strategic Change Capabilities« (= ChangeAbility)...[35]

Was ist so irritierend an der in solchen Begriffen sich ausdrückenden »Fähigkeitsmystik«? Natürlich, es kommt auf Können und Wissen an, unsere Erfolge und Misserfolge stehen mit dem Grad unseres Könnens und Wissens in Beziehung. Komisch und vor allem mystisch wird es dann, wenn unser Können als Anwendung oder Aktualisierung einer Kompetenz aufgefasst wird: Kann ich Auto fahren, weil ich Autofahrkompetenz habe? Das muss dann mehr und anderes bedeuten als dass ich Auto fahren kann, weil ich Auto fahren kann. Oder kann ich Auto fahren, weil mir die Ressource »Auto fahren können« zur Verfügung steht? Es kann natürlich geschehen, dass ich meine Kompetenz nicht »abrufe«, also etwa nicht Auto fahre, obwohl ich es kann. Es kann auch passieren, dass ich Auto fahre, ohne die Kompetenz dafür zu haben bzw. ohne über diese Kompetenz als gesicherte Ressource zu verfügen – ich habe es einfach mal versucht und, siehe da, es hat geklappt oder auch nicht. Wir kennen aus dem Sportler- und Trainerjargon die Rede, man habe sein Potential nicht »abrufen« können. Die Kompetenz, das Vermögen, die Ressource sind im Managementdenken durch schlechte Leistung oder erwiesenes Unvermögen nicht wirklich zu dementieren; man hat das Potential nur nicht aktualisiert. Das Gute und Richtige tun bedeutet im Sinne der managerialen Fähigkeitsmystik, dass ich Kompetenzen abrufe, dass ich also kompetenzfähig oder fähigkeitskompetent (man könnte auch mit Stoiber sagen: kompetenzkompetent) bin. Was sich hier abzeichnet, ist ein »inhaltsleerer Generalismus«: Was hält uns davon ab«, so Moldaschl, »gleich eine *PerfectAbility* anzunehmen, eine *Fähigkeit*, in *Zukunft* alles richtig zu machen?«[36] Was wäre die von Politikern und Unternehmern so gern beschworene »Zukunftsfähigkeit« anderes als die Fähigkeit, in Zukunft all das richtig zu machen, was wir zur Zeit vielleicht (noch) falsch machen? Die Fähigkeitsmystik lebt vom Geist der Utopie; bald, sagt sie uns, wird alles optimal optimiert sein – und die Akteure dieser Optimierung werden die Manager, vor allem die Human Resource Manager sein.

Ein Übriges zur mystischen Überhöhung von Kompetenz, Fähigkeit und Ressource tut die Psychologie. »Selbstwirksamkeitserwartung: Wie Sie den Glauben an die eigene Kompetenz stärken«, liest man beim Blogger und Unternehmensberater Christoph Athanas. Und weiter: »Menschen verfügen über viele verschiedene, unterschiedlich stark ausgeprägte Kompetenzen, welche die Basis für ihr Handeln darstellen. In ihren Kompetenzen unterscheiden sich z. B. einzelne Mitarbeiter und Mitarbeiterinnen eines Teams. Die Erfolgsaussichten beim Ausführen von Handlungen werden jedoch nicht nur durch die vorhandenen Kompetenzen vorbestimmt, sondern auch durch unsere eigene Annahme darüber, wie einflussreich und gezielt wir Ergebnisse tatsächlich selbst bewirken können. Diese Annahme nennt man Selbstwirksamkeitserwartung (perceived self-efficacy).«[37]

Man kommt also am Arbeitsplatz demnach fast ohne konkrete Tüchtigkeiten und Fähigkeiten aus: es genügt beinahe schon die Selbstwirksamkeitserwartungskompetenz. Mein Handeln, rede ich mir als Büroteilnehmer autosuggestiv ein, wird Wirkung haben, und, siehe da, es hat Wirkung. Das werden wir uns auch von Chefs und Kollegen nicht ausreden lassen, die uns einen eher geringen Wirkungsgrad bescheinigen wollen. Ich muss also fast nur von meinen Fähigkeiten überzeugt sein, damit sie auch existieren und zur Wahrnehmung meiner guten Leistungen führen. »Bei einer entsprechend positiven, also selbstwirksamen Erwartung neigen Menschen dazu, sich herausfordernde Ziele zu setzen und durchschnittlich bessere Leistungsergebnisse zu erzielen, was wieder zu einer Stärkung ihrer Selbstwirksamkeitserwartung führt. Die Wissenschaftler Locke und Latham sprechen dabei vom sog. ›high performance cycle‹.«[38] Das ist – wieder – die Heilung durch den Geist. Indem ich mir selbst Fähigkeiten zuschreibe, werden diese tatsächlich wirksam und bringen mich auf eine höhere Leistungs-Umlaufbahn.

Man fühlt sich in einen Gospel-Gottesdienst versetzt, wenn man die Gebetsformeln der Fähigkeitsmystiker hört. »Today's Devotional« etwa auf Gospel.com: »We're All Capable«. Fähig zum Guten, aber auch fähig zur Sünde. Wir sollten, warnt uns der Online-Prediger, keine Pharisäer werden, die dauernd ihre Güte mit jener der anderen vergleichen. Brauchen wir nicht auch eine Demutskompetenz? Schließen Kompetenzen nicht immer auch Dummheits-, Schwäche- und Fehlerkompetenz ein? Die Managementlehre hat diesen Gedanken längst aufgegriffen: schon ist »Fehlerkompetenz als heikle Führungsaufgabe« erkannt[39], schon hat Österreichs führende Fehlermanagementspezialistin ein »Tool zur Fehlerkulturmessung« entwickelt und sagt: »Ohne Fehler keine Innovation, ohne Fehler nichts Neues, kein Lernen.« Man muss die Fehler eben nur *richtig* machen, man muss Fehlerkompetenz haben. Als Kompetenz verstanden, werden auch unsere Schwächen zu Stärken. Der Kompetenzbegriff verzeiht alle Sünden, wenn wir sie nur bekennen. Das Management mit seinen Lehren ist nun in die Funktion eingetreten, die ehedem der Religion zukam: es lehrt uns das richtige Leben, zeigt uns Wege aus dem falschen und es fordert uns auf, unsere Kompetenzen im Guten wie im Schlechten offenzulegen und sie, vorzugsweise in Schulungskursen, in Performanzen (»Performances«) zu verwandeln. Aus Problemen werden »Lösungen« – Legion ist die Zahl der Firmen, die das Wort »Lösung« (oder noch lieber »Solutions«) im Namen tragen.

Das Gute hat einen Namen: Qualität. Und weil auch Qualität nicht einfach existiert, sondern wie alles gemanagt werden muss, gibt es ein Qualitätsmanagement mit den dazugehörigen Standards, Normen und Zertifizierungen. Nicht nur im Profit-Bereich, sondern auch in Kirchen, Universitäten, Kindergärten und Kulturinstitutionen. Mit der Qualität verhält es sich ähnlich wie mit der Kompetenz: sie ist immer da, zeigt sich aber nicht immer, und sie kann durch Verfahren planmäßig gemehrt und standardisiert werden. Wie im Feld der Kompetenz, haben auch bei der Qualität die Manager und Prediger die Deutungshoheit an sich gezogen: Qualität ist nicht, was einer berufsbezogenen Professionalität und Erfahrung als solche gilt, Qualität ist die Erfüllung von Standards – und somit immer schon das Gegenteil von Exzellenz. Seltsam also, dass von uns jederzeit beides erwartet wird, nämlich Qualität und Exzellenz. Die Kirche der Qualität vergibt Zertifikate, sie heißen etwa »ISO 9000«. Das New Public Management hat sich vom industriell-dienstleisterischen Qualitätsbegriff und den von ihm geforderten Qualitätssicherungsmaßnahmen und Qualitätsmanagementsystemen mächtig beeindrucken lassen. Wenn wir heute wie im Schlaf von Kunden, Produkten, Prozessen, Standards etc. reden, dann ist das der Niederkunft des Qualitätsdenkens auf unsere Organisationen zu verdanken.

Die Qualität ist, ähnlich der Kompetenz, der Hort des immer schon in uns und der Organisation angelegten, aber durch Optimierungsprozesse unendlich steigerungsfähigen Guten. Eigene Firmen gibt es, die das Gute ermitteln, messen und diplomieren, sie haben Namen wie »Bureau Veritas«. In verschiedenen Industriezweigen bietet es Dienste wie Inspektionen und Audits, Tests und Analysen,

Klassifikationen und Zertifikationen, Asset Management, Training und Consulting an. Zu seinen Assets zählen: Consistent Service Delivery, High Reactivity in Deploying New Capabilities, Entrepreneurial, Client-driven Culture oder auch Broad Service Portfolio und Cross-selling Potential. Ohne derartige Qualitätskirchen würden beispielsweise keine staatlichen Großaufträge an Hitech-Unternehmen vergeben werden. Interessant ist nun, dass – und warum – das Qualitäts- als Standard-Denken Eingang gefunden hat in nichtindustrielle, nichtprofitorientierte und, nach altem Verständnis, nicht einmal dienstleistungsbezogene Sektoren der Gesellschaft. Das NPM hat in den zurückliegenden Jahrzehnten dazu geführt, dass Verwaltung, sobald sie »modernisiert« war, ebenso als Dienstleistung galt (Polizei als Dienstleister, Justiz als Dienstleister) wie sogenannte »Finanzdienstleister«. Merkwürdigerweise ist das Wort »Dienstleistung« oder »Dienstleister« ähnlich wie Kompetenz oder Qualität zum Selbstläufer der managerialen Diskurses geworden. Was Dienstleistung ist, das ist gut, und es ist gut, weil es genormt ist und gemanagt werden kann. Seitdem gibt es keine Sphäre mehr, der nicht erst das Qualitätsmanagement mit seinen Audits und Zertifikaten die diplomierte Gewissheit verleiht, gut zu sein und besser werden zu können. Change und Qualität sind Geschwister im neureligiösen Geiste des Wunders; zugleich sind sie europäische Regierungspolitik, wie CAF, das Common Assessment Framework zeigt, mit dem EU-Europa die Qualität seiner Verwaltungen misst.

CAF, lesen wir, »wurde mit dem Ziel entwickelt, die Modernisierung und die Verbesserung der Leistungsfähigkeit in der öffentlichen Verwaltung Europas zu fördern. CAF bietet den Verwaltungsorganisationen unterschiedlicher Größe, Struktur und fachlicher Ausrichtung eine einfache Möglichkeit, ihre Stärken und Verbesserungspotentiale zu erkennen und daraus Verbesserungsmaßnahmen abzuleiten. CAF will die Einrichtungen der öffentlichen Verwaltung mit den Prinzipien des Total Quality Management (umfassendes Qualitätsmanagement) vertraut machen und sie an die Praxis des PDCA-Zyklus heranführen. PDCA steht für Plan (planen), Do (umsetzen), Check (überprüfen) und Act (anpassen). CAF will auch Bindeglied zwischen den verschiedenen Qualitätsmanagement-Modellen sein, die im öffentlichen Dienst angewendet werden. Schließlich sollen auch Leistungsvergleiche (Benchmarking und Benchlearning) des öffentlichen Sektors unterstützt werden.«[40]

Organisationen, die eine Selbstbewertung nach CAF vornehmen, können folgenden Nutzen erwarten: »Qualität wird definiert, weiterentwickelt und optimiert, die Organisation erkennt, wie gut sie ist, und entwickelt ein gemeinsames Verständnis davon, wo und wie sie sich verbessern kann, Zusammenhänge in der Organisation werden erkannt, vernetztes Denken wird gefördert, Kommunikationsbarrieren werden erkannt und beseitigt, Lernen findet statt, Effektivität und Effizienz der Organisation werden verbessert, die Steuerungskompetenz steigt.«[41] Steckt nicht in eben solchen Sätzen und Losungen das ganze Elend unserer vom Management usurpierten und auf Standard getrimmten Arbeitsplätze?

Könnte es sein, dass die Change-Ideologie mit ihrer Vorliebe für Prozesse, Veränderungen, Dynamik, Zukunft, Tempo (und ihrer Abneigung gegen »Strukturen« und Stabilität) – »dynamische Prozesse sollen in einer qualitätsgemanagten Organisation endlich die verkrusteten

Strukturen beherrschen«[42] – die Organisations- und Rationalitätsform des zeitgenössischen Kapitalismus ist? Es könnte stimmen, dass in der Lehre vom beständigen Change, oder: Sanierung, Turnaround, Prozessoptimierung, Reorganisation und Kulturveränderung[43], westlicher Kapitalismus und Religion vollends koinzidieren, ganz so wie Walter Benjamin, in seinem Fragment »Kapitalismus als Religion« schreibt: »Das Christentum zur Reformationszeit hat nicht das Aufkommen des Kapitalismus begünstigt, sondern es hat sich in den Kapitalismus umgewandelt.«[44] Wenn das christliche Abendland heute einheitlichen Standards von Qualitätsmanagement oder Prozessoptimierung nach EFQM folgt, während es gleichzeitig in eine Vielzahl von Glaubensgemeinschaften zerfällt, dann könnte man denken, dass die wahren Disziplinierungs-, Offenbarungs-, Orientierungs- und sozusagen religiösen Bindungswerke heute über Normen, Standards und die dazugehörigen Semantiken vollbracht werden. Gemessene und messbare Qualität wird dabei – merkwürdigerweise – stets als der Schlüssel zur Exzellenz verstanden; ganz so, als sei Exzellenz, wenn es sie gibt, nicht eben der Sprung aus der bekannten Qualität in eine neue, noch nicht dagewesene und folglich auch nicht messbare. Eine jener großen Gegenwartskirchen des Qualitätsmanagements heißt EFQM oder European Foundation for Quality Management. Lesen wir etwa, was auf den EFQM-Seiten über »The Fundamental Concepts of Excellence« gesagt wird, dann haben wir die Blaupause des hegemonialen Governance-Diskurses der Gegenwart vor uns.

Die gesamteuropäische Geschäftsordnung, über die nicht, wie in Parlamenten, Parteien oder Podiumsdiskussionen, also überall da, wo Öffentlichkeit am Werk ist, diskutiert und gestritten wird, heißt zum Beispiel: »Achieving Balanced Results. Adding Value for Customers. Leading with Vision, Inspiration & Integrity. Managing by Processes. Succeeding through People. Nurturing Creativity & Innovation. Building Partnerships Taking Responsibility for a Sustainable Future«. Das ist die Managerialverfassung, an der sich Europas Arbeitnehmer auszurichten haben, wenn sie denn unterwegs auf der »Reise zur Exzellenz« nicht verlorengehen wollen. Was wir aus den EFQM-Visionen und -Richtlinien vernehmen, ist der zur Geschäftsraison erhobene Regelsatz des Business Process Re-Engineering, wie er in den späten achtziger und frühen neunziger Jahren an Business Schools der amerikanischen Ostküste erfunden wurde.[45]

Viral ist dieses Denken in Praktiken wie Total Quality Management, Benchmarking und Balanced Scorecard in Firmen und Verwaltungen eingedrungen und hat sich binnen einem Jahrzehnt zur kognitiven Folie für das Geschäftsgebaren des europäischen (privaten wie öffentlichen) Managements entwickelt. »In einer immer vernetzteren Welt sind, wie wir glauben, isolierte Anstrengungen nicht effektiv. Die Stärkung der Geschäftsbeziehungen und die Aufnahme von Kooperationen ist der Schlüssel zum Erfolg.«[46] Das könnte unterschiedslos in den Leitbildern von Apothekerverbänden, KFZ-Versicherern, Rektorenkonferenzen oder Rundfunkanstalten stehen. Es ist nicht falsch, aber es sagt auch nichts. Als allgemeinste Prinzipien müssen solche Sätze nichts Spezifisches *sagen*, es genügt, wenn wir uns von ihnen leiten lassen; wenn wir uns in der neuen Steuerungslehre aufgehoben fühlen, wenn sie uns eine Richtung in die modernisierte Zukunft weist.

Es lohnte sich, einmal einen Moment über den »Modernitäts-« und Modernisierungsbegriff nachzudenken, wie er sich in der Rede von der »modernisierten Verwaltung« niederschlägt. Die Management-Moderne oder -Modernisierung beschreibt einen Zustand der universalen Geltung und Anerkennung eines Regelsatzes aus Instrumenten, der »alternativlos« ist und über den zu diskutieren sich erübrigt, es sei denn, man möchte sich, was nicht geht, aus dem Kreis der EFQM-Teilnehmer verabschieden. Dem Managementdenken haftet etwas Totalitäres an: weniger gab es in Betrieben und Verwaltungen noch nie mitzubestimmen als unter dem Regime der Instrumente. Auch der Manager selbst hat nichts mehr zu sagen, was nicht Maschinen und Instrumente für ihn sagen könnten. »Indem Mitarbeiter auf Standards verpflichtet werden, die es vor Einführung des QM noch gar nicht gab, wird ihr Entscheidungsspielraum deutlich eingegrenzt.«[47] Interessant, wie im System des Radical Change nichts weniger erwünscht ist als Radikalität selbst. Stellen wir uns vor, ein Change Manager würde uns (wieder einmal) auffordern, durch radikales Nachdenken »verkrustete Strukturen« aufzubrechen, und stellen wir uns vor, er würde zu diesem Zweck (wieder einmal) eine Arbeitsgruppe einrichten, die Arbeitsgruppe zum Aufbrechen verkrusteter Strukturen durch radikalen Change: »Jeder Teilnehmer eines solchen Zirkels weiß aber, wie ein solcher Aufbruch in den schließlich mit Flipchartbögen und Metaplanwandzeitungen tapezierten Tagungsräumen endet.«[48] Wenn alles im Sande verlaufen oder an Pinnwände gepinnt ist, wird die Schuld in der fehlerhaften »Implementierung« gesucht werden. Das viele Reden über »Prozesse« verschleiert den Umstand, dass Institutionen und

Organisationen (Fußballmannschaften, Museen, die Feuerwehr) Prozesse nur als Aktualisierung und Anwendung von Strukturen überhaupt kennen, ja dass es Prozesse überhaupt nur in Strukturen gibt.

Befremdlich bei alledem ist die Tatsache, dass »gefühlt« trotz aller Standardisierungen, Zertifizierungen, Best-Practice-Modelle die Qualität vieler Dienstleistungen nicht etwa besser, sondern schlechter wird. Die Überstellung von Qualitätsethos und -anspruch in die Logik »kontinuierlicher Verbesserungsprozesse« und die mit ihr einhergehende Optimierungs- und Nullfehlermentalität bringen es mit sich, dass Risiken, die mit erhöhter Fehlerwahrscheinlichkeit verbunden sind, tunlichst unterlassen werden. Der Nullfehlermitarbeiter, der seine Prozesse optimal managt, kann selbst dann oder gerade weil er nichts wagt, zum Helden des Change Managements aufsteigen. Statt zu arbeiten, erleben wir uns dann immer mehr als bloße Hüter unserer Prozesse und ihrer Qualität. Der Mehltau des Konformismus, die Mentalität, nach der etwas nicht falsch sein kann, weil es alle anderen ja auch machen, liegt mit Macht auf unseren traurigen, lammfrommen Optimierungsübungen.

Die Motivation wird ja nicht größer, wenn wir vornehmlich dafür arbeiten, Standards zu erfüllen. Man macht sich manchmal Sorgen um das Seelenheil jüngerer Mitarbeiter, die schon an der Universität nichts anderes kennengelernt haben als Management-Prozesse und die nun, im Büro, wie selbstverständlich an dem Anforderungspaket aus Standards, Zielen und Kennzahlen ihr intellektuelles Auslangen finden. »Die heutige junge Generation wird mit Hilfe von Qualitätsmanagementmaßnahmen schonungslos in verkürzten Schul- und Studienzeiten fadenscheinigen Marktnotwendigkeiten unterworfen. (...) Auch die Wissenschaft (...) ist durch Mittelkürzungen in Verbindung mit ›Qualitätsinitiativen‹ längst nicht mehr das, was sie einst war. (...) Es gibt also kaum noch einen Ort in der Gesellschaft, der vor der beschränkten Qualitätslogik des QM Zuflucht bieten könnte.«[49]

Man sieht, wir huldigen am Arbeitsplatz einer Idee vom standardisierten Guten, die alle unsere Tätigkeiten lenken soll. Wir verzinsen unsere Anlagen immerfort in Fähigkeiten und Fertigkeiten, die wir in lebenslangen Lernprozessen schulen und formen. Unsere Ziele sind durch eine wundersame Fügung auch die Ziele unserer Organisation; wir empfangen sie also nicht einfach von oben, sondern wir vereinbaren sie, das heißt, unsere Wünsche und Bestrebungen sind in ihnen vollständig enthalten. Wir lassen uns gern messen, mit Hilfe von Key Performance Indicators, die uns, unseren Vorgesetzten und mehr noch unseren Stakeholders, den fiktiven Aktionären anzeigen, wie gut unsere Leistung ist. Wir haben das Leitbild unserer Organisation verinnerlicht und streben nach zertifikationsfähiger Qualität. Wir optimieren unsere Prozesse, um in der Zukunft noch weniger Fehler zu machen. Wir halten die neuen Managementlehren, die uns all dies nahelegen, für alternativlos und sind entschlossen, sie zu leben. Das Urteil über unsere Arbeitsleistung überlassen wir anderen – den Evaluatoren.

»Evaluation«, so Wikipedia, »verspricht Antworten in einer Zeit, in der Entscheidungsträger von der Aufgabe, gesellschaftliche Institutionen an die sich wandelnden Rahmenbedingungen anzupassen, zunehmend überfordert scheinen.«[50] Evaluation – wobei wir uns fragen müssen, was genau wir meinen: Akkreditierung, Auditierung,

Benchmarking, Zertifizierung, Fach-, Institutions- oder Systemevaluierung – ist fraglos die netteste Versuchung, seit es soziale und bürokratische Kontrolle gibt. Schon deshalb, weil sie ihrem Namen kaum je gerecht wird, insofern man darin das lateinische Wort für »Wert« erkennt. Evaluation wertet nicht, sie wertet aus, indem sie fragt, hört und misst. Aus dem Regelsatz der Neuen Steuerungslehre, und damit aus dem Alltag von Kirchen, Universitäten, Museen und Bibliotheken, ist die Evaluation deshalb nicht wegzudenken. Sobald wir Strategien und Ziele haben, legen wir uns auf Evaluationen fest; schon der Hinweis: »wird laufend evaluiert« oder »Evaluation nach jeder Projektphase« löst einen Legitimations- und Beruhigungsschub aus. Dann wird ja alles gut.

Die Evaluation ist zwar unser Gerichtstag, aber weil wir ja schon vorher unsere Prozesse nach zertifizierten Qualitätsstandards ausgerichtet haben, können wir dem Gericht gelassen entgegensehen. Die Evaluation liefert die Bestätigung einer Anpassung an Üblichkeiten, die wir längst schon von uns aus vorgenommen haben. Zwischen den in der Regel externen Evaluationsfirmen und dem New Public Management existiert ein Pakt. Gegen Bezahlung liefert die Evaluation das Attest für die Richtigkeit bestimmter Vorentscheidungen und -einstellungen. Der Wert, den sie uns bescheinigt, kann uns nicht von uns selbst bescheinigt werden. Unser eigenes (selbst)kritisches Vermögen fließt in die Evaluation nur am Rande ein. So bedeutet Evaluation immer einen Verlust an und eine Abtretung von Souveränität. So sehr hat systemisch die Außensicht über die Innensicht gesiegt, dass unser eigenes Urteil über unser Tun, selbst und gerade dann, wenn es kritisch ist, nicht mehr viel zählt.

Im System der bürokratischen Kontrolle gehört die Evaluation fest ins Regime der ausgedehnten Berichts- und Nachweispflichten, der Dokumentationen, Rechtfertigungen, Beobachtungen, Begutachtungen und Konsultationen, die rund um eine Arbeit gelegt sind, die zwar als Primärphänomen noch fortbesteht, aber unter den Vorgängen zweiter Ordnung zunehmend ins Hintertreffen gerät. Es gibt längst eine Evaluationsindustrie, die uns alle mit dem kostbaren Gut der Legitimität versorgt. Wer will, kann, etwa in Saarbrücken, sich zum Master of Evaluation ausbilden lassen. Der britische Soziologe Michael Power hat schon in den neunziger Jahren die These vertreten, wir lebten in Audit-Gesellschaften, in denen immer mehr beobachtet und immer weniger gehandelt wird, und in diesem Zusammenhang von »Evaluations- und Buchführungs-Diktaturen« gesprochen.[51]

Das muss damit zu tun haben, dass die neue Bürokratie hinsichtlich ihrer Legitimität in ständiger Unsicherheit ist und gehalten wird. Aus solcher Unsicherheit heraus lässt sich schwer selbstbewusst handeln. Tatsächlich hat sich, bei allem Change-Aktionismus, in der neuen Bürokratie der Schwerpunkt deutlich von der Seite der Arbeit/des Handelns auf die der Beobachtung, der Dokumentation und der Rechtfertigung von Handlungen verlagert. Aktion ist, allen sogenannten Verwaltungserleichterungen und Entbürokratisierungen zum Trotz, schwieriger denn je: sie muss strategisch geplant sein, in Zielvereinbarungen dokumentiert, durch Indikatoren erhärtet, in Projektmanagement gegossen und in jeder Phase dokumentiert sein, ehe sie dann auch noch einer Evaluation zugeführt wird. Man wird Handlungen vermeiden, deren Beitrag zur Zielerreichung nicht gewährleistet ist. So bewegen wir uns immerfort in vorbestimmten Bahnen und lassen uns von freundlichen Prozessbegleitern und -beratern durch ein Menü führen, das wir nicht selbst ausgesucht haben und niemals aussuchen würden.

Im System der Delegationen oder Abtretungen von Souveränität, oder anders, im System der stillen Entmächtigungen, spielt die Evaluation eine entscheidende Rolle. An ihr drückt sich die spezifische Ohnmacht des gouvernemental gesteuerten Angestellten aus. Der Apparat ist mächtiger denn je, und kaum irgendwo äußert sich gegen ihn die Bürger- und Angestelltenwut. Die Evaluation soll, im Sinne eines generalisierten Misstrauensvorschusses, an der Stelle der üblichen Kungeleien, Begünstigungen, Kompensationsgeschäfte und sonstigen Urteilsverzerrungen die Instanz der reinen Sachlichkeit und Objektivität verkörpern. Sie ist oder sie wäre die Rechnungsprüfung meiner Handlungen, über die sie mir einen Aufschluss liefern soll, der mehr ist als bloße Meinung, aber auch mehr als das kriteriengestützte Urteil eines Kritikers. Die Evaluation soll nicht ihrerseits wieder Gegenstand von Evaluationen sein; aber eben dies wäre erforderlich, wüssten wir nicht, dass die Evaluation der Evaluation (anders als die *Kritik* der Evaluation) nicht nur die Fehler der ursächlichen Evaluation wiederholen würde, schon deshalb, weil sie Evaluation ist.

Brauchen wir also, wie wir manchmal in revolutionärer Stimmung ausrufen, eine Evaluation der Evaluationen? Nein, wir brauchen nichts weniger dringend als sie. Wir wissen auch ohne Meta-Evaluation, dass die Evaluatoren mit uns im Bunde sind, sei es, weil sie sich Anschlussbeschäftigungen versprechen, oder sei es auch nur, weil sie wissen, dass jede unserer Aktionen schon durch x Evaluationen und Zertifizierungen hindurchgegangen ist. Weil unsere Handlungen im Regelkreis der standardisierten Prozesse so wenig überraschend sind, werden auch die Evaluationen unserer Handlungen niemanden überraschen.

Trotzdem stehen wir mit einer gewissen Ehrfurcht vor dem heutigen Evaluationswesen. Es ist ein fixer Bestandteil unserer bürokratischen Alltagsreligion, und es verheißt uns, ähnlich wie Change, Qualität und all die anderen Komponenten, etwas Positives, nämlich Güte, Wert und, sogar, Vollkommenheit. Womit wir wieder beim Büro als religiöser Gegenwelt angelangt wären. Dass Evaluation ein »modernes Ritual« sei, haben schon andere Bürokritiker entdeckt und empirisch erhärtet.[52] »Schockierendes Ergebnis meiner Fallstudien war, dass sich die Evaluationsaktivitäten quantitativ so weit ausgedehnt hatten, dass zum Teil mehr Aufwand betrieben wurde, um etwas auf seine Wirksamkeit zu überprüfen, als das zu Überprüfende zu realisieren«, schreibt Christine Schwarz in ihrer aufschlussreichen Studie über die Evaluation als modernes Ritual.[53] Derlei Phänomene wurden unter dem Titel »Transaktionskosten« schon angesprochen. Aber ist nicht der Überfluss und Überschuss des Evaluativen, seine offensichtliche Ineffizienz und Intransparenz, eben die Eigenschaft, die es am deutlichsten als religiöses Element ausweist, als Zeremoniell oder Ritual, an das wir glauben, ohne an es zu glauben, an dessen Funktion (es wird die höheren Dämonen gnädig stimmen) wir glauben, ohne an seine Wahrheit zu glauben? Evaluation ist unter den vorwaltenden Umständen das, das schlechterdings nicht falsch sein kann, das also, wenn es schon nichts nutzt, garantiert nicht schadet und uns immerhin das Gefühl gibt, wir hätten das unsere getan, die Geister zu beschwören. »Evaluationsrituale«, so schreibt Schwarz, »ermöglichen zeitweise die Illusion eines Konsenses, indem die Einzelnen Entscheidendes verschieben: auf bürokratische Parallel-Universen, auf das Votum aller, auf später – vielleicht nicht ganz bis ins Jenseits wie in der Religion – aber doch auf: immer später. Dieser entschleunigenden, sich Hintertüren aufhaltenden Funktion von Evaluation stimmten fast alle Befragten zu (›Wenn keiner mehr weiß wo es langgeht, dann evaluiert man heute erst mal ausführlich‹)«.[54]

Das ist die Dialektik der neuen Bürokratie: sie predigt den Change und sichert doch gleichzeitig den Stillstand. Vielleicht können wir das Evaluationssymptom begreifen »als lediglich eines der Symptome durchgedrehter Zweckrationalität, die sich in ihrer eigenen Kosten-Nutzen-Bilanz verrannt hat«.[55] Aber die neobürokratische Welt ist nicht mehr Webers Welt. Kein »stahlhartes Gehäuse der Hörigkeit« mehr, in das uns mit Max Weber die Bürokratie einschließt, sondern eine freundliche, aber eben auch, anders als bei Weber, unendlich kompetitive Welt im immerwährenden Kampf um Projekte, Finanzierungen, Legitimationen und Drittmittel, in der »Evaluation zu einem mikropolitischen Spielball wird, wenn nicht sogar zum Faustrecht in Verteilungskämpfen«.[56] Man kann sich das alteuropäische Individuum im Sinne Alfred Webers als großen Verlierer im Zuge dieser Entwicklung vorstellen. Aber es könnte sein, dass dieses Individuum längst zum Manager, wenn nicht eines Wirtschaftsunternehmens, aber doch zum Manager seiner Vorteile mutiert ist und gelernt hat, auf den Wellen der Zweckrationalität zu surfen. Wenn nicht, droht nämlich der Tod durch Ertrinken. Ist es nicht so, dass wir dem ständigen Vorrücken des bürokratischen

Kontrollkomplexes mit einer sonderbaren Angstlust zuschauen? Ist es nicht ein bisschen wie als Zuschauer im Horrorfilm, bei dem wir ja auch die eigenen Ansprüche an Autonomie und Individualität ein Stück herunterfahren, um uns wohlig vor unhaltbaren und grauenhaften Zuständen zu gruseln? Erlaubt uns in diesem Sinne nicht das Büro auch, uns von unserer anstrengenden Subjektivität zu erholen und statt dessen den Autopiloten zu aktivieren und Teil der Maschine zu sein? Wenn schon gesteuert, dann richtig. Der Verlust von Autonomie bedeutet eben auch einen möglicherweise lustvollen Zuwachs an Heteronomie. Vielleicht liegt wirklich nur hier der Schlüssel zur Subversion: wir müssen es genießen, Standard zu werden (denn ändern, sagt man uns, kann man das einmal errichtete System ohnehin nicht mehr), ohne aber aufzuhören, uns bei dieser – hoffentlich umkehrbaren – Mutation kritisch zu beobachten.

Und ohne mit der Bürokratie-Kritik aufzuhören, die sich ihrerseits nicht auf Instrumente, Tools und Beratungen stützt, sondern auf die Evidenz unserer eigenen Erfahrungen, Gefühle und Urteile. Unser Urteil sagt uns, dass man uns, ein bisschen unvorbereitet und im (falschen?) Gefühl der Unschuld wie Josef K., das Vertrauen entzogen hat. Weil man uns nicht vertraut, uns persönlich nicht und den Institutionen nicht, für die wir arbeiten, werden wir kontrolliert. Man kann, so Schwarz, »den Aufstieg der Evaluation auch als einen Prozess der Entpersönlichung von Vertrauen verstehen«.[57] Vertrauen entsteht nun weniger durch die Integrität, Glaubwürdigkeit und Leistung von Personen als durch objektive Quantifizierungen. Es gibt in jeder Organisation zu jeder Zeit Vertrauen ebenso wie Rechenschaft. So wie es aber Wege der

Vertrauenserschleichung gibt, so gibt es auch Wege der Rechenschaftserschleichung. Die Evaluation wohnt nie sehr weit von der Korruption. Das Evaluationswesen unterhöhlt das Vertrauen, und es unterhöhlt meine Individualität, denn ich werde mich hüten, Dinge zu tun, die schlecht evaluiert werden könnten. Ich werde mein Handeln an den Bedingungen der Evaluation ausrichten, und sei es auch nur für die Dauer der Evaluation.

Vielleicht hat man Evaluationen einmal erfunden, um Willkür zu vermeiden und Transparenz zu befördern. Jetzt ist sie eine unserer routinierten Unterwerfungsgesten, mit der wir uns bei unseren Auftrag- und Geldgebern neuen Kredit abholen, den wir ansonsten, warum auch immer, schon verloren hätten. Die Evaluation füllt die Stelle des abwesenden Chefs. Sie ist im NPM, neben den Qualitätsstandards, den Zielvereinbarungen, den Berichtspflichten, eine jener automatisierten Vorschriften und Instrumente bürokratischer Kontrolle, über die sich die Organisation selbst steuert.

So gesehen, sind Evaluationen, Standards und Ziele Glaubenspraktiken oder Rituale. Wie ein Katechismus unterrichten sie uns in der richtigen Auslegung und Anwendung des Glaubens, und wir haben, wie groß auch immer unsere mentale Reserve ihnen gegenüber sein mag, sie doch anzuerkennen als die Ordnungslogik des zeitgenössischen Büros. Auch den Ungläubigen bleibt ja die Evaluation nicht erspart. »In Ritualen gelingt (...) Sinnproduktion, indem auf etwas Höheres, außer ihr selbst Liegendes, also Überindividuelles verwiesen wird: die Autorität des Wissenschaftlers, das anonyme Prüfverfahren oder die (scheinbar) interesselose Zahl, die Signifikanz, das akkumulierte Gutachterurteil, den Konsens oder den common sense oder einfach die nächsthöhere (bürokratische) Instanz. Diese als eigene Züchtigung erscheinende Hörigkeit gegenüber dem common sense ist viel flexibler als simpler Stahl.«[58]

Das ist die Form der Rationalität, in die unser Bürohandeln in jedem Moment eingebunden ist. Man kann es als ein Regime der Entmächtigung und der Abtretung von Souveränitätsrechten verstehen, man kann es aber auch begreifen als ein System der Modernisierung, das gewisse autokratische Tendenzen der alten Bürokratie erfolgreich hinter sich lässt. Schon in der alten Bürokratie gab es das Phänomen der Entwirklichung: das Büro ist eine Welt in der Welt und kommuniziert nicht mit der externen Realität. Das Phänomen lässt sich auch wieder in der neuen Bürokratie beobachten: wir leisten, wie unsere Vorfahren, Dienst nach Vorschrift. Nicht weil wir nicht engagiert wären oder sein wollen, sondern weil unser Dienst, ganz unabhängig davon, wie engagiert wir sind, von Vorschriften dominiert ist. Die Gestaltungsspielräume der Mitarbeiter sind in der neuen, managerialen Bürokratie nicht größer geworden; das alte Kafka-Gefühl der Absurdität stellt sich auch im neuen Referenzrahmen von Change, Zielen, Standards und Evaluationen mühelos wieder her.

Wenn man bedenkt, was sich Arbeitgeber die moralische Aufrüstung ihrer Belegschaften kosten lassen, dann ist man verwundert über eine Statistik, die die Demoskopiefirma Gallup Jahr für Jahr zum Engagement der Arbeitnehmerinnen und Arbeitnehmer in verschiedenen Ländern durchführt. Ist das Engagement der Mitarbeiter *wegen* all unserer Change-Prozesse so niedrig, oder wäre es ohne Change-Euphorie noch niedriger? »Gallup hat im

September und Oktober 2009 rund 500 ArbeitnehmerInnen ab 18 Jahren in Deutschland telefonisch interviewt: Lediglich 11 Prozent der Befragten weisen eine hohe emotionale Bindung an ihren Arbeitgeber auf. Diese Personen werden innerlich angetrieben, Tag für Tag Spitzenleistung zu erbringen und alles für den Erfolg des Unternehmens zu geben. Die meisten Beschäftigten – nämlich 66 Prozent – sind gering an ihr Unternehmen gebunden und machen Dienst nach Vorschrift. 23 Prozent der ArbeitnehmerInnen hingegen sind emotional nicht gebunden und haben innerlich bereits gekündigt.« »Diese Mitarbeiter haben ihren Job satt«, erklärt Marco Nink, Strategic Consultant bei Gallup Deutschland. »Die Folge ist ein Verhalten, das zu Lasten der Leistungs- und Wettbewerbsfähigkeit des Arbeitgebers geht.« »Gegenüber dem Vorjahr hat sich keine der drei Bindungsgruppen signifikant verändert«, erläutert Marco Nink. Der Anteil der Mitarbeiter mit hoher emotionaler Bindung lag im Jahr 2008 bei 13 Prozent. 67 Prozent der Beschäftigten wiesen eine geringe, 20 Prozent keinerlei emotionale Bindung auf.«[59]

Heißt das, dass die Gouvernementalität mit ihrer Subjektivierung der Antriebsregimes die Belegschaften trotz allem nicht mobilisieren kann? Heißt es, dass die zahllosen Teambildungssitzungen, Fishbowl-Seminare und Open-Space-Workshops es trotz allem nicht schaffen, *Bindung* zu erzeugen? Könnte es bedeuten, dass bei unseren Motivationstrainings am Ende nur der Motivationstrainer motiviert war (wenn überhaupt) und alle Übrigen sich achselzuckend ins Unvermeidliche gefügt haben, um dann rasch wieder an ihre Arbeitsplätze zurückzukehren und die aufgelaufene Arbeit zu erledigen? Die Gallup-Zahlen belegen, dass die Erweckungsprogramme des Managements verhallen und dass sie allenfalls bei den Gestaltern der vielen Change-Prozesse Euphorie auslösen. Alle anderen sitzen die Chose aus und erzeugen beim Aussitzen Transaktionskosten. Das Misstrauen, das in den »modernisierten Verwaltungen« den Arbeitnehmern gezollt wird, zahlen diese mit passiver Aggressivität zurück. Insgesamt keine Win-Win-Situation. Ideologie und Rituale des fortwährenden Change werden nicht geglaubt, sondern erduldet. Auch das ist freilich ein Fehler.

3.3 Performance. Leistungsdarstellung und Darstellungsleistung

> Mittels der Attributionsanalyse lässt sich die Performance des Portfoliomanagements messen.
> *Wikipedia*

Performance. Vom Darstellen

Wenn das Subjekt als Manager funktioniert, dann heißt das auch, dass wir laufend an der Performance arbeiten und dass wir Performance planmäßig mit Leistung verwechseln. Die Darstellung unserer Leistung ist auch schon (oder erst) unsere Leistung. »Performance umfasst sowohl Leistung sowie Darstellung, Verbildlichung, Symbolisierung und Messung, und beides in einem Begriff zu repräsentieren, verweist nicht nur darauf, dass (theatralische) Darstellung eine Leistung ist, sondern auch darauf, das Leistung dargestellt, theatralisiert werden muss, um als solche wahrgenommen zu werden (...) So kommt es zu permanenten Wettkämpfen, in denen Leistungen objektiviert und vergleichbar gemacht werden sollen, die sich jedoch weniger als Leistungs- denn als Darstellungskämpfe auffassen lassen.«[60] Das Subjekt als Manager heißt: *Wir alle spielen Theater*, um den Klassiker von Erving Goffman zu zitieren. Wir befinden uns im Feld der Inszenierung. Die Darstellung der Leistung ist fast schon die Leistung selbst – man erkennt es an der bemerkenswerten Konjunktur der Vokabel »Darstellung« bzw. »Darstellen« im Geschäftsleben.

»Wir können das System zur Zeit nicht darstellen«, heißt bloß, dass die IT gerade nicht funktioniert. Was immer das unternehmerische Selbst oder manageriale Subjekt sonst können muss: es muss vor allem eines, (sich) darstellen.

Wir merkten neulich in einer Sitzung auf, als uns ein Kollege über »hochperformante Systeme« informierte, die leider gerade nicht zur Verfügung stünden. Wir haben uns längst daran gewöhnt, dass neue Potenzpräparate die »sexuelle Performance« verbessern helfen. Auch die Performance des DAX oder einzelner Werte könnte kaum noch anders bezeichnet werden: als ein Wert oder eine Leistung, die messbar ist und »dargestellt« oder angezeigt werden kann. Die Performance lässt sich anhand von Key Performance Indicators ermitteln, die wiederum in eine (Balanced) Scorecard einfließen. Wo Leistung war, scheint es, ist nun Performance. Wo Leistung war, ist nun die im Performance-Begriff gebündelte Zwei-Einheit von Leistung und Darstellung. Von Leistungsdarstellung und Darstellungsleistung, zwischen denen ein Unterschied kaum noch auszumachen ist. Wir sind alle, wie eine Aktie, Performer, wobei noch zu klären ist, ob und wieso wir Outperformer, Underperformer oder Market Performer sind.

Wohin man schaut und hört, wird dargestellt. »Firefox kann Farbe nicht darstellen«, »Videoquelle kann den Datenstrom nicht darstellen«, das sind Beispiele aus der Welt der IT, aber wir finden denselben Gebrauch von »darstellen« in der sozialen Welt: »So war zu lesen, dass eine Erhöhung der Abgeordnetendiäten im Augenblick ›wirtschaftlich nicht darstellbar‹ sei. Ein im Motorsport glückloser Autohersteller gab bekannt, dass die Teilnahme an weiteren Autorennen für ihn ›nicht darstellbar‹ sei. Bestimmte Steuerabzüge, ist vom Finanzamt zu hören, seien künftig ›nicht mehr darstellbar‹. Rentenerhöhungen? Nach den Worten eines Rentenpolitikers derzeit »ökonomisch nicht darstellbar«.[61] Der Boom des Performance-Begriffs geht also Hand in Hand mit dem des Verbums »Darstellen«. Wer nicht(s) darstellt, der ist gar nicht da. Was nicht darstellbar ist, das existiert nicht. Wir sind jetzt alle Darsteller, vor allem Selbstdarsteller auf dem Sichtbarkeitsmarkt. Wir haben eine Performance abzuliefern, die nicht so aussehen soll, als wären wir Rule Player. So sauber auch immer unsere Prozesse aufgesetzt, so qualitätsgemanagt unsere Abläufe sein mögen, es kommt auf die Performance an: auf die Darstellung unseres Selbst nicht nach den überlieferten Regeln des Berufs, sondern nach denen der Darstellung selbst. Zur Darstellung der Leistung tritt regelmäßig die Leistung der Darstellung. Unser Auftritt. Unsere Performance. In den Charts.

Performance oder Performanz kam als Begriff zeitgleich mit Peter Druckers Erfindung des Managements in die Welt. Um 1955, als John L. Austin mit dem berühmt gewordenen Buch *How To Do Things with Words* die

Sprechakttheorie begründete. Die Prägung des Begriffs fällt zeitlich zusammen mit der »performativen Wende in den Künsten«, wie es Erika Fischer-Lichte, die führende Theoretikerin des Performativen in der Kultur, formuliert, ohne weiter nach der Verbindung zwischen Sprechakttheorie, Management und performativen Künsten zu fragen.[62] Der Eindruck drängt sich auf, dass, während sich das Theater enttheatralisiert (es wird »postdramatisch«), die übrige Wirklichkeit sich umso heftiger theatralisiert und dramatisiert.

Es gibt schon länger eine Allianz zwischen Management und Künsten. Beide haben sie Anteil an einer Mobilisierung des Subjekts, einer Überwindung der alten disziplinären Ordnungen in Richtung auf eine neue »performative Normativität«.[63] Wenn Manager wie Künstler unaufhörlich von Prozessen reden, die sie höher schätzten als fertige Werke oder Produkte, wenn sie die engen ständischen und disziplinären Grenzen ihrer Kunstsparten und Firmen-Branchen geringschätzen und der Entgrenzung das Wort reden, wenn sie in Projekten denken und eben in Performanzen, Präsenzen, Präsentationen, dann könnte das die Vermutung belegen, dass Contemporary Art und Contemporary Management, diese amerikanischen Nachkriegs-Zwillinge, mehr miteinander verbindet, als es die verbliebenen Verächter der Kunst unter den Managern oder Verächter des Managements unter den Künstlern wahrhaben möchten. Manager und Künstler, zwei dominante Sozialfiguren der Gegenwart, sind prominente Verkörperungen des »unternehmerischen Selbst« – und wir Büroangestellten haben an beiden Ordnungen Anteil.

Performance: Wenn wir gerade nicht an Viagra oder den DAX denken, sondern an die schönen Künste, dann fällt uns Marina Abramović ein, wie sie in einem Kunstraum mit einer Drahtbürste blutige Rinderknochen von Fleischresten befreit und sich anschließend übergibt. Das war eine Performance, aber kein Happening. Anders als das Happening liefert die Performance weder »Befreiung und Tabubruch« noch »Ironisierung und Persiflage«.[64] Sie ist, im Gegenteil, ernst bis zur Sakralität. Die künstlerische Performance ist heute ein besonderer Hüter des Sakralen, nicht nur in der Kunstwelt selbst, in der der Werkbegriff sonst an Aura verloren hat, sondern überhaupt in der sozialen Welt. Die Performance hat nicht nur mit Erfolg das Happening ersetzt, sie hat sich eine dominante Stellung im Theatersystem erarbeitet (als »postdramatisches Theater«), ebenso aber auch im Tanzsystem und schließlich in der bildenden Kunst. Was könnte diesen Siegeszug der Performance oder des Performativen erklären? »Wir alle haben oder geben eine Performance«, das bedeutet mehr als nur, dass wir alle Theater spielen, denn nun geht es nicht mehr um Rollenspiele und Rollenverhalten – denn unser Skript kennt keine Rollen mehr, ja es gibt nicht einmal mehr ein Skript außer unserer Kreativität –, sondern um die Erzeugung sozialen Sinns und Werts durch Darstellung.

Der ganze Unterschied zur alten Rollen- und Theatralitätssoziologie besteht darin, dass heute niemand mehr Theater spielt, weil eben die Performance das Theater ersetzt hat. Das skriptlose Agieren des Kreativsubjekts hat die uralten Aufsage-, Einfühlungs- und Deklamationspraktiken des Theaters erfolgreich verdrängt. In der Performance erst erbringen wir den Nachweis, dass wir überhaupt ein Selbst haben. Dass wir uns verlässlich von anderen unterscheiden. Dass wir »wir selbst« sind, wenn wir arbeiten, und nicht etwa nur ein Weisungsempfänger. Der komplexe Aufbau der gouvernemental-autonomen Persönlichkeit erfordert zwingend die Performanz oder Performance: als Nachweis und Dokumentation meines Selbst, als seine Präsentation, als Ort seiner Evaluation. Die künstlerischen Performances, so radikal unkonventionell sie sich auch gebärden, tragen zur Modellierung unserer neuen, unternehmerischen Subjektivitäten erheblich bei. So gesehen, ist die Performance die Kunstform unserer Zeit schlechthin. Es ist so, wie Aldo Legnaro schreibt: es »kündigen sich in der *Performance* in künstlerischer und verspielter Form neuartige Formen der Selbstregierung an, welche die Performanz der Individuen bestimmen und sie zur Selbstinszenierung als unternehmerische, sich selbst entwerfende Subjekte bewegen, drängen und zwingen. Diese Formen der Selbstregierung sind Bestandteil einer Erzeugungsgrammatik des Sozialen, die weitgehend der Sphäre des Ökonomischen entstammt und sowohl den sozialen Zuständen wie den Selbstkonzeptionen die ihr eigene Verflüssigung und Fließdynamik aufzwingt.«[65] Die Performance, so könnte man allgemein formulieren, ist die Kunstform des fortgeschrittenen Kapitalismus, in dem alles Ständische, Zünftige, Disziplinäre und Werkhafte verdampfen soll.

Wir sehen also, wie die beiden zunächst unvereinbar wirkenden Bedeutungen von Performance – Symbolisierung und Messung – sich gegenseitig bedingen. Leistung und Darstellung, Leistungsdarstellung und Darstellungsleistung gehören zusammen in einer Gesellschaft, die weit weniger Leistungs- als Darstellungs- oder Performance-Gesellschaft ist, und dies nicht etwa nur, weil das Ökonomische die Oberhand über alle Lebensbereiche gewonnen hätte, sondern auch, weil die Gesetze der visuellen und performativen Kultur alle Lebensbereiche, also auch Politik und Ökonomie, beherrschen.

Nicht nur wir Subjekte sind dabei Darsteller, sondern auch die Systeme, namentlich die IT-Systeme, mit denen wir in einer merkwürdigen Spannung ko-existieren: halb beherrschen wir sie, halb beherrschen sie uns, halb kann die Aussage, die hochperformanten IT-Anbindungen seien gerade nicht darstellbar, als Alibi für die eigene Miss-Performance herhalten, halb fällt sie auf diese zurück. Auch unsere Systeme sind Darsteller, auch sie geben eine Performance, und manchmal entzieht sich ihre Performance unserer Steuerung. »Auf diese Weise werden die Verhältnisse entpersonalisiert und abgekoppelt von den tatsächlichen Entscheidungen, die sie bestimmen, zur Naturgewalt erhoben und zum Sachzwang geadelt. So kennt dieser Terminus keine Akteure mehr, sondern nur noch dingliche Verhältnisse.«[66] Oder anders gesagt: die Akteure sind Teil der dinglichen Verhältnisse geworden und umgekehrt.

So wie sich etwa die Idee der Dienstpflicht in Luft aufgelöst hat, so auch, scheint es, die der Leistung; beide scheinen eher dem mittelalterlichen Zunftwesen zuzugehören als unserer Gegenwart. Während Leistung früher einmal im Wesentlichen in selbständiger, mitunter überdurchschnittlicher Pflichterfüllung mitsamt gelegentlicher Berichtspflichten und Kontrollen bestand, im Grunde also auch unabhängig von ihrer Beobachtung und Darstellung existierte, hat sich jetzt das Moment der permanenten Beobachtung und Darstellung oder Darstellbarkeit von Leistung ins Zentrum eben der Leistungs- und eben nun Performance-Idee gedrängt. Leistung ist nur, was gerade »auf dem Schirm« ist, und dort am besten als Chart, also darstellbar. Man könnte sagen: War Leistung einstmals etwas Vollendetes und zu Vollendendes im Sinne von »Ich habe dies und jenes vollbracht«, hat Performance die Zeitform der Präsenz und des Präsens: »Seht her, was ich tue und als Nächstes tun werde«, wobei das »Seht her« so elementar ist wie die Zeitgestalt der Gegenwart. Es ist der Leistung, wenn sie Performance sein will, von Anfang an die Dimension des Zeigens und Versprechens eingeschrieben. Wir leben, wir sagten es, in einer Zeit, in der performative Sprechakte die konstativen überflügelt haben; in denen unser berufliches Reden eine stark werbliche Dimension angenommen hat.

Stets sind wir uns voraus, kündigen an, versprechen, planen und entwerfen. Hauptsache, unser Tun ist auf die Zukunft gerichtet. Den Gipfel unserer Leistungsfähigkeit oder Performance haben wir stets noch vor uns; sobald wir hier und da noch ein bisschen etwas optimiert haben, werden wir endlich unser ganzes Potential »abrufen« können. Was aber, wenn der Gipfel unseres Leistungsvermögens, der Performance Peak – wie etwa jener der heutigen rekordmüden Leichtathleten, sofern sie nicht dopen –, schon hinter mir läge, wenn ich nie wieder an meine alte Performance anknüpfen könnte und diesen Umstand mäßig erfolgreich zu verschleiern trachtete? Auch und gerade die Verstellung, die Simulation, das Vortäuschen nicht vorhandener »Kompetenzen« sind natürlich performative Leistungen, aber sie sind es nicht im Sinne von Performance (sei es in Kunst oder Management). Die unechte Performance wäre sowohl in der Galerie wie im Büro als Verstoß gegen die Order zu begreifen, »unser Bestes« zu geben, nämlich unser Selbst. Die Kultur der Selbstregierung duldet nicht den Umstand, dass sich die Subjekte hinter Rollenmasken verkrümeln, weder im Theater noch am Arbeitsplatz. Wir sind im Büro eine Persona und tragen trotzdem keine Maske.

Wer oder was bin also »Ich« in der Performance-Welt? Ein Mensch mit einem Potential. »Das Potential des Unternehmens und seiner Mitarbeiter ist die notwendige Voraussetzung für Performance. Aufgabe der Führung ist es, durch Ausrichtung der Mitarbeiter und deren Leistungserbringung sowie durch Gestaltung der Prozesse zu gewährleisten, dass auf der Basis des erforderlichen Potentials eine hohe Leistung erbracht wird, die wiederum zu entsprechend vielen und guten Ergebnissen führt.«[67] Im Sinne des Performance Management wird Leistung als Input-Größe im Prozess der Performance-Erbringung betrachtet; Performance dagegen ist das Ergebnis und damit eine Output-Größe. »Resultate von Tätigkeiten und Arbeitsprozessen«, so steht es auf den Seiten von *business-wissen.de*, »sind nach diesem Verständnis nur dann als Erfolg oder Ergebnis im engeren Sinne zu bezeichnen, wenn sie mit dem Zielsystem des Unternehmens im Einklang stehen. (…) Die Bedeutung des Performance Measurements liegt in der Ermittlung der notwendigen Kennziffern, um die Wirksamkeit der realisierten Maßnahmen des Performance Managements zu monitoren und zu kontrollieren, damit Führungskräfte und Mitarbeiter steuern und nachsteuern können.«[68]

Was unterscheidet eigentlich den *Sitcom*-Büroleiter Bernd Stromberg aus der gleichnamigen TV-Serie von dem ein halbes Jahrhundert älteren Heinz Erhardt als Komödien-Buchhalter Willi Winzig? Willi Winzig wusste, so viel steht fest, von »Performance« noch nichts: er war input-orientiert und simulierte, wo erforderlich, Betriebsamkeit. Stromberg dagegen ist, auch wenn seine Performance durchwachsen ist, output-orientiert; er präsentiert selbst da Ergebnisse, wo keine Leistung war. Er weiß, dass Performance alles und alles Performance ist. Seine Vorgesetzten sind nicht zufrieden mit ihm, sie finden ihn ebenso peinlich, wie ihn seine Untergebenen finden, aber man sieht auch, dass sie gegen Stromberg nicht viel ausrichten können. Wahrscheinlich sind seine Kennzahlen und Indikatoren in Ordnung, wahrscheinlich erreicht er sogar seine Ziele. Wenn Stromberg nicht gerade von Kameras verfolgt wird und Mitarbeiterinnen anbaggert, wird er wahrscheinlich seine Berichtspflichten »nachhalten«, seine Projekte in einem »Pflichtenheft« dokumentieren, er wird evaluieren und evaluiert werden, Ziele vereinbaren und Lenkungsausschüsse bevölkern. Selbst die kleine, defensive Fluchtphantasie von Willi Winzig ist unter den Prämissen des Gegenwartsbüros undenkbar. Darüber sollen der grelle Witz von Stromberg und seine evidente Peinlichkeit hinwegtäuschen, aber es gelingt nicht – oder sagen wir, die Wahrheit dieser Figur offenbart sich in dem Maße, wie es ihr nicht gelingt, kein guter Manager zu sein. Und sollen die Manager nach Tom Peters nicht genau das tun, was Stromberg jeden Tag gelingt oder unterläuft: provozieren, schockieren, »Denkanstöße geben«, Konventionen in Frage stellen, den Change instrumentieren? Ist Stromberg nicht vielleicht sogar ein Management-Freak aus der Tom-Peters-Schule?

Das Performance-Prinzip hat die alten Verwaltungen, die Firmen und Behörden gleichermaßen, erschüttert und verwandelt. Nirgendwo mehr soll man – als Kunde von finanzamtlichen, polizeilichen oder Meldestellen-Dienstleistungen – noch den Geist der Obrigkeit verspüren. Es ist schwer zu sagen, ob sich die alte Bürokratie nur ein Facelifting verordnet oder ob sie sich auch innerlich rundum erneuert hat; jedenfalls muss jetzt alles, was nach Amtsgewalt aussah, den Eindruck einer Dienstleistung erwecken. Was Colin Crouch die »Postdemokratie« nennt, mag für deutsche Leser beruhigend nach Großbritannien und nicht nach Deutschland klingen, ist aber trotzdem schon länger – spätestens seit Schröder und Blair – Teil unserer Realität. »Wenn Regierungen immer mehr Bereiche privatisieren, führt das keineswegs zu dem Verschwinden der staatlichen Macht, von dem radikale Liberale oder Anarchisten immer geträumt haben, vielmehr konzentriert sich die Macht nun in der inneren Ellipse: einem kompakten Kern, dessen Mitglieder vorwiegend mit ebenbürtigen Eliten in der Wirtschaft Umgang pflegen. Dies spielt sich folgendermaßen ab: Behörden der unteren und mittleren Ebene – insbesondere die Kommunalverwaltungen – müssen ihre Aktivitäten gemäß dem Modell von Auftraggeber und Anbieter transformieren, das ihnen der Markt vorgibt. Die eigentliche Amtsgewalt wird ihnen dadurch entzogen und auf das Zentrum verlagert. Gleichzeitig privatisiert die Regierung selbst viele ihrer Aufgaben und übergibt sie an Berater und Dienstleister verschiedener Art.«[69] Für Crouch ist die »Kommerzialisierung öffentlicher Leistungen« ein wesentlicher Bestandteil der Postdemokratie. Es geht nicht nur um »Vermarktlichung«, es geht auch und immer um Vermarktung, das heißt, um den Einsatz kommerzieller Praktiken in einem Sektor, der vordem aus guten Gründen von Schau-Elementen weitgehend freigestellt war. Hat sich die Annahme (von New Labour, kommunaler Gemeinschaftsstelle und anderen) bestätigt, »dass die Qualität öffentlicher Dienstleistungen sich verbessern wird, wenn die bisherigen Praktiken und das bisherige Ethos der Behörden zum Teil durch kommerzielle Vorgehensweisen ersetzt werden«?[70] Das ist ungewiss, was aber gewiss ist, ist dies: der Anteil der Öffentlichkeitsarbeit am Gesamtvolumen unserer Arbeit hat sich dramatisch erhöht.

Indikatoren. Vom Zeigen

Zur Logik des Darstellens gehört die des Hinweisens, des Anzeigens und, in welchem Wortsinn auch immer, die des Angebens. Wir arbeiten nicht nur – was einmal eine selbstvergessene Tätigkeit sein konnte –, wir zeigen oder weisen nach, während wir arbeiten, *dass* wir arbeiten, und sind schon deshalb niemals selbstvergessen. Robert Pfaller hat darauf hingewiesen, dass »Arbeit Arbeit macht«, auch deshalb, weil wir uns in Abkehr etwa von korruptionsverdächtigen Praktiken der alten Firmen- und Behördenwelt zur umfassenden Ehrlichkeit und Transparenz – und damit zur Dokumentation unseres gesamten Tuns – verpflichtet haben: Zur ökonomisch motivierten »Kosten-Leistungs-Rechnung« unserer Tage tritt die wirtschaftsethisch begründete Rückverfolgung all unserer Taten. »Weil sich beides«, so Pfaller, also Arbeit und Rückverfolgung der Arbeit, »aus denselben Ressourcen speist, geht dies auf Kosten der Arbeiter; sie werden zunehmend durch Aufzeichner verdrängt. In sämtlichen Unternehmen werden Produzierende also ersetzt durch Leute, die über das Produzieren berichten: durch PR-Leute, Juristen, Evaluierungsspezialisten etc.«[71] Aber nicht nur das: In und an uns selbst vollziehen wir den Wandel vom Arbeiter zum Berichterstatter und Vermarkter der Arbeit. Durch Indikatoren oder Messwerte, in denen wir selbst über unsere Arbeitsergebnisse Rechenschaft ablegen, durch Planungen, in denen wir regelmäßig den Sprung von »suboptimal« nach »optimal« ankündigen und hierfür Finanzmittel fordern, und in Strategien, in denen wir Geschichten erzählen, aus denen sich dem Geldgeber (das ist neuerdings immer häufiger gleich der »Steuerzahler« selbst) die Relevanz unseres Tuns erschließen soll. Nebenbei erledigen wir auch noch unsere Arbeit. Aber zum Haupt- und Kerngeschäft ist die Arbeit des Zeigens geworden, die niemals zu eng an der Wahrheit entlanggeführt werden darf – das könnte die Steuerzahler entmutigen. Wir sind, ohne dass wir danach verlangt hätten, zu Anzeigern und Angebern geworden.

Schon immer gab es im Büro und im Bürowitz den Sozialtypus des Angebers. Dieser ältere und inzwischen zur Karikatur erstarrte Typ »fällt durch sein übertrieben zur Schau gestelltes Selbstbewusstsein auf. In seinen Äußerungen beschränkt sich der Angeber nur auf sich und seine Taten. Die perfekte Selbstdarstellung ist für ihn ein absolutes Muss. Er ist stets bestens informiert, und Statussymbole spielen für ihn eine sehr wichtige Rolle. Im Beruf ist der Angeber-Typ immer auf der Suche nach Bewunderung. Es geht ihm nicht um eine einflussreiche, sondern um eine prestigeträchtige Position. Ein Doktortitel, ein teurer Dienstwagen, Dienstreisen ins Ausland, ein mondänes Büro sind ihm wichtiger als Positionen mit Macht. Das Problem des Angebers ist sein geringes Selbstwertgefühl. Dadurch ist er ständig auf der Suche nach Anerkennung.«[72] Natürlich, solche Angeber gibt es auch noch, und sie werden wahrscheinlich auch nie aussterben. Was uns quält, ist aber nicht der Angeber dort draußen, mit dem wir keinesfalls verglichen werden wollen und gegen den wir uns ohne Mühe mit ein paar netten Nicht-Angebern verbünden würden. Was uns quält, ist der Angeber in uns, der wieder mal passgenaue Indikatoren eingereicht hat, der in der Rückschau über den letztvergangenen Strategiezyklus volle Zielerreichung meldet, der auf eigene Maßnahmen hinweisen kann, die sich schon jetzt als »nachhaltig« und »strukturbildend« erwiesen haben, kurz, der gar nicht mal besonders marktschreierische, eher mittlere Angeber, der wir sein müssen. Weil wir es jetzt mit der Wahrheit immer ganz genau nehmen sollen, nehmen wir es in Wahrheit mit der Wahrheit überhaupt nicht genau, sondern begnügen uns mit den Formeln, die wohl schon gut genug sein werden, um Performance zu indizieren. Aber habt ihr nicht auch »harte« Faktoren der Leistungsmessung? Reichen bei euch dumme Sprüche oder ein bisschen Storytelling? Nein, wir haben auch quantitative Indikatoren, aber sind sie nicht eigentlich die weichsten und formbarsten von allen?

»Ziele und Kennzahlen sollen zur Grundlage der Gestaltung von Planung, Steuerung und Erfolgskontrolle des jährlichen Haushalts gemacht werden. In jedem Teilhaushalt sollen die Produktgruppen, die wesentlichen Produkte, die Ziele und Kennzahlen dargestellt bzw. in einer Übersicht jedem Teilhaushalt beigefügt werden.«[73] So lesen wir auf den Seiten der kommunalen Gemeinschaftsstelle, und so sieht es der »Leittext für eine doppische Gemeindehaushaltsverordnung« vor, den die Innenministerkonferenz vor einigen Jahren beschlossen hat. Dann geht es um Dinge, die jeder Büroteilnehmer von heute kennt: etwa die SMART-Formel (»Specific Measurable Accepted Realistic Timely« oder auf Deutsch »Spezifisch,

Messbar, Akzeptiert, Realisierbar, Terminierbar«). Um die SMART-Kriterien zu erfüllen, empfiehlt es sich, smart zu sein; der Rest wird sich dann schon finden. Denn anders als die traditionelle Leistungskontrolle ist ja das heutige Indikatorwesen gouvernementalisiert. Ich bin nicht nur der Leistungserbringer, auch nicht nur der Leistungsperformer, sondern derjenige, der die Leistung, zu deren Messung die SMART-Formel herangezogen wird, überhaupt erst erfindet und konfektioniert. Und ich werde smart genug sein, nichts zu produzieren, das nicht gemessen werden kann. Ich werde also diejenigen Abschnitte meiner Performance zur Messung anbieten, über deren Spezifik, Messbarkeit und Akzeptanz vorab schon immer entschieden ist. Ich werde also meinen eigenen mittleren Realismus als Leistung oder gar Leistungssteigerung zu inszenieren haben und ich nehme an, ich weiß, wie das geht. Ich kann, wir alle können Semantik. Wir können labeln, packagen, branden und »signallen«. Ehe uns die neue Steuerungslehre auf die Schliche kommen konnte, sind wir schon ihr auf die Schliche gekommen; wir kennen ihre Art Datenhunger und haben gelernt, ihn zu befriedigen. So gesehen ist die ganze neue Steuerungslehre vielleicht gar nicht mal so besonders menschenverachtend und totalitär und postdemokratisch, sondern nur eines: wirkungslos. Sie funktioniert im Prinzip gut, nur nicht mit Menschen.

Nein, der Untergang des Abendlandes durch Kennzahlen steht nicht bevor. Sie sind nur kleine Helfer, die uns, ohne dass wir Hilfe angefordert hätten, die Arbeit erleichtern wollen. Ein Instrument, ein Benutzerfreund. Die kommunale Geschäftsstelle hat ja recht: Kennzahlen »beleuchten (…) einen Ausschnitt der Wirklichkeit«.[74] Sie erschaffen aber auch erst einen Ausschnitt der Wirklichkeit, das Kennzahlenmanagement; gibt es erst einmal Kennzahlen, werden wir unsere dienstliche Aufmerksamkeit künftig verstärkt auf den Ausschnitt der Wirklichkeit lenken, in dem Kennzahlen erhoben werden. Wir werden uns während der Bürostunden der Kennzahlenkosmetik widmen und die so geschönte Wirklichkeit als unsere Performance ausgeben. Ist es Drohung oder Verheißung, wenn es bei der kommunalen Geschäftsstelle heißt, aufgrund des zunehmenden kennzahlen-»hinterlegten« Wettbewerbs zwischen den Kommunen komme »der Analyse-, Präsentations- und Kommunikationsfähigkeit kommunaler Führungskräfte (…) gesteigerte Bedeutung zu«?[75] Wir sehen den Kommunalpolitiker der Zukunft vor uns, wie er mit PowerPoint-Präsentationen seine Super-Kennzahlen an die Investoren bringt und wie ein CEO Quartalszahlen präsentiert, die an der Börse für Hochstimmung oder Enttäuschung sorgen. Die Kennzahlen müssen, um präsentiert zu werden, immer gut sein; und wenn sie schlecht sind, dann ist zumindest die Talsohle erreicht und die »Bodenbildung« hat begonnen. Wohnt nicht das moderne Kennzahlenwesen samt Storytelling ganz nah bei einem unvermuteten Nachbarn, beim Märchen?

Man darf die Performance nicht mit den Kennzahlen oder Key Performance Indicators verwechseln, wird gewarnt. Es gibt den Erfolg und es gibt seine Darstellung. Im New Public Management ist der Unterschied planmäßig verwischt worden; nun haben Krankenhäuser oder Finanzämter ebenso eine Performance und Performance Indicators wie Automobilhersteller oder Finanzdienstleister; und es kann geschehen, dass man in einer Justizvollzugsanstalt über »zero defects« oder »10/10 customer satisfaction« nachdenkt.

Wir haben gesehen, wie New Labour, in der Nachfolge der Neuen Rechten, eine antibürokratische und vor allem antiwohlfahrtsstaatliche Reform der öffentlichen Dienste vollzogen hat, die auch auf dem Kontinent viel Beifall und viele Nachfolger gefunden hat. Im *Guardian* hat, nach 25 erfolgreichen Jahren als psychiatrischer Amtsarzt in Leicestershire, Dr. Douglas Cameron eine bittere Bilanz des englischen Gesundheitswesens gezogen.[76] »Ich sehe den Managerismus als einen Virus«, wird der Arzt zitiert, und weiter: »Ich habe oft darüber sinniert, dass ich am Tag meiner Pensionierung sagen müsste, dass Margaret Thatcher mein Leben ruiniert hat. Aber ich glaube das nicht mehr. Ich glaube, dass die Harvard Business School mein Leben ruiniert hat, oder genauer, diejenigen, die glauben, dass die Antwort auf die Nöte des Nationalen Gesundheitswesens in den Techniken des Managerismus liegt.« »Ich sehe«, sagt der Arzt dann weiter, »den Managerismus als einen Virus, dessen Haupteigenschaft die Zerstörung des Altruismus und jeder individuellen klinischen und wissenschaftlichen Aktivität ist. (...) Managerismus erlaubt keine Ausreißer, aber von ihnen, den Käuzen und den Eigenbrötlern, kommt die Innovation. Und ich weiß, dass, wenn die managerialen Systeme, die wir jetzt an den Universitäten und dem NHS erleben, schon vor 25 Jahren existiert hätten, wir nicht in der Lage gewesen wären, zu schaffen, was wir geschafft haben. (...) Aber jetzt erzählt man uns, dass das, was wir tun, nicht gut genug ist. Man erzählt uns, es gibt Geld für ›change‹, aber nicht zum Erhalt dessen, was wir geschaffen haben. (...) Es gibt heute eine Obsession für sogenannte evidenz-basierte Praxis. Sehr oft wird die Evidenz bei gefügigen Probanden erhoben, die Tausende von Meilen von der Bevölkerung entfernt leben, um die wir uns kümmern.«[77] So wie der Managerismus in Großbritannien (mit Unterstützung der Harvard Business School und anderer) erfunden wurde, so ist auch die Kritik an ihm in Großbritannien schon früher entbrannt als irgendwo sonst. Als in Deutschland die große Koalition 2005 den Bürokratieabbau im Sinne des NPM zur Regierungspolitik erhob, war dieselbe Politik in Großbritannien, wie es aussieht, schon (unten) durch, aber trotzdem nicht abgewählt.

Ebenfalls im *Guardian* liest man Jahre später die Bekenntnisse eines britischen Postboten.[78] Eigentlich mag Roy Mayall seinen Job: Frische Luft, früh aufstehen und früh Feierabend machen, nette Kunden, ja sogar den Stress vor Weihnachten usw. Aber jetzt soll das Postaustragen modernisiert werden. »Dieses Jahr«, hat er dem *Guardian* erzählt, »haben die höheren Befehlsebenen des Royal Mail Management beschlossen, einige Änderungen zu implementieren. Zum Beispiel sind wir unsere Fahrräder losgeworden und bekommen statt dessen Lieferwagen.« Der ganze Postauslieferdienst wird umgebaut, mit dem Ergebnis, dass die Post jetzt nicht mehr täglich eintrifft, sondern gern zum Wochenende als ein Bündel zugestellt wird. Auf Nachfrage erklärt die Royal Mail, man habe zwei Milliarden Pfund in die Modernisierung der Operationen gesteckt, um die Zustellung im Lande effizienter zu machen. Und dann, im Originalton aller Umstrukturierungen: »When any such major change is implemented, some disruption is possible until the changes bed in.« Warum eigentlich, fragt Roy Mayall, mussten die Fahrräder verschwinden? Zuerst hieß es: aus Effizienzgründen. Im Jahr darauf dann: aus Sicherheitsgründen. Die Postboten kennen den wahren Grund: »Es ist, weil wir dann größere Gewichte befördern, mehr Pakete austragen und in derselben Stundenzahl mehr Arbeit leisten können.« Die neue Methode heißt »park and loop«. Zwei Postboten fahren zusammen in einem Lieferwagen aus und haben zwei Golftrolleys im Kofferraum. Sie parken den Wagen und schwärmen getrennt aus, wobei sie einen großen Bogen beschreiben, der wieder am Auto endet. Dann geht es zum nächsten Loop. Das klingt gut, funktioniert aber nicht, sagt Roy Mayall. Die ganze Prozedur wird von einem Computerprogramm namens Pegasus Geo-Route gesteuert, einem Royal-Mail-Äquivalent für Google Earth. Pegasus berechnet exakt die Zeit, die für jeden Loop benötigt wird. Für eine »attendance delivery«, das heißt, eine Lieferung, bei der etwa eine Unterschrift des Empfängers benötigt wird, ist eine Minute erlaubt. Alles soll schneller gehen, als es nach der langjährigen Erfahrung der Postboten gehen kann, aber die Realität hat sich an den Schätzungen des Managements zu orientieren. Unterdessen stapelt sich die Post auf den Ämtern, während die Post gleichzeitig noch Stellen streicht, weil sie ja die Effizienz der Zustelldienste erhöht hat. Im Übrigen soll die Postzustellung demnächst privatisiert werden, das heißt, es werden dann ohnehin keine Postbeamten mehr sein, die den Job machen, und überdies wird man die Dienste sicher noch einmal gründlich umstrukturieren. Unter solchen Umständen macht es keinen Spaß mehr, Postbote zu sein. Unter solchen Umständen macht es auch keinen Spaß, Amtsarzt zu sein, und sicher macht es keinen Spaß, Hochschullehrer zu sein. So richtig klasse sind die Performance Indicators und die Balanced Scorecard, um im Jargon zu bleiben, immer nur für die Stakeholder, und vielleicht nicht einmal für die.

So haben Postboten und Amtspsychiater, UniversitätsprofessorInnen und wir alle die Segnungen des Business Process Re-Engineering erfahren dürfen. Wir haben unser Vokabular bedeutend ausgeweitet – der britische Biochemiker John Allen erzählt, wie er einen »neuen und befremdlichen Wortschatz von ›performance indicators‹, ›metrics‹, ›indicators of esteem‹, ›units of assessment‹, ›impact‹ und ›impact factors‹« zu erlernen hatte[79]. Der gesamte Hochschulbetrieb, der britische umfassender und gnadenloser als der deutsche, ist jetzt »indicator driven« und deshalb den Praktiken und Techniken ausgeliefert, mit denen wir unsere Arbeit für andere schönfärben. Und natürlich weist die Spur, ganz wie Amtsarzt Cameron vermutet, zurück nach Harvard, zu Robert Kaplan und David Norton und in die mittleren neunziger Jahre des letzten Jahrhunderts. Wann und wo auch immer wir heute in unseren Behörden und Dienststellen über der Frage grübeln, was wir »tun müssen, um auch noch in zwei, drei oder fünf Jahren Erfolg zu haben«, was »unsere Kunden von uns erwarten«, welche »Kernprozesse wir benötigen, um die Bedürfnisse und Erwartungen unserer Kunden auch morgen noch zu erfüllen«, was für »Mitarbeiter, Maschinen, Systeme, Anwendungen wir benötigen, um unsere Kernprozesse wirkungsvoll und zeitsparend« zu entwickeln und so weiter, dann grübeln wir entlang den Rezepten, die Kaplan und Norton in Harvard entwickelt und als Balanced Scorecard vermarktet haben. Hand in Hand mit der damals aufkommenden neuen Informationstechnologie haben sie das Strukturgitter für alles geschaffen, was heute mit Leistung, Ergebnis, Output und eben Performance zu tun hat. Es gibt wohl keine Sphäre des öffentlichen wie privaten Wirtschaftslebens, in der nicht nach KPIs gefahndet würde: nicht die Kirchen, nicht die Museen, nicht die Parteien und nicht die Bibliotheken. Schließlich kann überall gezählt werden.

»Quantifizierende und modellorientierte Formen des Denkens haben so sehr die Vorherrschaft gewonnen, dass qualifizierende und erfahrungsorientierte Begründungen kaum mehr durchzudringen vermögen«, hat der Historiker Andreas Rödder bemerkt[80] und die Frage »Wie konnte es dazu kommen?« so beantwortet: »Drei übergreifende Entwicklungen scheinen sich miteinander verbunden zu haben: Digitalisierung und Globalisierung auf technologisch-ökonomischer Ebene zum ersten, zweitens die Folgen der Postmoderne auf der Ebene von Politik und Kultur und schließlich der Prozess einer fortschreitenden Bürokratisierung und sozialstaatlichen Regulierung.« Zu ergänzen wäre: der Prozess einer Bürokratisierung und Regulierung ging einher mit dem erklärten Ziel einer Entbürokratisierung und Deregulierung. So oder so ist der Befund richtig: »Daraus ging eine ›Innovationstechnokratie‹ hervor, in der überdies vormalige ideologische Gegensätze zusammenfanden.«

Das Kennzahlen- und Indikatorwesen, so naiv und korruptionsanfällig es auch ist, lebt gut vom Glauben an seine Objektivität und hat es in den letzten Jahren erfolgreich vermocht, unser Vertrauen in alle nicht indikatorgetriebenen Messsysteme zu erschüttern: in unsere Urteilskraft, unsere Erfahrung, unseren Common Sense. Was immer uns unsere eigenen kritischen Instanzen an Einsicht zuspielten; wir haben sie zu überhören und zu delegieren gelernt. »Eine metrisch-modellorientierte Sozialtechnokratie und bürokratisch organisierte Regelungs- und Kontrollmechanismen haben das Vertrauen in Selbstverantwortung und Freiheit verdrängt. Das galt insbesondere für bürgerliche Institutionen wie Familie, Erziehung und Bildung«, schreibt Andreas Rödder.[81] Vor der Balanced Scorecard sind sie alle gleich – messbar. Wir bräuchten, aber wir bekommen sie einstweilen nicht, weil ja technokratische Entbürokratisierung auf der politischen Agenda steht, eine Rehabilitierung des Vertrauens. Einem auf Freiheitlichkeit gebauten, tatsächlich aber sozialtechnokratisch unterminierten Rechtsstaat würde sie gut zu Gesicht stehen. »Vertrauen aber«, so Rödder, »lässt sich ebenso wenig quantifizieren und zertifizieren wie das *bonum commune* (…) oder wie Loyalität und Verantwortung. Fragen von falsch und richtig lassen sich nicht allein mit Modellen und Zahlen beantworten, sondern nur in Verbindung mit Urteilskraft, Erfahrung und praktischer Vernunft.« Nichts spricht dafür, dass diese Einsicht derzeit politisch auf dem Vormarsch wäre.

PowerPoint. Vom Präsentieren

»Nach Treiberupdate fehlerhafte Darstellung«: für solche Probleme gibt es gottlob Beratungsforen im Internet.[82] Normalerweise lesen wir über solche Vokabeln aus der Sphäre der Informationstechnologien hinweg, aber vielleicht lohnt es sich, einen Moment bei der Treiber-Metapher zu verweilen. Ist nicht die IT mit all ihren Darstellungs- und Darbietungsoptionen der eigentliche »Treiber« unserer Bürowelt? »Ein Gerätetreiber, häufig kurz nur Treiber genannt, ist ein Computerprogramm oder -modul, das die Interaktion mit angeschlossenen oder eingebauten Geräten (Hardware) steuert.«[83] Man müsste ergänzen: mit angeschlossenen oder eingebauten Personen, denn der Treiber treibt und steuert uns, wie alle die anderen Instrumente, die uns Komfort versprechen, aber Herrschaft meinen. Treiber ist die IT aber auch in dem Sinne, in dem man von »Wachstumstreibern« spricht; sie ist der Motor und Dynamo all der Prozesse, die uns vom optimierungsbedürftigen Zustand A zum optimierten Zustand B bewegen sollen. Wenn wir bei McKinsey etwa lesen: »Viele unserer Klienten möchten eine substantielle und nachhaltige Steigerung von Leistung und Gesundheit ihrer Organisationen erzielen. Gemeinsam mit ihnen legen wir die Route für eine umfassende Transformationsreise fest und unterstützen sie bei der Umsetzung. Am Beginn stehen die Formulierung des Veränderungsanspruchs und eine integrierte Diagnostik, um Abfolge, Priorisierung und Geschwindigkeit verschiedener Initiativen im Rahmen der Transformationsarchitektur festzulegen«[84], dann wissen wir, dass für diese Transformationsreise dem Kunden sehr, sehr viele PowerPoint-Charts in Rechnung gestellt werden, ohne die die Transformation gewiss niemals »darstellbar« wäre.

Warum breitet sich dann aber trotz aller Einladungen zu Transformationsreisen fast immer eine bleierne Müdigkeit aus, wenn wir Zeugen von Präsentationen in PowerPoint werden? Warum verschaffen uns PowerPoint-gestützte Darbietungen so oft die flaue Anmutung eines Businesshotels der Formule-1-Klasse? Sie sind der Standard, so wie schlechte Hotels der Standard sind: alles ist da, nichts fehlt, die Dienste sind zertifiziert, die Qualität ist ISO-bewehrt, und trotzdem oder deshalb breitet sich Tristesse aus. René-Pollesch-Titel kommen einem in den Sinn: *Menschen in Scheißhotels, Insourcing des Zuhause.* PowerPoint ist die soziale Kommunikationsform all der mittleren Professionellen (uns selbst eingeschlossen), die wir am Abfluggate oder in der ersten Klasse der Deutschen Bahn treffen und die, auf dem Weg zum Kunden, noch eben ihre Präsentation optimieren. PowerPoint ist die soziale Form unseres Wissens geworden[85]; während aber PowerPoint und die Frage, ob es dumm macht oder nicht, in der Soziologie einigen Widerhall gefunden haben, ist es um die anderen Anwendungen des Office-Pakets von Microsoft erstaunlich ruhig geblieben. Was ist mit Excel? Was mit Outlook? Was mit dem Outlook-Kalender? Welchen Einfluss haben alle diese werkseitigen Voreinstellungen auf unser Leben, was heißt es, von ihnen tagtäglich gesteuert zu werden?

Falsch wäre die Vorstellung, dass erst das Office-Paket und PowerPoint zuvorderst uns das Präsentieren beigebracht hätten. Es gab eine Welt vor dem Beamer (der uns auf ganz andere Weise irgendwohin beamt, als wir uns das einmal in Kindertagen erträumt hatten), auch wenn die Erinnerung an sie nachlässt. Nicht nur, dass es eine Präsentationstechnologie vor PowerPoint gab – wir erinnern uns noch schwach an Overhead- oder Tageslichtprojektoren und Epidiaskope –, es gab auch Präsentationen ohne unterstützende Technologie. Vieles spricht dafür, dass Sitzungs-, Kommunikations- und Präsentationstechniken aus den Sphären von Militär und Wirtschaft allmählich in die gesamte Bürowelt eingedrungen sind. Die militärische Lagebesprechung kehrt im Büro als »Meeting« wieder, oft unterstützt durch Pinnwände und Flipcharts, die schon lange vor PowerPoint zu einem (analogen) Basismedium unserer Präsentationen, Erzählungen und Darstellungen geworden waren. Das Meeting ist, wie das Management oder die Performance-Idee, eine »Nachkriegserfindung«: Als »kleine Konferenz« spielt sie »bei der Wissensproduktion und der Entscheidungsfindung in heterogenen Wissensumfeldern eine zentrale Rolle«.[86] Meetings waren noch kein Bestandteil der alten Bürokratie – oder kann man sich vorstellen, Josef K. oder gar die ihm unterstellten Schreibkräfte hätten an Meetings teilgenommen –, sie wurden allenfalls zum Rapport bestellt. Als »Grundform sozialer Gesellung«[87] ist das Meeting aus unserem Leben nicht mehr wegzudenken, wobei Meeting ein allzu unspezifisches Wort ist. Was ist gemeint? Es gibt Status Meetings, Work Meetings, Staff Meetings, Ad-hoc Meetings, Management Meetings, Board Meetings, One-on-one-Meetings, Off-site Meetings, auch Awayday Meetings genannt, Kickoff Meetings und Pre-Bid Meetings, von allfälligen Briefings und Debriefings einmal abgesehen.[88]

Man weiß kaum noch, wie die Welt ohne Präsentation aussah. Der Präsentationsmodus hat sich universalisiert. Man beachte dabei die Inflation der Rede von »Sichtbarkeit«. Kein Projekt, keine Politik, keine Strategie, die nicht um Sichtbarkeit ringt. Keine Sichtbarkeit ohne Visualisierung, also auch ohne Vereinfachung unserer Botschaft. Wir sind immerzu auf Roadshow. Das alles ist keine neue Erfindung. Gideon Kunda hat diese Rituale in seinem Buch *Engineering Culture* zu einer Zeit beobachtet, als es noch kein PowerPoint gab: »Die Präsentation folgt einem Standardformat, das auf allen Ebenen benutzt wird. Es baut sich um Ready-Made-Folien herum auf, die hinter dem Präsentierenden an die Wand geworfen werden. Auf jeder Seite sind einige Punkte oder Bullet Points aufgelistet: einige Wörter, die in der Summe einen Punkt ergeben. Jeder ›bullet‹ wird präsentiert, sobald der ›Punkt‹ gemacht ist, und dann folgen ein paar Minuten zur Erläuterung oder Anekdote.«[89]

Präsentieren, eine Praxis, die ursprünglich einmal vor allem in Werbe- und Kommunikationsagenturen stattfand (»pitch«), hat unter dem Einfluss von PowerPoint an Frequenz und Intensität gewonnen; oder müsste man sagen, PowerPoint hat an Frequenz und Intensität gewonnen, weil wir in einer Präsentationsgesellschaft leben? Oder weil wir in der »Wissensgesellschaft« leben, in der Wissen nur als Präsentiertes und Präsentables überhaupt existiert? Früher einmal gab es, und man muss sich daran nicht nur mit Wehmut erinnern, den Vortrag. PowerPoint ist »ein von Grund auf anderes Medium als der altmodisch gewordene Bedenken-Träger, der sich *Vortrag* nannte. Seit vor mehr als einem Jahrzehnt die Firma Intel auf listige Weise die deutsche LehrerInnenschaft geschult hatte, war das Vortragen einer Argumentation dem Durchklicken einer Spiegelpunktliste gewichen.«[90] Er hatte die Form der Mündlichkeit, wurde aber in der Regel abgelesen und stand gelegentlich, aber nicht zwingend, als Manuskript zur Verfügung. In PowerPoint-Präsentationen stehen Mündlichkeit und Schriftlichkeit in einem neuartigen Verhältnis zueinander; und überdies kann die Präsentation jederzeit an alle verschickt werden, die ihr nicht live beigewohnt haben. Beide sind, für sich genommen, nicht voll entwickelt, ergänzen sich aber zu einer kommunikativen Gattung. Die Folien oder Charts enthalten in der Regel Aufzählungen (meist mit den notorischen Bullet Points) statt Argumentationen, der mündliche Kommentar umspielt die schriftlichen und visuellen Elemente, ohne doch für sich allein zu stehen.

Meistens führt freilich die Verknüpfung von mündlich und schriftlich in Präsentation zu eben den Doppelungseffekten, die uns bei Präsentationen leicht abschalten lassen. Der Präsentator wiederholt mündlich, was ohnehin schon geschrieben steht. Auf diese Weise kommt, glaubt man, die Lektion sicherer in unseren Köpfen an; es kann aber auch genau das Gegenteil eintreten. »Danke für Ihre Aufmerksamkeit«, lesen wir auf der letzten PPP-Folie. Keine Ursache, wir sind für die Dauer Ihrer Präsentation in unsere inneren Welten abgedriftet. Komischerweise gebricht es dem ganzen Präsentationswesen an nichts so dringend wie an der Präsenz.

Was ist so problematisch an PowerPoint, dass Microsofts Präsentations-Software derart zum Gegenstand der Kulturkritik (freilich auch subtiler Würdigungen) geworden ist? Und nicht nur das: dass jeder Managementberater und -coach in die PowerPoint-Kritik ungefragt einstimmt? Stimmt es, dass »das Erfolgsgeheimnis von Power Point (…) ja gerade die Kommunikationsvermeidung« ist: »Wenn in der Aufmerksamkeitsökonomie unserer projektorientierten Wissensgesellschaft schon auf Gedeih und Verderb präsentiert werden muss, hilft PowerPoint als digitaler Spickzettel und rhetorisches Business-Kostüm, sich perfekt präpariert und aalglatt aus der Affäre zu ziehen.«[91] Ist PP die »Phrasenschleuder für Millionen«, wofür die beliebten Satire-Formate à la »PowerPoint-Karaoke« ja sprechen würden? Die Popkultur hat an PowerPoint reichlich Nahrung gefunden, schon deshalb, weil PowerPoint auch aus dem Leben der »Kreativen« nicht wegzudenken ist; die Belustigung über »Horrorfolien« oder »›brettharte Theorieklopper für Verwaltungsnerds‹ mit dem vielversprechenden Titel ›Strategische und operative Steuerung durch Balanced-Scorecard-basierte Führungsinformationssysteme‹«[92] rührt daher, dass solche Praktiken und Begrifflichkeiten ganz nah am eigenen

Leben siedeln und uns allen schon am Morgen nach dem letzten Karaoke wieder am Arbeitsplatz abverlangt werden können. Ist nicht das PowerPoint-Karaoke ein Feierabend-Karneval, noch eine Happy Hour der neuen Angestellten, bei dem sie lustvoll die Werte und Zeichen demolieren dürfen, die sie am nächsten Tag wieder hochhalten werden? Wie auch immer; PowerPoint ist eines unserer technischen Apriories, die Katastrophen und Peinlichkeiten (von denen auch schon wieder eine ganze Literatur handelt) bei seinem Einsatz eingeschlossen.

Hinter dem Siegeszug von PowerPoint in Schulen, Universitäten, Firmen und Behörden darf man aber auch politische Motive vermuten. Wenn in den öffentlichen Verwaltungen die Ansprüche an Legitimation und Rechtfertigung ständig steigen, wenn Behördenleiter mit Stories, Charts und schönen Versprechungen ihren »Stakeholders« eine goldene Zukunft ausmalen, als wären sie der CEO bei der Präsentation der Quartalszahlen; wenn der Steuerzahler (angeblich) unerbittlich danach fragt, was wir eigentlich mit seinem Steuergeld anfangen, dann versteht sich beinahe von selbst, dass »glatte«, visuell-grafische, problem- und widerspruchsfreie Formen der Präsentation stark an Bedeutung gewonnen haben. Präsentation und Legitimation sind zwei Seiten derselben Münze, und wer sonst hätte angesichts dieser neuartigen Herausforderung das Vorbild sein können, wenn nicht die Unternehmen, die seit jeher in der persuasiven Kommunikation geübt waren? Colin Crouch hat den neuen Präsentationsimperativ so beschrieben: »Was haben Unternehmen zu bieten, was der öffentliche Dienst nicht kann? Die Antwort lautet: die perfekte Präsentation! Auch wenn die

Politiker selbst genau genommen immer noch zum öffentlichen Sektor gehören, leben sie doch in einer Welt, die dem der privaten Unternehmen wesentlich näher steht. Auch sie sind gezwungen, sich permanent zu ›verkaufen‹, und sie setzen dabei immer stärker auf die Instrumente der Markenpolitik (des *branding*) und der marktgerechten Aufbereitung (des *packaging*).«[93] Weil die Inhalte des Unternehmens-Brandings allgemein nachvollziehbar sein sollen, müssen sie banal sein; sie müssen sich in einer semantischen Mittellage bewegen, die von Innovation spricht, ohne Innovation zu meinen. Denn der erste Schritt zur Innovation wäre eine neue Sprache, die sich von den glatten, gängigen und durch Gebrauch vernutzten Gewerbesprachen unterschiede.

Statt dessen dominieren im PowerPoint-Modus eine Sprache und ein Weltbild, die man fast schon mit PowerPoint als Auto-Inhalt bezeichnen kann. Man kennt als PowerPoint-Nutzer den Autoinhalt-Assistenten, der »Anregungen zum Inhalt und zum Aufbau von Präsentationen« liefert und uns »so beim Erstellen Ihrer Präsentationen« unterstützt. In der Kategorie »allgemein« etwa zu den Themen »Brainstormingsitzung«, »Schlechte Nachrichten«, »Schulung«, »Strategieempfehlung« und »Zertifikat«. Der Autoinhalt zum Thema »Schlechte Nachrichten« etwa sieht wie folgt aus:

»Hier Titel eingeben
Untertitel durch Klicken hinzufügen
Unsere Situation
· Teilen Sie die negativen Nachrichten mit.
· Seien Sie deutlich. Versuchen Sie nicht, die Situation zu verschleiern.
· Wie ist dies geschehen?

- Relevante Ereignisse in der Vergangenheit, Fakten oder Strategien
- Ursprüngliche Annahmen, die nicht mehr gültig sind

Mögliche Alternativen
- Schlagen Sie alternative Maßnahmen vor.
- Diskutieren Sie jeweils die Vor- und Nachteile.

Empfehlung oder Entscheidung
- Nennen Sie die empfohlenen Maßnahmen oder Entscheidungen.
- Diskutieren Sie, wie Ihre Empfehlung das Problem beheben wird.
- Diskutieren Sie, wie Ihr Plan mit resultierenden Härtefällen umgehen wird.

Unsere Vision für die Zukunft
- Bestätigen Sie Ihre Ziele erneut.
- Beschreiben Sie Ihre Erwartungen für die Zukunft.
- Geben Sie einen Zeitrahmen für erwartete Resultate.

Zusammenfassung
- Wichtige Punkte, die sich das Publikum merken soll, um Zuversicht und Moral zu verbessern.«

So vorgestanzt, so gedankenarm, aber formgerecht sehen die meisten Präsentationen dann auch aus. Aber gab es nicht schon früher Briefsteller für Geschäftsbriefe und sonstige Formatvorlagen, die einem, wenn schon nicht das Denken, so doch das Formulieren und Strukturieren abnahmen? Man muss die These nicht zu sehr forcieren, nach der PowerPoint uns kognitiv einlullt und uns Formatoptionen als Denkoperationen verkauft. PowerPoint ist nicht das erste Basisidiom der verwalteten Welt, aber es ist das gerade gültige. Was also soll man von dem in schöner Offenheit »Autoinhalt-Assistent« genannten Hilfsmittel halten? »Blättert man durch die Folienfolge eines vorgefertigten Templates, so sieht es wie ein Bluff aus. Als ob die Gliederung einer Inszenierung schon den Kern einer Veranstaltung trifft. Genial und gleichzeitig entlarvend. (…) Absonderlich für den, der das freie Schaffen bevorzugt, eine Stütze für den ungeübt Vortragenden. Ein Standard für eine gewisse solide Mittelmäßigkeit.«[94] Aber wann je war »freies Schaffen« der Bürostandard, wann war nicht jeweils das Apriori eines Formularwesens gegeben? Formularwesen erzeugt Formulardenken? Vielleicht. Wenn es so ist, käme es mehr denn je darauf an, das Formular zu ändern, wenn wir es schon nicht abschaffen können. PowerPoint mag nur ein Tool sein, Präsentationen und Formulare aber sind die Sprache, in der wir sprechen und aus der wir nicht herauskommen. »PowerPoint ist das Medium des modernen Managements« und »es hat auf diejenigen, die täglich und beinahe ausschließlich damit arbeiten, eine erstaunlich hohe Suggestionskraft, die so weit geht (…), dass die Grenzen der ontologisch und epistemologisch erfahrbaren Welt mit den Rändern der PowerPoint-Folie verwechselt werden: Nur was auf PowerPoint steht, existiert überhaupt und kann erkannt werden.«[95]

In Performance, Indikation und Präsentation erkennen wir Leitbegriffe einer zeitgenössischen Weltwahrnehmung und -erfassung, für die sich der Markenname Office anbietet. Office ist unser technischer und kognitiver Bürostandard. Und da das Büro überall ist und nicht mehr nur an einem bestimmten Arbeitsplatz, ist auch Office überall, jedenfalls überall dort, wo unsere Smartphones aktiv sind. IT und eine IT-gestützte und IT-generierte Betriebswirtschaft sind der Treiber dieser Entwicklung; wenn wir heute alle Marketingmanager sind, gleich wo wir arbeiten, ob in der evangelischen Kirche oder bei Siemens, dann ist das wesentlich Office zu verdanken. Wir sind Office-Sklaven in dem präzisen Sinn, dass Office unsere Tage ebenso strukturiert wie die Formen oder Formate unserer Artikulationen, dass Ereignis erst ist, was der Kalender als solches festhält, und Text erst ist, was durch PowerPoint die Form der Vorlage angenommen hat. Wie steigt man aber aus einer Software-Anwendung aus? Es wäre wie der Ausstieg aus einer Währung oder aus einer Verfassung. Interessant dabei ist freilich, dass Firmenprodukte derart gebieterisch über unser Leben verfügen – aber war das beim Leitz-Ordner wirklich anders? »Unsere Werkzeuge schreiben mit an unseren Gedanken«, wie wir seit Nietzsche wissen. Office hat unsere Welt, im Guten wie im Schlechten, standardisiert. Unsere Performance ist Standard, auch oder gerade wenn wir »Outperformer« sind, unsere Indikatoren sind Standard, unsere Präsentationen sind Standard. Aber sind Standards nicht auch Instrumente der Freiheit und Instrumente einer erweiterten Partizipation an Verfügbarkeit von Kommunikationsmitteln? Einerseits also die furchtbare Leere, die uns angesichts der Office-Standards umfängt, andererseits die Gewissheit, dass, wer immer auf der Welt, es in den Geltungsbereich von Office geschafft hat, der Armut entronnen ist und Zugang zur »Bildung« und zu Wahlmöglichkeiten hat, und sei es auch nur die Wahl verschiedener Schrifttypen und -größen. Office ist die Form unserer Unterdrückung und zugleich die Form unserer Befreiung. Das ist die »Dialektik von PowerPoint«, die Frieder Nake mit anderen großen Revolutionen in Beziehung setzt: »Nach dem Langen Marsch, bei den Gesprächen über Kunst und Literatur in Yennan im Jahr 1938, sagte Mao Zedong, worum es Künstlern und Schriftstellern gehen müsse: um das Heben des Niveaus und das Verbreiten von Standards. Jedes der Programme, die in den letzten etwa zwanzig Jahren, seit dem Aufkommen des Macintosh 1984, die Alltagswelt eines jeden von uns tiefgreifend und nicht zurückholbar verändert haben, ist ein Ereignis bleibender Verbreitung ästhetischer Standards, wie es vermutlich in solch gedrängter Zeit und so wirkungsvoll bisher unvorstellbar war.«[96] Gewinne also, und ebenso schwere Verluste. Die Zerstörung der Rede, die Inflation der Zeige. In die Bürokommunikation hat sich das Gift der Selfishness eingeschlichen. Alles, was ich sage, verweist auf mich, präsentiert mich, hilft mich verkaufen. So legen es uns die Berater und Coaches jeden Tag nahe. Du schöne neue Welt der Zeige, der Präsentationen ohne Präsenz, der Performance ohne Ereignis, der Indikationen ohne Indiziertes, der großen, leeren Schau: Wenn du der Fortschritt bist, dann ist der Preis für dich sehr hoch.

3.4 Burnout. Kreativität macht krank

> Positive Affirmationen für den Tagesbeginn mit Rückenmassage. Vortrag: Selbstbewusstsein stärken mit Stretchmassage.
> *DB Lounge am Hauptbahnhof München, Februar 2011*

Man kann heute keine Zeitung oder Zeitschrift aufschlagen, ohne auf Erzählungen wie diese zu stoßen: »Klausursitzung. Dem leitenden Manager der Frankfurter Beratungsgesellschaft wird schwindlig, dann schwarz vor Augen. Er fällt in Ohnmacht. Gleich zweimal während der Sitzung. ›Hinterher dachte ich, dass ich ein bisschen zu müde war‹, sagt er. ›Oder dass es mit dem frischen O-Saft zu tun hatte, den ich vorher getrunken hatte.‹ Der Mann wird von seinen Kollegen zum Arzt geschickt, der gibt ihm eine Spritze. Am nächsten Tag ist er wieder im Büro. Übelkeit und Schwindel kehren immer wieder. ›Ich habe dann halt einen Kaffee getrunken, und es ging weiter‹, sagt der Vierzigjährige mit dem offenen, eher jungenhaften Gesicht, seine Hände liegen auf den Lehnen des Bürosessels. Das Möbelstück steht jedoch nicht in einem Büro, sondern in einer psychosomatischen Klinik in Brandenburg.«[97]

Die Krankheit, an der der Manager leidet, nennt sich Burnout und ist nach Auskunft des *Spiegel* die »Volkskrankheit des 21. Jahrhunderts«.[98] Auch wenn umstritten bleibt, ob der Burnout »nur« eine schwere Depression oder aber eine seelische Erkrankung neuen Typs darstellt, darf man in ihm schon jetzt die Kulturkrankheit und Krankheitsmetapher der neuen Bürokratie erkennen. Burnout ist die Krankheit des entfesselten unternehmerischen Selbst, dem ständig eine Zielvereinbarung mit sich selbst im Nacken sitzt. »Wenn der Mensch vor lauter Leistungsansprüchen den Kontakt zu sich verloren hat, keine Grenzen setzen und keine Pausen mehr einlegen kann, kommt der Zusammenbruch«, erklärt der ärztliche Geschäftsführer einer Stressklinik im Brandenburgischen. »Für einen Burnout-Patienten ist etwas nie gut genug. Er erlaubt sich kein Scheitern.«

Was anders bleibt der Managerin im Businesskostüm auf der *Spiegel*-Titelseite dann übrig, als »überfordert« zu sein? Die Überforderung erwächst, wie schon immer, aus Zwängen, was aber neu ist an den Zwängen ist, dass es genossene Zwänge sind, dass das Leiden des Burnout-Patienten daher rührt, dass er von Terminen und Deadlines und ihrem Genuss gar nicht genug kriegen kann. Zum Burnout-Symptom gehört auch, dass sich der Patient selbst von körperlichen Krankheitszeichen nicht beirren lässt. Magen-Darm-Erkrankungen, Tinnitus und hoher Blutdruck gehen so lange als Statussymbole durch, bis der Kollaps kommt. Schlaflosigkeit? Kein Problem. Dann aber dieser wiederkehrende Gedanke, sich umzubringen. Aus dem Allmachtsgefühl der unbegrenzten Leistungsfähigkeit fällt der Burnout-Patient brüsk in die Ohnmacht oder rappelt sich gleich wieder auf zur nächsten Höchstleistung. In den Burnout-Kliniken vor den Toren der Städte werden die Erkrankten wieder aufgepäppelt für die Rückkehr in die Welt des Managements; und während ihrer Auszeit schreiben sie uns und sich vielleicht einen »Brief an mein Leben«.[99] Burnout ist die Krankheit des positiven Denkens, der Optimierungen und der Performance.

Nichts Neues ist, dass wir am und im Büro erkranken. Die Befunde hießen ohne Anspruch auf Vollständigkeit: Melancholie, Hysterie, Neurose, Stress, bipolare Persönlichkeitsstörung, Entfremdung. Neu ist, dass wir daran auf eine Weise erkranken, die, bis in die Symptome der Heilung und Kur hinein, die Pathologie des Büros zur Darstellung bringt, wenn nicht performativ zur Schau stellt. Mit dem Burnout hat die Krankheit des »Genussarbeiters« die Bühne betreten.[100] Die gesteigerte Ichwichtigkeit der Kreativsubjekte verlangte nicht nur nach neuen Arbeitsformen, ebenso wie die neuen Arbeitsformen nach gesteigerter Ichwichtigkeit, sondern ebenso nach neuen

Krankheitsformen, und sodann nach neuen Narrativen der Erkrankung. Es war absehbar, dass der Burnout, diese Krankheit der heilenden und helfenden Berufe, die Krankheit der Altruisten, deren Einsatz mit Geld ohnehin nie kompensiert werden kann, weil er in seiner Maßlosigkeit den bloßen Gedanken an »Vergütung« aushebelt, dass diese Störung zur Leit- und Paradekrankheit des neuen Angestellten werden muss.

Deutlich zeigt sich im Krankheitsbild des Burnout das Zusammenwachsen der ehedem getrennten Sphären des privatwirtschaftlichen Managements und der öffentlichen Verwaltung. Wenn wir alles kopieren sollen, was uns die Unternehmen vorgemacht haben, wenn unser Selbst ein unternehmerisches geworden ist, dann werden wir auch an denselben Krankheiten leiden lernen wie die Manager, beziehungsweise: wir sehnen diese Pathologien herbei, bis sie uns ereilen. Denn wir sehnen uns nach der Story und der Performance, die mit dem Burnout verbunden sind, weil sie uns, gerade auf dem Höhepunkt unseres Leidens, auf dem Höhepunkt unseres Ichideals zeigt.

»Sprechstunde beim Betriebspsychologen«[101]: es gibt in diesen Jahren kaum ein größeres Thema rund um die Arbeit als den Burnout. Es gibt eine gewaltige Industrie von Ratgebern und Ratgeberbüchern, von Coaches, Trainern, Gurus, Heilern, Helfern, die uns Wege aus der Krise zeigen wollen, auf dass wir unsere Work Life Balance wiederfinden. Nicht zufällig verraten schon die Titel der Ratgeberbücher die Nähe ihres Subjekt- und Patientenmodells zur Metaphorik von Energie und Treibstoff. »Was tun, wenn der Akku leer ist« oder »Auftanken, bevor die Seele streikt: Kraftquellen finden, wenn alles zu viel wird«[102]. Und hat sich nicht gerade erst wieder die Kollegin von nebenan mit dem Satz in die Weihnachtsferien verabschiedet, sie müsse dringend mal wieder die »Batterien aufladen«? Akku, Batterie, Tankstelle, immer geht es um den Energienachschub einer erschöpften Seele, also um Erholung, worum auch sonst? War der Urlaub, diese größte Errungenschaft des modernen Arbeitnehmers, nicht immer schon ausdrücklich zur Erholung da? Trotzdem ist die Metaphorik des Aufladens und Nachtankens einigermaßen sprechend; sie deutet auf eine hohe Anpassungswilligkeit der Geschlauchten. Scheint ihnen etwas dringender als die eilige Wiederherstellung der Verhältnisse, an denen sie vordem erkrankt waren? Nein, aber sie kündigen offiziell an, fortan etwas »kürzer treten« zu wollen. Spätestens das unterscheidet den Burnout von der Depression, auch wenn über die Frage, ob Burnout lediglich eine Premium-Variante der Depression darstellt oder nicht, die Meinungen auseinandergehen.[103]

War die Depression noch eine negative Symptomatik, so stellt sich der Burnout als die Krankheit einer überschüssigen Positivität dar: es läuft glänzend, es wird mir nur gerade ein bisschen zu viel, weswegen ich immer dieses Herzrasen und diese kalten Schweißausbrüche habe und morgen vielleicht aus den Latschen kippe und übermorgen mich in einer Burnout-Klinik wiederfinde. Dem Burnout-Kranken und -Genießer geht es wie Jean Baudrillard: »There is too much of too much«[104] Nennen wir den Burnout versuchsweise eine Positivitätsdepression, die Depression des Überflusses, der »Connectedness« und der Globalisierung, weswegen wir Bürosubjekte auch auf diese Krankheit einen Anspruch erheben. Weil wir an dieser neuen Welt des Change nicht nur teilnehmen, sondern teilnehmen *wollen*, weil wir Projekte und Ziele haben, weil wir Prozesse optimieren wollen und überhaupt einer besseren Welt entgegentaumeln. Ist nicht der Burnout die Krankheit, die zugleich eine übermäßige – pathologische – Gesundheit darstellt? Er ist die Krankheit derjenigen, die alles richtig machen, die vielleicht nur ein kleines bisschen zu spät an die Tankstelle gefahren und deshalb liegengeblieben sind und die deswegen eben mal in einer Klinik ihren Akku aufladen, und die für die Dauer ihres Klinikaufenthalts vom »Glück der Unerreichbarkeit« schwärmen werden.[105]

Das alles spielt sich jeden Tag in den vorzugsweise höheren Etagen von Firmen, Verwaltungen oder Redaktionen ab und ist in seinem Realitätsgehalt niemals abzulösen von der Art und Weise, wie es sozial konstruiert und erzählt wird und wie es zum unentbehrlichen Element unseres sozialen Kosmos wird. Es gibt die Statuskrankheit Burnout gar nicht ohne den Burnout-Erzähler, -bekenner und -konvertiten, der lernt, beim Burnout-Seminar sein Smartphone in hohem Bogen auf einen Stapel zu werfen, wo schon viele andere Smartphones liegen, und damit seinen Ausstieg auf der »Connectedness« zu verkünden. Die Abschiede, die Ausstiege, die Konversionen sind Teil der Krankheit selbst. Wäre es anders, lebten wir nicht im Zeitalter der Absurdität, dem John Foley ein aufschlussreiches Buch gewidmet hat.[106] Im Burnout, scheint es, leben wir den Konformitätsdruck und -willen noch bis in die Symptome der Krankheit und der Kur hinein aus, während uns in der Depression mindestens noch negative Gefühle – Hass, Zynismus und Wut – zu Hilfe kamen. Foley macht dazu die zutreffende Beobachtung, dass dem zeitgenössischen Bürosubjekt eine Tugend abhandengekommen ist, mit der er sich früher erfolgreich gegen die Zumutungen seiner Arbeit gewehrt hat, nämlich der Zynismus. Gibt es heute zu viel Zynismus, wie man manchmal hört?

Es gibt davon zu wenig. Das kommt Foley in den Sinn, als er gezwungenermaßen an einem beliebten Büroritual unserer Tage teilnimmt, dem Away Day, also nicht etwa einem Betriebsausflug (bei dem man sich besaufen, über den Chef lästern und möglicherweise mit Kolleginnen beziehungsweise Kollegen flirten konnte, Dinge, die beim Away Day sicher nicht geschehen werden), sondern einem Klausurtag draußen vor der Stadt, in einem Tagungshotel, in dem dann natürlich die Pinnwände und Flipcharts schon aufgebaut sind und wir unsere Erwartungen an den Tag auf Kärtchen zu notieren haben. »Der Druck zur Konformität«, schreibt Foley, »wird durch Teambildungsveranstaltungen und Away Days aufrechterhalten. Als wäre es nicht genug, seine Kollegen jeden Tag auf der Arbeit zu sehen, scheint es auch noch notwendig zu sein, mit ihnen am Wochenende ein aufgelassenes Bergwerk zu erkunden. Enden wird der Away Day absehbar in einem Konferenzraum, der genauso aussieht wie die im Büro.« Und dann wird es Gespräche mit Seminarleitern geben, bei denen immer die Gleichen das immer Gleiche sagen werden, vor allem die Frommen und Gläubigen, die auch in der Kirche in der ersten Reihe sitzen. Der Arbeitsplatz, sagt Foley, »ist das Habitat des zeitgenössischen Pharisäers geworden«[107], und, man kann ergänzen, der Burnout ist seine Krankheit geworden, die Krankheit des maßlosen Strebers. Wer an Away Days glaubt, der glaubt ernstlich, es gäbe ein Away. Ist das vielleicht zynisch? Jedenfalls ist es noch nicht zynisch genug, denn Heil oder Rettung könnte allein aus einem gesteigerten Zynismus erwachsen. »Angeblich leben wir in zynischen Zeiten«, meint Foley, »aber man findet überraschend wenig Zynismus in der Arbeit und um sie herum. (...) Schon die mildeste Skepsis über redundante Meetings, überflüssige Prozeduren oder den Unsinn, sich im Kreis verteilt einen Stoffball zuzuwerfen, wird schnell als Ausbruch von Zynismus verurteilt«.[108] Der Burnout ist der brave, zerknirscht leidende, aber insgeheim bestgelaunte Bruder der Arbeit; er unterstützt die Macht der Verhältnisse, indem er den Glauben an sie zur seelischen Pflicht erhebt. Die neureligiösen Motive des managerialen Arbeitslebens finden in der humorlosen, unzynischen, antisubversiven Symptomatik des Burnout ihren zwingenden Ausdruck.

Wahrscheinlich ist also mit unserer »Work Life Balance« etwas nicht in Ordnung (ein Ziel, das neuerdings auch die politischen Parteien entdeckt haben). Man weiß nicht, ob Work Life Balance nun ein tatsächlich erstrebenswerter Zustand sein soll oder nicht eher schon die nächste Zumutung der gouvernementalen Herrschaft an ihre Subjekte darstellt. Work Life Balance. Wem es gelingt, Leben und Arbeit gleichermaßen zu moderieren, zu temperieren und letztlich die eine der ohnehin niemals getrennten Sphären auf die Bedürfnisse der anderen hin einzuregeln und zu -pendeln, der hat sich wahrscheinlich mit der Balance gleich auch schon den Burnout mit eingehandelt. Waren die alten Bürokrankheiten oft die Krankheiten der Exzessiven – zu viel Alkohol, zu viel Nikotin, zu viel Sex, zu viel Intrige –, so haben wir es jetzt mit der Krankheit der Braven und Angepassten beiderlei Geschlechts zu tun. »Es geht immer häufiger um die problematischen Konsequenzen übermäßiger Identifikation.«[109] Andreas Bernards Erkundungen im Gegenwartsbüro haben etwa ergeben, dass Drückeberger oder Faulpelze (für die vor allem man einst die Stechkarte erfunden hatte) weithin ausgedient haben. Die Stechkarte dient heute fast nur noch zur Abwehr von Überarbeitung; sie erinnert den Angestellten daran, dass es Zeit wird, wieder mal den Akku aufzuladen und an die Work Life Balance zu denken, also nach Hause zu gehen. Also regelt der Büroarbeiter pflichtgemäß seinen Arbeitshunger herunter und lebt ihn in der Freizeit an anderen Gegenständen aus: Kann nicht auch die eigene Familie zum Objekt eines »Workout« werden? Ist nicht überhaupt der Workout der Komplize des Burnout, und wenn wir noch die Wörter »network« und »outlook« hinzunehmen, dann haben wir den Grundriss unseres bequemen Gefängnisses an seinen vier Seiten entlang beschrieben. Bernard hat recht: »Die neuen Angestellten sind keine passive, fremdbestimmte Masse mehr, eingemauert in Büroparzellen, wie sie das frühe 20. Jahrhundert beschrieben hat. Sie sind vielmehr Virtuosen des Selbstmanagements, flexibel und hochmotiviert. Ihre Unfreiheit äußert sich als Drama der Übererfüllung, Burn-Out-Syndrom statt Entfremdung.«[110]

»Drei Jahre Dauerstress waren zu viel für Laura Wilms (Name von der Redaktion geändert). Zehn Stunden täglich hatte die Werbekauffrau gearbeitet, oft auch am Wochenende. Sie gab alles für die Arbeit und nichts für den Rest. So wurde Laura Wilms krank: Sie schlief kaum noch, bekam Wahnvorstellungen, verspürte Ängste. Dann stürzte sie in eine tiefe Depression: ›Die Welt wurde schwarz und trist‹, sagt sie, ›am liebsten hätte ich die Vorhänge zugezogen und mich im Bett verkrochen.‹« Ganz ähnlich die Geschichte von Vera Schneider. »Als sie zum ersten Mal glaubt, sterben zu müssen, steht sie mitten im Leben. Die Vertriebs-Managerin verdient gut, jettet um die Welt, ihr

Chef hält viel von ihr. Aber die größten Ansprüche an sich stellt sie selbst. Bis der Stress zu viel wird: Auf einer Autofahrt wird ihr übel, sie fährt rechts ran, die Brust schmerzt, kalter Schweiß tritt auf ihre Stirn. ›Ein Herzinfarkt‹, denkt Vera Schneider, ›ich sterbe.‹« Das dachte auch Heiko Eltz (Name von der Redaktion geändert). »Wenn der Unternehmer aus Süddeutschland heute von seiner Depression erzählt, klingt er gefasst und aufgeräumt. Noch zu Beginn dieses Jahres war er von diesem Zustand weit entfernt: Da hatte er sich gerade Schlaftabletten und einen Gartenschlauch gekauft, um sich mit den Abgasen seines Autos zu ersticken.«[111]

In solchen zeitgenössischen Passionserzählungen klingt neben dem Leiden immer auch ein Stolz an, so lange und intensiv auf den Wellenkämmen des Geschäftslebens gesurft zu haben. Es ist die Attitüde des Extremsportlers, der wider Erwarten doch einmal an sein Limit gerät und dann voller Stolz erfährt, was Demut heißt – und der umgehend davon erzählen muss. Der Burnout ist, anders als es bei der klassischen Depression der Fall war, die Krankheit der intakten Stories. Der Burnout ist die unpeinlichste aller Krankheiten. Der Börsenwert der erkrankten Personen wird durch ihre Krankheit nicht geschmälert. Insofern ist der Burnout die Krankheit der neuen, storygetriebenen Bürokratie. Hier wird nicht von Defiziten und Konflikten erzählt, auch nicht von Unzulänglichkeiten und von Versagen – vom Totalversagen des Organismus einmal abgesehen –, sondern von einer exzessiven Leistungsfähigkeit und -bereitschaft. Wenn die alte Depression eine Krise des selbständigen Handelns war, dann ist der Burnout das Drama der Scheinselbständigkeit. Wenn die Depression mit Antidepressiva bekämpft werden musste, wird der Burnout-Patient in Privatkliniken durch Ruhe, Meditation, Gespräche und grünen Tee wieder auf die Spur gebracht: Ihm fehlt ja eigentlich nichts. Der Burnout-Patient ist lediglich übergesund, selbst dann, wenn er vorübergehend einmal sterben will, er ist einer jener Überbegabten und deshalb Hochgefährdeten, auf die das ganze gesellschaftliche Bedrohte-Eliten-Phantasma dieser Jahre gerichtet ist.

Der Burnout ist 1974 erstmals von dem amerikanischen Psychoanalytiker Herbert Freudenberger beschrieben worden, und zwar als eine Krankheit der helfenden und Heilberufe. Könnte es sein, dass sich seitdem das Paradigma des Helfers auf die gesamte Gesellschaft ausgebreitet hat, weshalb Burnout auch eine Erkrankungsoption für die Gesamtgesellschaft darstellt? Nicht nur Ärzte, Therapeuten, Krankenschwestern und Sozialpädagogen helfen, sondern wir alle, insofern wir Dienstleister sind. Der Manager, wenn er denn »Ermöglicher« und »Erleichterer« sein will, übt ebenfalls einen helfenden Beruf aus. Wenn wir alle Manager geworden sind, sind wir auch allesamt Helfer und Erleichterer. Und wenn der Burnout ein Infarkt der Positivität ist[112], dann kommt diese Positivität nicht aus der positiven Grundgestimmtheit unserer Seelen, sondern aus den Positivitätsanforderungen unserer Arbeitsplätze. Ein Dienstleister kann seine Arbeit gar nicht so gesund hassen, wie es einmal ein Fabrik- und Fließbandarbeiter konnte. Das positive Denken, der Change-Enthusiasmus, der Optimierungsfuror, die Glaubenslehre der niemals erreichten Ziele sind mentale Merkmale des emotionalen oder Neurokapitalismus, in dem sich Krankheit und Gesundheit in ein neuartiges, paradoxes Verhältnis zueinander begeben haben.

Wir können die Burnout-Symptome somit einer erweiterten (und selbst pathologischen) Gesundheitssymptomatik zurechnen, während allein ihr Ausbleiben als Krankheit zu bewerten wäre. Vielleicht lässt sich der Burnout als extreme Gesundheit, als Extremismus der Gesundheit beschreiben, in den ein Moment der (dann auch wieder konformistischen) Auffälligkeit zwingend eingeschrieben sein muss. Es gab einmal die unauffällige, »normale« Gesundheit von Arbeitnehmern, in der es bisweilen zu krisenhaften Episoden kam. Jetzt sehen wir am Burnout-Opfer die »performative« Gesundheit, die sich selbst nicht als normal erleben darf, sondern die durch Fitness bis hin zum Manager-Triathlon erhalten und exzessiv gesteigert wird, bis eben die »Maske zerbricht«.[113] Aber die Maske zerbricht gar nicht. Der Zusammenbruch und die Kur sind Teil derselben Maskerade. Sie sind eine Hyper-Dramatisierung und -Inszenierung der eigenen Fitness, für die das Wort Normalität zu wenig heroisch wäre. Das ist krank, könnte man sagen. Es ist zugleich aber die übermäßige Exhibition der eigenen Gesundheit, wenn man Gesundheit als Leistungsfähigkeit beschreibt. Insofern schließt der Burnout nahtlos an eine ältere *maladie mentale*, nämlich die Perversion an. Er ist die Perversion der Gesundheit; eine Perversion, die dadurch noch perverser wird, dass man sie mit einem Ritterschlag verwechselt.

Wenn der Burnout die gesund-kranke Perversion unserer bürokratischen Optimierungsgesellschaft ist, dann muss präzise unterschieden werden, was sie von älteren soziopathologischen Mustern unterscheidet, zumal von solchen, in denen Arbeit und Genuss noch nicht im Zeichen der Optimierung koinzidierten. Hier liegen mehrere Theorieangebote vor, an die sich anschließen lässt. Byung-

Chul Han weist darauf hin, dass die neuen Krankheiten wie Burnout und ADHS mit einem Erschöpfungs- und Müdigkeitsbegriff der »positiven Potenz« operieren. Wenn wir nicht erschöpft und müde wären, würden wir etwas Sinnvolles tun, wir würden Ziele erreichen, sei es im Büro oder im Fitnessstudio. Die neuen Krankheiten, so Han, »sind keine Infektionen, sondern Infarkte, die nicht durch die *Negativität* des immunologisch anderen, sondern ein Übermaß an *Positivität* bedingt sind. So entziehen sie sich jeder immunologischen Technik, die darauf angelegt ist, die Negativität des Fremden abzuwehren.«[114] Es gibt »pathologische Zustände, die auf ein *Übermaß an Positivität* zurückzuführen sind«, es gibt eine »Gewalt der Positivität, die von der Überproduktion, Überleistung oder Überkommunikation herrührt« und die abzustoßen keine Immunreaktion mehr darstellt. Das Schlimme ist: man kann vom Positiven überschwemmt werden wie einstmals von einem feindlichen, »negativen« Virus, aber es steht für positive Effekte keine Immunabwehr zur Verfügung. Das System erkennt Positivität nicht als die Gefahr, die sie ist. Insofern ist eben der Burnout, anders als die Depression, nicht behandelbar. Es gibt kein Antidot, weil es kein Anti gibt; was bleibt, ist die »*digestiv-neuronale Abreaktion und Ablehnung*«.[115] Wenn die Depression die Krankheit der alten Foucaultschen Disziplinargesellschaft »aus Spitälern, Irrenhäusern, Gefängnissen, Kasernen und Fabriken« war, dann ist der Burnout die allgemeine Symptomatik einer Gesellschaft, die mit dem Wort Kontrollgesellschaft nur unzureichend beschrieben ist, die man statt dessen eher Leistungs- oder Leistungsgenussgesellschaft oder auch Optimierungsgesellschaft nennen könnte. Es ist die Gesellschaft aus »Fitnessstudios, Bürotürmen,

Banken, Flughäfen, Shopping Malls und Genlabors«, in der wir tatsächlich leben.[116]

Es ist die Gesellschaft der nicht mehr beherrschten, sondern selbst gesteuerten Leistungssubjekte, auf die keiner Zwang ausüben muss, weil sie sich alle Zwänge selbst verordnen. Alle haben von der »Negativität des Sollens« auf die »Positivität des Könnens« umgestellt. Yes, we can.[117] Der »Treiber« der Entwicklung zum Positiven ist – natürlich – der Computer. »Er ist eine Positivmaschine. (…) Im Zuge jener allgemeinen Positivierung der Welt verwandeln sich sowohl der Mensch als auch die Gesellschaft in eine *autistische Leistungsmaschine*.«[118] Mensch, »ganz Mensch« im Schillerschen Sinn der Wortes, wäre der Mensch nur noch dann und da, wo er negativ ist – aus dem Leben und Leiden des Burnout-Opfers ist dieser Schatten indes schon längst verschwunden; und sein Leiden ist eines an diesem fehlenden Schatten oder an der nicht abnehmbaren oder gar nicht existierenden Maske.

Das sind die Verhältnisse des »emotionalen Kapitalismus«, von dem Eva Illouz spricht[119], oder die des Neurokapitalismus.[120] Die kapitalistische Wirtschaftsform, schreiben Hess und Jokeit, hat sich »nicht nur als besonders wandlungsfähig und krisenbeständig erwiesen, sie hat auch in jeder Phase ihrer Vorherrschaft Wissenschaften und Techniken hervorgebracht, um die selbstgenerierten ›Betriebsstörungen‹ der sie konstituierenden Subjekte zu analysieren, zu mildern und, auch das einer der kapitalistischen Algorithmen, um sie in den unweigerlich wirksamen Kreislauf von Angebot und Nachfrage einzubinden.« Es gibt eine Pathologiehistorie des Kapitalismus, die mit der Neurose beginnt, für die »der repressive Kapitalismus des ausgehenden 19. Jahrhunderts mit seinen ausbeuterischen Verboten, Geboten und Ungerechtigkeiten ein Nährboden« war. Die Neurose, so ist zu ergänzen, war eher die Krankheit der Bourgeoisie als die der ausgebeuteten Klassen (auch wenn Freud vermutete, die unterdrückten Arbeiter gingen nur aus Geldgründen nicht zum Psychologen); sie war die Geißel der Bourgeoisie und der Preis ihrer Kultur. Als dann der »libertäre Wohlstandskapitalismus (…) den im 19. Jahrhundert geprägten repressiven Kapitalismus« ablöste, wichen »Gefügigkeit, Disziplin und Schuld (…) einem neuen Imperativ der Selbstverwirklichung«. Am neuen Dispositiv der Depression haben nun beide Parteien der Sozialpartnerschaft gleichermaßen teil.

»Die Depression aber war die erste seelische Volkskrankheit, gegen die die moderne Neurowissenschaft prompt ein Mittel gefunden hatte. Depression und Angst wurden jetzt im synaptischen Spalt zwischen Neuronen verortet und genau dort behandelt.« Zum »ungleichen Paar Kapitalismus/Neurowissenschaft« gesellte sich »ein dritter Partner: die aufblühende pharmazeutische Industrie. Waren in der ersten Hälfte des 20. Jahrhunderts die Versuche einer Linderung seelischer Leiden durch sedierende Barbiturate, Elektroschocktherapie und Psychochirurgie geprägt, zeichnete sich schon in den dreißiger Jahren der auch von Freud prognostizierte Siegeszug der Neuropsychopharmakologie ab.«[121] Was geschieht nun mit dem depressiven und erschöpften Selbst des 20. Jahrhunderts unter den Bedingungen des 21., nämlich vor allem vor dem Hintergrund der gewissermaßen in Wegfall gekommenen Negativität? »Jetlag-freier Kurzurlaub auf Bali, Berufstätigkeit in globalen Konzernen mit einem vierundzwanzigstündigen Informationsfluss via Zentralen in

Tokyo, Brüssel und San Francisco, Prüfungen und Assessments, ärztliche Notdienste etc.« An die Stelle der antidepressiven pharmakologischen Einstellung tritt die chemische Drogierung.

Die Schwester der »negativen« Tablette ist die »positive« Droge zum Erhalt und zur Steigerung von Aufmerksamkeitszuständen und zur Verhinderung von Müdigkeit. Nicht der Chef oder die Vorschriften sind mein Feind, sondern die Müdigkeit. »Die Beschleunigungstechnologien der Globalisierung wie Internet, Handy, Flugzeug prägen die Lebenswirklichkeit einer schon heute großen Zahl von Menschen und greifen in ihre biologischen und kulturell vermittelten Zyklen von Aktivität und Erholung ein.« Hier halten wir. Der bessere, der optimierte und also überbeanspruchte Mensch ist der idealtypische Burnout-Fall. Krankheit und Fitness sind zwei Seiten derselben Münze, »Das Wissen um die Möglichkeit, die eigene emotionale und aufmerksamkeitsökonomische Fitness chemisch zu verbessern, hat das öffentliche Bewusstsein längst erreicht. Teenager wissen heute, was Aufmerksamkeitsdefizit und Hyperaktivitätsstörung sind und wie sie behandelt werden. Sie konzeptualisieren Bewegungsunruhe, Unkonzentriertheit als neurochemische Symptome, die mit Hilfe von Stimulanzien zu bezähmen sie mehr als bereit sind. Ihre häufig bipolar affektive Aufmerksamkeitsstörung umschreibt vermutlich die Kernsymptome der seelischen Volkskrankheit des 21. Jahrhunderts.« [122]

Anschließend an dieses Geschichtsmodell der Kapitalismuskrankheiten hat Heiner Mühlmann die Trennlinie zwischen »klassischer« Depression und neuer Pathologie noch präziser beschrieben. Depression war die »typische Krankheit in der Epoche von Betriebspsychologie«. »De-

pression ist der Zustand totaler Emotionslosigkeit. Das
›Selbst‹ ist erkrankt. Das gesunde ›Selbst‹ ist das schwer
erreichbare Ziel für das Streben nach Selbstfindung und
Selbstverwirklichung.« Der Selbstverwirklichungskult, so
Mühlmann, »ist repräsentativ für eine ganze Epoche des
Kapitalismus«.[123] Nun aber ADHS und Burnout, die
Krankheit der Derivatehändler, die auch emotional das
Prinzip des Derivats eingeführt haben: »Die Krankheit der
Zukunft ist ADHS. Sie wird ausgelöst durch permanente
Vigilanz, also Daueraufmerksamkeit beziehungsweise
Dauerwachheit. ADHS und Finanzderivat verdanken ihre
Entstehung dem Internet.«

Wer, der nicht gern modern wäre, möchte nicht teilhaben an diesem neuen Syndrom? Das mag die Flut von Aussteiger- und Konvertiten- oder eher schon Wiedereingliederungsliteratur erklären, dessen prominentestes Beispiel wohl Miriam Meckels *Brief an mein Leben* darstellt. »Burnout – Wenn die Maske zerbricht«. Man möchte mit Loriot antworten: »Welche Maske?« Die Burnout-Klinik, aus der heraus sie ihren Bestseller geschrieben hat, ist, wie das Kloster oder die Wellness-Oase, eine jener Außenstellen oder Ausgründungen des Büros, in denen Büroteilnehmer ihre ausgebrannten Existenzen kurieren, ohne dabei sich oder anderen die Systemfrage stellen zu müssen. So leicht, könnte man sagen, haben es der Kapitalismus und seine Regimes mit ihren Opfern noch nie gehabt wie mit den leitenden, leidenden Angestellten, die sich am Ende eines Klinikaufenthalts sagen lassen, dass sie doch ein bisschen mehr auf ihr »Leben« horchen sollen. Die Überstellung von Herrschaftsfragen in den Bezirk der pflegenden Selbstsorge – mit dem finalen Beschluss, endlich einmal ein bisschen netter zu sich selbst zu sein, sich eine

Tasse Tee mehr am Tag zu gönnen – weckt den Verdacht, als sei auch diese Operation noch vom Neurokapitalismus selbst organisiert worden. Und auch die Ärzte, die dem Burnout-Patienten Wege aus der Überbelastung weisen sollen, wirken so einverstanden mit dem Symptom selbst, dass von ihnen anderes als die Wiedereingliederungshilfe in die alte Turboexistenz nicht zu erwarten ist. Der Burnout-Arzt erscheint dergestalt als ein Bruder des Extremsport-Arztes, als ein Komplize also des Symptoms.

Miriam Meckels Buch präsentiert die Autorin als Prototyp der hyperaktiven, über die Maßen vernetzten Genussarbeiterin, deren Weg ganz zwangsläufig in die Auszeit und die Kur führen muss. Warum nur? An einer Stelle ihres erfolgreichen Lebens hat Miriam Meckel, die einmal Deutschlands jüngste Professorin, dann Staatssekretärin in Nordrhein-Westfalen war und nun Professorin für das Fach Corporate Communication in Sankt Gallen ist, gemerkt, dass »der Mensch (…) in seiner Leistungsfähigkeit nicht unendlich steigerungsfähig« ist.[124] Das heißt, dass diese Einsicht für sie ganz offenkundig neu war. Bislang, darf man vermuten, war sie davon ausgegangen, dass ihr Potential nach oben offen war. »Ich bin ein Opfer meines individuellen existentiellen Kategorienfehlers geworden«, schreibt sie.[125] Die Einsicht ist falsch, auch wenn sie tröstlich sein mag. Es geht nicht um individuelle Kategorienfehler, es geht um das Streberseins in der Optimierungsgesellschaft. Zwei »Energieräuber« macht Meckel bei sich aus, denen sie sich bislang ohne Gegenwehr auslieferte: »Reisen und Informationsüberlastung«.

Miriam Meckel hat aus beidem fast schon eine Lebensform gemacht. Sie hat es mit ihrer Jugend und medialen Allgegenwart schon früh zu Berühmtheit gebracht. Dass ihre Gedanken unablässig floaten, muss sie mit der Größe ihrer Neugier und der Vielzahl ihrer Interessen begründen. Sie gibt zu, an Konzentrationsschwierigkeiten zu leiden, das komme aber daher, dass ihr Kopf permanent übervoll sei. Miriam Meckel lebt uns die privilegierte Passion der Höchstbegabten und ADHS-Kandidaten vor. Entsprechend nutzt sie den Burnout und die Auszeit noch rasch als Zusatzqualifikation. Sie kocht, sie schreibt ein Buch, sie denkt an sich, sie lässt Gefühle zu, sie schreibt sich einen Brief – am Ende kann sie »noch mehr als vorher«.[126] Einmal schreibt sie, dass sie keine Langeweile kenne. Ist das nicht die stolz präsentierte Berufskrankheit all der »Manager cum Climber«, die zur Entspannung ständig irgendwo am Limit herumklettern? Nach dem Burnout werden sie anfangen zu meditieren und, wie Meckel, Yoga zu praktizieren, und sie werden die fernöstliche Leere loben, aus denen ihnen Inspiration erwächst. Miriam Meckels Geständnis ist, wie einigen Kritikern auffiel, in Wahrheit ein Bewerbungsschreiben. Ihr Curriculum Vitae ist durch den Burnout kompletter geworden.[127]

Wenn Burnout auch eine Erkrankung an realen Problemen, Konflikten und Hindernissen bedeuten würde, hätte Meckel allem Anschein nach keinen Grund gehabt, überhaupt zu erkranken. Ihr Leben, wie sie es schildert, könnte glamouröser nicht sein. »Ein Leben zwischen St. Gallen in der Schweiz und Berlin, dazwischen müssen all die beruflichen Termine in München, Hamburg, Frankfurt untergebracht werden, ebenso wie die Reisen in die USA, nach Peking, Singapur, Dubai, Abu Dhabi, Istanbul, Moskau oder wo immer gerade ein Projektmeeting oder eine Konferenz stattfindet. (...) Ich musste mittwochabends darüber nachdenken, welche Jeans ich wohl vierzehn Tage später auf einer Party in Berlin würde anziehen wollen und welche Schuhe zu dem grüngrauen Abendkleid passen könnten, das beim Botschaftsempfang am Vorabend erwartet würde.«[128] Das ist die Sorte von Problemen, die Miriam Meckel in den Burnout getrieben hat, und sie erläutern uns gut den Unterschied zur Depression. Miriam Meckel konnte, gleich ob in Jeans oder Abendkleid, einfach nicht genug bekommen und kam dabei irgendwann an die Grenze ihrer Genussfähigkeit. Wobei das Bekenntnis zum Genuss ansonsten bei ihr etwas schmallippig ausfällt; zum Frühstück »gönnt sie sich« eine gute Tasse Tee, nicht aus dem Beutel, sondern aus »meinem kleinen Teeladen in Sankt Gallen«.[129]

Es lief bis dahin prima für Miriam Meckel, sie fand neben dem Reisen noch Zeit für die Wissenschaft und schrieb Bücher, wie jenes, in dem sie »ausführlich beschrieben und begründet hat, warum das menschliche Gehirn nicht multitaskingfähig ist«[130], ohne sich, wie sie eingesteht, selbst daran zu halten. Man könnte nach Meckels Buch den Burnout für das Luxusproblem prominenter Vortragsreisender halten. Man würde dann aber denen nicht gerecht, die noch immer oder mehr denn je am zeitgenössischen Büro leiden. Kam dem depressiven Büromenschen womöglich sein Zynismus zu Hilfe, seine Drückebergerei und Faulheit, sein Ab- und Wegtauchen vor der Arbeit, seine Simulationen und Dissimulationen, so lässt das neue Wahrheitsregime des Managerismus solche Entlastungsstrategien kaum noch zu. Das heißt, das Leiden fällt gravierender aus. Was ist eigentlich mit denen, die tatsächlich noch von ihrem Job überfordert sind und nicht nur von sich selbst?

Während Miriam Meckel mit Garderobe für drei

Wochen im Gepäck von Auftritt zu Auftritt hetzt, gibt es Arbeitnehmer, die in ihren Jobs unglücklich sind, nicht etwa, weil ihr physisches und psychisches System den selbst induzierten Stress nicht mehr aushält, sondern weil sie ihren Job nicht können, die nicht nur unzufrieden mit sich selbst sind, sondern mit denen zum Beispiel der Chef unzufrieden ist. Die Optimierungslogik und Fähigkeitsmystik der neuen Bürokratien hat vergessen lassen, dass es am Arbeitsplatz nicht nur um Auto- und Fremdsuggestionen geht, sondern mitunter noch um erbrachte oder nicht erbrachte Leistung und, in der Folge, um Gratifikationen und Anerkennungen materieller und immaterieller Art. Der Burnout von Miriam Meckel resultiert augenscheinlich aus einem Überfluss an Anerkennung und, dementsprechend, Aufgaben und Verpflichtungen, kurz: aus einer rasenden Bedienung aller selbst- und fremdverhängten Ansprüche, ohne dass diese Beanspruchung zu Stress führen würde – sie führt lediglich zum Burnout. Stress dagegen scheint eher das Symptom der weniger Erfolgreichen zu sein, also nicht die Folge immerwährenden Gefragtseins, sondern die des ständigen Gefordertseins.

Diesseits der Sphäre der hypervernetzten Burnout-Celebrities gibt es Arbeitnehmer, die in »beruflichen Gratifikationskrisen« stecken oder deren Leben eine einzige längere berufliche Gratifikationskrise darstellt.[131] Wenn Anforderungen und Ressourcen ungleichgewichtig verteilt sind (ERI, Effort Reward Imbalance Model), wenn also einem hohen »effort« ein geringerer »reward« materieller oder immaterieller Art gegenübersteht (»In den letzten Jahren wurde meine Aufgabe immer anspruchsvoller« vs. »Ich werde von meinen Vorgesetzten nicht mit dem nötigen Respekt behandelt«), dann drohen ganz altmodische

Krankheiten. Häufig registrieren die ERI-Forscher das Symptom des Over-Commitment; selbst der ganz durchschnittliche Arbeitnehmer möchte sich jetzt für den Job zerreißen und läuft absehbar in eine Aufmerksamkeitskrise hinein und leidet entsprechend unter Nichtwahrnehmung oder, anders, unzureichender »Sichtbarkeit«. Die ganze Zufriedenheits- und Gratifikationsthematik hat sich unter den Bedingungen des hochperformanten Arbeitsplatzes dramatisiert und kann mit Geld allein ohnehin nicht gelöst werden. Es geht um den Anspruch der Performance-Teilnehmer auf Sichtbarkeit; da die Aufmerksamkeitsressource zwangsläufig knapp ist, taumeln wir Over-Performer, Over-Achiever und Over-Committer unweigerlich von einer Gratifikationskrise zur nächsten. Das Drama des hochperformanten Arbeitnehmers ist auch das Drama seines ewig ungesättigten Gratifikationsanspruchs.

Als Gegenstrategie zu dieser Art Überforderung wird von Ratgebern gern das »positive Denken« empfohlen: »Denken Sie positiv und seien Sie körperlich aktiv! Dafür brauchen Sie Zeit. Unter anderem heißt das: Auch iPhone, Blackberry & Co. haben einen Ausschalter. Benutzen Sie ihn! Der noch junge Forschungszweig der Psychoneuroimmunologie konnte nachweisen, dass das Gehirn mithilfe entsprechender positiver Gedanken und Bilder in der Lage ist, Stoffe zu produzieren, die sonst nur in Medikamenten vorkommen. Leichter Ausdauersport wirkt ähnlich, 20 Minuten bis eine halbe Stunde reichen schon – auch das macht den Kopf frei.«[132] Wenn aber die Burnout-Symptome selbst auf ein Übermaß an positivem Denken zurückzuführen sind, dann ist der Burnout insgesamt die Krankheit des positiven Denkens. Erst hat uns das positive Denken glauben gemacht, es gäbe für uns kein Limit, nun begegnen wir uns wieder als Performance-Junkies in der Kurklinik und üben uns, wie man jetzt immer häufiger hört, in »Achtsamkeit«. Die schädlichen Folgen positiven Denkens sollen offenbar durch noch mehr positives Denken behoben werden. Tatsächlich könnte der Burnout aber nur durch die Abschaffung der (Selbst-)Verhältnisse, die ihn ermöglicht haben, kuriert werden. Während Miriam Meckel in ihrer Kurklinik über ihre Krankheit und deren Ursachen nachdenkt, wird sie dabei »fast ein bisschen wütend. Nicht auf die Welt, die so funktioniert, wie ich es beschreibe. Ich bin wütend auf mich selbst, weil ich in dieser Welt auch immer so funktioniert habe, wie es gewünscht war. Wahrscheinlich habe ich es selbst gewollt, um dazuzugehören. Mit solchen Anpassungsleistungen versetzen wir uns mehr oder minder freiwillig zurück in die Zeiten des Taylorismus.«[133] Das Problem dabei ist, dass Miriam Meckel sich nur fast ein bisschen ärgert. Das Problem ist auch, dass sie nicht auf die Welt wütend ist, sondern auf sich selbst. Das Problem ist schließlich, dass Miriam Meckel erst als Patientin darauf kommt, dass an ihrem Lebensstil etwas falsch war. Könnte sie nicht ihre politische und publizistische Präsenz zur Bekämpfung der Ursachen von Burnout-Erkrankungen einsetzen? Sie hat recht, wenn sie schreibt: »Wir erleben die bislang weitestgehende Individualisierung und Flexibilisierung des Einzelnen durch technologische Entwicklungen und die Multioptionsgesellschaft bei gleichzeitiger maximal möglicher Außensteuerung durch umfassende, kontinuierliche Anforderungen und Zwänge. Eine Freiheitsillusion.«[134] Die Antwort, die sie selbst findet, heißt aber nur: Wir müssen ein bisschen mehr Buddhismus wagen. Das allerdings ist nicht Teil der Lösung, sondern Teil des Problems. Die Ursachen des Burnout zu bekämpfen wäre ein politisches Programm, das auch außerhalb der Kur konsequent zu verfolgen wäre. Es wäre ein Programm, in dem die Macht des positiven Denkens durch kämpferische Negativität gebrochen würde.

Fast überall in der großen, breiten Erschöpfungs- und Fluchtliteratur dieser Tage taucht ein utopisches Ideal auf. Es ist das Ideal der Unerreichbarkeit, und natürlich spricht aus ihm die Eitelkeit der Vielbeschäftigten, die sich vor elektronischen Botschaften gar nicht retten können und auch gar nicht retten wollen, die aber an einer gewissen kommunikativen Überhitzung leiden und sich gelegentlich nach Ruhe sehnen. »Disconnectopia« heißt dieses Idyll[135], und das Glück, das es verspricht, ist das *Glück der Unerreichbarkeit*.[136] Miriam Meckel hat das Präfix »Un« auf dem Titel farblich abgehoben, damit man es nicht mit dem »Glück der Erreichbarkeit« verwechseln möge; denn auch das gibt es ja, und vielleicht ist es, nach allem, noch immer das größere Glück. Nach Unerreichbarkeit sehnt sich niemand, der chronisch oder zeitweise unerreichbar ist. Unerreichbarkeit ist die Utopie der Wichtigen und Selbstwichtigen, die sich nach ein bisschen Buddhismus in ihrem Businessprogramm sehnen. Business-Buddhismus, Mindfulness und Compassion im Human Resource Department, das sind angesagte Themen in der nimmermüden Managementliteratur, die uns »Wege aus der Falle« weisen wollen, uns tatsächlich aber noch ein Stückchen tiefer in die Falle führen. Die Heilung durch den Geist, jenes Urmotiv des Kapitalismus, soll durch die Integration von meditativ-schamanistischen Praktiken gelingen. *Ich bin dann mal weg*, der Titel fand auch deshalb so viele Abnehmer, weil er der Illusion der »Auszeit« zuarbeitet, einer temporären Flucht »aus dem Hamsterrad« und der Rolle vorwärts in eine sogenannte Spiritualität. Ich bin aber gar nicht weg, wenn ich auf diese Weise weg bin, weil ich im Wander- und Pilgergepäck die systemische Gewalt des Büros mit mir trage.

»Wenn ich in einem asiatischen oder arabischen Land unterwegs bin«, schreibt Miriam Meckel, »habe ich oft besonders schöne und intensive Zeiten der Wahrnehmung.«[137] Der Umstand, dass sie Sprache und Schrift nicht beherrsche, schaffe »Freiräume für einen anderen, intensiven Blick auf die Dinge«. Und sie zieht daraus den Schluss: »Den Ausweg aus der Kommunikationsfalle weisen uns genau solche Unterbrechungen und Pausen. Es sind die gezielt gewählten Phasen der *Un*erreichbarkeit, die dem Menschen individuelle Gestaltungsräume eröffnen. Und diese sind die Voraussetzung, Glück zu erfahren und ein erfüllendes Leben zu erreichen.« »Gezielt«, »Gewählt«, »Phase«, »Pause«, so wird das wohl nie etwas mit dem Glück. So schön es ist, wenn man in Asien und Arabien unerwartete Wahrnehmungen hat, so grundverkehrt ist es, das Recht auf intensive Blicke auf »Auszeiten« zu beschränken und von ihnen das Heil des erfüllenden Lebens zu erwarten. Auf diese Weise werden Asien und Arabien und der Jakobsweg auch noch, wie schon die Burnout-Klinik, das Meditationskloster und der Wellness-Spa, zu Ausgründungen des Büros, zu therapeutischen Gegen- oder eher Parallelwelten, die der vitalen Erschöpfung auf der Primärszene durch jenes Quantum von Vitalität vorbeugen wollen, das weiteres Funktionieren sicherstellt. Mit buddhistischen Surrogaten wird ein erweitertes Berufsdoping betrieben, das religiöse und kulturelle Bestände auf ihre Tauglichkeit für Fitnesskuren hin durchkämmt.

Ein ähnliches Schein-Ausstiegsszenario bietet William Powers an: »Disconnectopia« oder den »Internet Sabbat«. Seine Frau und er schalten Freitagabend das Modem ab und schalten es erst Montag früh wieder an. Das erinnert an die unüberschaubar gewordene Zahl von Büchern über zeitgemäße Lebensexperimente: Ein Jahr oder eine Woche ohne Sex. Ein Jahr mit täglichem Sex. Ein Monat als Vegetarier. Ein halbes Jahr ohne Internet etc. Hier nun also: Ein Wochenende ohne Internet. Der Anfang ist schwer – »Es war, als wären wir auf einem anderen Planeten gelandet, wo die Aliens eine perfekte Nachbildung unseres Lebens gebaut hatten, aber es war nur ein Bühnenbild und wir wussten es«[138] –, dann aber tritt der segensreiche Effekt ein. »Wenn mehr Modems am Freitagabend ausgeschaltet würden«, meint Powers, »sehe ich schon, wie sich die Fenster öffnen und wie die Leute auf die Straße gehen, so wie sie es tun, wenn es einen Stromausfall gibt, wo sie andere Leute treffen, die sie kaum kennen. Wahrscheinlich werden sie sogar auf der Straße tanzen.«[139] Wer wollte widersprechen? Brauchen wir nicht zwei, drei, viele freiwillige Stromausfälle? »It's nice to be away from the Internet«.[140] Disconnectopia und Internet Sabbat sollen Primärerfahrungen des Sozialen wiederbeleben, die durch die Pseudo-Sozialität des Internets verschüttet werden. Auch bei Powers ist Utopie nicht der Ort des ganz anderen, sondern ein therapeutischer Zweitwohnsitz für Auszeiten und Sabbaticals, die aber nichts an den Verhältnissen ändern, sondern sie, ganz und gar konformistisch, nur besser lebbar machen.

3.5 Vom Nicht-Ort zu gar keinem Ort.
Das Büro in der Raumkrise

Die neue Bürokratie hat nicht nur neue Pathologien erzeugt, sondern, Hand in Hand mit ihnen, neue Räumlichkeiten. Der einstmals klar definierte Büroraum löst sich zusehends in »Bürowelten«, Büro-Situationen und schließlich digitale Office-Landschaften auf. Als räumlich eingrenzbare Sphäre scheint das Büro zu verschwinden. Man kann die Transformation des Büroraums, den Übergang vom Großraumbüro des Scientific Management zum sozial-kommunikativen Nachkriegs-Büro hin zum heutigen selbst-unternehmerischen 24/7-Home-Office-mit-Präsenzphasen am besten im Wandel des Büros im Film beobachten. Das Büro, in dem wir arbeiten, ist dabei dem Ideal dessen, was und wer wir selbst sein wollen, immer näher gekommen. Indem das Büro immer stärker an unsere besten Kräfte appelliert hat, sie in Anspruch genommen und unsere Bürostunden in Performances unserer kreativen Subjektivität verwandelt hat, ist die Möglichkeit der Entfremdung und Negativität weithin hinfällig geworden. Für diese neue Büroerfahrung des Kreativsubjekts und des unternehmerischen Selbst gibt es noch keine Filmarchitekturen, oder wenn es sie dann doch gibt, sind es keine Büroarchitekturen mehr (man denke etwa an Stephan Geenes in dieser Hinsicht aufschlussreichen Film *After Effect*), sondern Räume (nicht etwa Zimmer), in denen junge Menschen ebenso arbeiten, wohnen oder ihre Freizeit verbringen könnten, Räume, die zwar Büroräume sein können, aber auf der Stelle umnutzbar wären für die

Vernissage, das Atelier, die Galerie, den nächsten Guerilla Store, ein cooles Café und die nächste Party, Räume also, in denen die Subjekte sich selbst als ungeteilte erleben, weil der Unterschied zwischen Arbeit und Freizeit nicht nur tendenziell aufgehoben ist – die sogenannte und neuerdings von allen umschwärmte Work Life Balance bedeutet hier vor allem, dass Work Life ganz und gar aufgegessen hat, aber eben im neuen, freundlich-gouvernementalen Sinn, bei dem der Dauerarbeiter keinen Grund zum Klagen weiß, nur manchmal plötzlich kollabiert.

Für die Architektur des alten, repressiven Großraumbüros, das zugleich eine Werkhalle war, hat Orson Welles in seinem *Process*-Film das maßgebliche Bild gefunden. Für die neuen Bürolandschaften, wie sie das Arbeiten in der westlichen Welt von den fünfziger Jahren bis fast in die Gegenwart hinein bestimmt haben, kann Jacques Tatis Film *Playtime* aus dem Jahre 1967 als Matrix dienen. Max Webers Gehäuse der Hörigkeit und der Rationalität hat sich hier in einen gläsernen Irrgarten verwandelt. Am Stadtrand von Paris hatte Tati eine zeittypische Funktionslandschaft aus Wolkenkratzern, Apartmentblöcken, Parkplätzen und Flughafenterminals errichten lassen (»Tativille«), in der er selbst als Monsieur Hulot herumgeistert, ohne ein Wort zu sagen oder gar einen Witz zu machen. Der Film floppte an den Kinokassen, nicht zuletzt, weil dem Komiker Tati offenbar der Witz abhandengekommen war – oder anders, weil sich der Witz statt in der Zone zwischenmenschlicher Kommunikation beinahe ausschließlich im Feld der Objekte selbst, namentlich der Gebäude und der Möbel, abspielt, und zwar als schlechter oder böser Witz. Die moderne Welt nach Tati ist ein schlechter Witz, über den es nichts zu lachen gibt. Ihr Nachbau in einem

Film, der naturgemäß nicht lustig sein und damit die Zuschauer nicht zufriedenstellen kann, hat den Filmemacher finanziell fast in den Ruin gerissen.

Playtime ist ein provokant handlungsfreier Architekturfilm, in dem so etwas unternommen wird wie eine Enzyklopädie moderner Räume, Materialien und Verhaltensweisen. Ausgangspunkt von allem ist Mobilität: Touristengruppen werden unablässig durchs Bild geführt, Konferenzgäste streben einem Versammlungsraum entgegen, Messestände werden aufgebaut und so fort. Die Ferien (schon in den *Ferien des Monsieur Hulot*) sind der eine Motor der modernen Mobilität, der arbeitsbedingte Tourismus (Messen, Konferenzen, Tagungen) der andere. Beider Fluchtpunkt ist das Hotel. Im Hotel konvergieren Arbeit und Freizeit, Entspannung und Stress, das Hotel ist der paradigmatische »non-lieu«[141], der sich mit den anderen Komponenten von Tativille, dem Flughafen-Empfangsgebäude, den Konferenzräumen, Shopping-Bezirken und Großraumbüros, zu einer megalomanen Nichtstadt fügt, deren Vorbild unverkennbar in bestimmten modernistischen Stadtutopien liegt. Tati bringt die Absurdität von Le Corbusiers Stadtentwürfen zur Sichtbarkeit.

In dieser Stadtwelt dominieren Beton, Glas und Chrom, spiegelnde Bauten spiegeln sich in anderen spiegelnden Bauten, überall stößt man auf Ergebnisse von Design und also auf kühne, innovative Formen. Die mobile Menschheit ist überdies in einen Zustand der Sprachverwirrung eingetreten, man spricht, wenn man spricht, ein basales Kauderwelsch und verlässt sich ansonsten auf die Orientierungsfunktion von optischen Signalen. Tativille nimmt die multifunktionale, auf rasche Durchlässe zwischen Geschäft und Freizeit bedachte Architektur heutiger Großflughäfen vorweg, die neben der und zunehmend *ohne* die Stadt alten Stils die Erfordernisse globalisierter Mobilität bewirtschaften. Was Tati bei aller Kühnheit seines Entwurfs nicht voraussehen konnte, war der Triumph des Computers und mit ihm die tendenzielle Entwertung des physischen Raumes. Die Großraumbüros von *Playtime* – grandios das Modell der Bürozelle mit den an den Außenwänden entlanggeführten Aktenfächern, wodurch die einzelne Zelle gewissermaßen als begehbare Akte erscheint – sind überflüssig geworden; teils sind sie in die Blackberrys der leitenden Angestellten, teils als Call Center nach Indien abgewandert.

Durch das böse Utopia von Tativille läuft nun, als einziger Mensch unter lauter Attrappen, mit seinen üblichen Requisiten (Hut, Pfeife, Spazierstock, Regenschirm) Monsieur Hulot alias Jacques Tati. Sein bloßes Dasein, sein sanftes Zuschauen oder gelegentliches Mittun, seine Verlorenheit im Verhältnis zum sonstigen Treiben, erzeugt einen Witz, dessen Pointe eben darin liegt, dass die Welt durch ihn nicht zu erschüttern ist. Es gibt nichts, das gleich welchem Individuum gegeben wäre, um den Lauf der bürokratisierten Welt zu beeinflussen; es muss genügen, diesen Lauf zu bezeugen. In seiner stumm bezeugten Ohnmacht gegenüber den Superstrukturen, den Architekturen und Prozeduren des bürokratisch-administrativen Komplexes erscheint Tati als ein sanfter, satirischer Bruder von Kafkas Josef K. Und auch als sanfter Bruder von Lemmy Caution oder Eddie Constantine in Godards *Alphaville*, einem anderen französischen Albtraum dieser Jahre von einem »futuristic sci-fi dystopia«?[142]

Was die Filme von Welles, Tati und Godard verbindet, die alle in den sechziger Jahren entstanden sind, ist der

Geist der Kälte. Es ist nicht die gewollte Kälte der neuen Sachlichkeit der zwanziger Jahre, sondern eine erlittene Kälte. Die soziale Kälte, die A-Sozialität des Büros, in der das Soziale, wie im *Process*, nur als Perversion in Erscheinung tritt, deutet auf Grundprobleme der »verwalteten Welt«.[143] Die Menschenferne, der Autismus, die Isolation, die sich in den Filmen Welles' und Tatis artikulieren, stehen in einem eigentümlichen Kontrast zu der Tatsache, dass simultan ein Kampf um die »Errettung der modernen Seele« geführt wird, an dem Manager und Psychologen gleichermaßen beteiligt sind. Eva Illouz hat diesen »Triumph des Leidens« anschaulich beschrieben. Das Büro war nie nur der kalte, böse Ort der Entfremdung, es war und ist auch der Ort, an dem unser Seelenheil von Coaches und Therapeuten zum Guten hin modelliert wird, und es ist zugleich der Ort, an dem, ungeachtet der gouvernementalen Superstrukturen, der sanfte Wahn des ganz gewöhnlichen Angestellten ins Kraut schießen darf.

Man darf die Kultur- und Krankheitsgeschichte des Büros nicht nur entlang der großen Erzählungen führen. Zwar hat das digitalisierte Büro, in Tateinheit mit dem universalisierten Prinzip des Managements, das Büro von Grund auf verändert. »Körperliche Präsenz spielt keine Rolle mehr für einen Großteil der Büroorganisation, spätestens seit der selbstverständlichen Nutzung des Internets.«[144] Aber noch immer gehen wir morgens ins Büro und treffen dort auf Kollegen, noch immer nehmen wir teil an den unabsehbaren sozialen Ritualen des Büros, von der Kaffeepause über die Weihnachtsfeier zum Betriebsausflug. Diese Alltagswelt ähnelt den Albträumen von Welles und Tati so wenig, wie sie Ähnlichkeiten mit dem Büro-Slapstick von *The Office* oder *Stromberg* hätte – höchstens einmal fühlen wir uns einen Moment lang an die eine oder andere Fiktion erinnert. Das Büro hat einen sozialen Sinn; der Sinn des Büros ist das Soziale. Das Büro ist der Grund, morgens aus dem Haus zu gehen und nicht etwa zu Hause zu bleiben, selbst wenn man dort mehr erledigt bekäme. Es gibt im Büro oft eine sehr entspannte, freundschaftliche, aber auch konzentrierte Form des Umgangs miteinander, dem die heroischen oder pathologischen Menschenbilder der Managementliteratur bisher keinen großen Schaden haben zufügen können. Es gibt im Büro eine Normalität, die wir für unbedingt schützenswert halten. Es gibt dort einen kollegialen Raum, in dem sich keiner so wichtig nimmt, wie es ihm irgendeine Erfolgsfibel wohl anraten würde. Diese Welt ist weithin die Welt der Festangestellten oder »unflexiblen Menschen«, wie sie bei Friebe und Lobo unfreundlich heißen[145]. Die Menschen, die derart in Büros arbeiten, unterhalten zu ihren Büros und ganz besonders zu ihren eigenen Büroräumen eine affektive Beziehung. Vielleicht ist ja das Büro ein Anachronismus, der Ort einer erstaunlich widerstandsfähigen Normalität, die sich von der Zukunft nicht irremachen lässt.

Das Büro ist zwar in der Raumkrise, um einen Begriff von Peter Sloterdijk zu verwenden.[146] Aber wenig spricht dafür, dass sich das Büro als Ort in absehbarer Zeit in virtuelle Luft aufgelöst haben wird. Mit unseren Affekten hängen wir Angestellten an der Wirklichkeit unserer Räume. Und selbst, wenn unsere Räume aufhörten, als materielle zu bestehen, würden wir uns im virtuellen Raum neue Heimaten schaffen. Als Sphäre hört das Büro nicht auf zu bestehen, auch dann nicht, wenn ihm eine postmaterielle, ortlose Zukunft beschieden wäre. Es wird sich dem neuen Sozialen, den sozialen Medien öffnen, und es wird zugleich das alte Soziale aufbewahren: den Klatsch, den Tratsch, die Geschichten eben, die man sich immer noch am besten in den Kantinen und auf den Korridoren erzählt.

Walter E. Richartz hat in seinem großartigen *Büroroman* von 1976 zeitlos Gültiges über das Büro als Sozialverband gesagt. »Das gemeinsame Büro stiftet Bürofamilien.«[147] Und: »Wie langjährige Ehepartner, so teilen auch die Bewohner der Büros mehr als Luft und Raum miteinander. Sie teilen Gefühle, Marotten, Wehmut, Glück und Langeweile. Sie kennen sich durch und durch – oder glauben es –, wie Eheleute, wie Eltern und Kinder. Es wird Lust und Unlust empfunden, der Partner wir belohnt und bestraft. Es entstehen Spannungen, Allergien, Hasslieben, die die Bewohner aneinanderketten. – Und es gibt Übertragungen, Ansteckungen von besonderer Art.«[148] Das sind Phänomene, für die Architekten üblicherweise kein Sensorium haben – auch der Filmarchitekt Orson Welles interessierte sich für Räume viel mehr als für Affekte. Es wird auch unter den Bedingungen der ersten, zweiten und gleich welcher Moderne im Büro wie daheim im Wohnzimmer unaufhörlich gemenschelt. Die Seele, wie gesagt, hat im technischen Zeitalter nicht den erwarteten Schaden genommen, selbst wo sie sich unter das Joch des emotionalen Kapitalismus begeben hat. Solange es den sanften Wahn noch gibt, wie Richartz ihn in seinem *Büroroman* Gestalt annehmen lässt, ist die Schlacht gegen die neue Bürokratie nicht verloren. Die Subversion der neuen Bürokratie kann durch Leiden und Kritik nicht gelingen, eher schon durch Witz und Wahn.

Zum Büro gehört das Inventar, und zum Inventar gehört die Inventur. Im »Inventur« genannten Anhang seines *Büroromans* liefert Richartz »alle Beigaben der Helden dieser Geschichte«, als da sind: »Schreibtische«, »Schreibtischgarnitur. Zu jedem Schreibtisch gehört die dreiteilige Schreibtischgarnitur aus Bakelit, bestehend aus Schale, Löschblattwiege und Notizzettelkästchen«, »weiterer Schreibtischbelag« wie »der Papierlocher«, »der Papierklammerer«, »die Lineale«, »Privatgegenstände« wie etwa ein »Reisewecker, in grünem Kunstlederfutteral, ein Aschenbecher aus blasigem, grünem Muranoglas und einem goldglänzenden Stellrahmen, darin das Farbfoto eines korpulenten Ehepaars in moderner Freizeitkleidung vor einem tomatenroten Audi 80«, »Schreibtischlampen«, »das Telefon (…) aus schwerem, schwarzem Hartgummi«, »die Drehstühle«, »die Urlaubskarten« und anderes mehr.[149] Man sagt, diese Welt sei untergegangen. Wir bezweifeln das. Und wir würden es außerdem bedauern.

Das Büro dieser Tage ist kein depressiver Ort. Es ist vielleicht überhaupt kein Ort, jedenfalls kein stabiler Ort, auch wenn wir nicht aufhören können, wo immer wir sind, Örtlichkeit und Räumlichkeit im Kleinen herzustellen, und sei es auch nur, indem wir unseren Laptop mit gelben Post-Its bis zur Unkenntlichkeit zukleben. So bewahren wir auch innerhalb temporär gemieteter Funktionsräume oder als Telearbeiter in der Privatwohnung die räumliche Anmutung namens »mein Büro«. Das Büro ist, selbst noch unter den Bedingungen der Raumkrise, eine mentale Zelle. Vergleichbar den anderen großen Zell-Strukturen – Gefängnis, Kloster, Studierraum – gewährt oder diktiert es eine Abgeschiedenheit, die ich mit Insignien meiner Persönlichkeit ausstatte. Wie immer unpersönlich mein Raum ist, ich werde ihn erschließen, erobern, möblieren. Gib mir einen Raum, oder gib mir auch keinen Raum: ich werde ihn verlässlich zustellen.

Es lassen sich also stets zwei Aussagen über die gegenwärtige Bürowelt treffen: das Büro ist makrosoziologisch ein Nicht-Ort, und es ist zugleich im Kleinen und Kleinsten ein Erinnerungsort meiner Existenz als Büroangestellter. Auch wenn sich, forciert durch Virtualität, Guerilla-Taktiken und superflexible Raumanmietungen, eine hohe Neutralität und Sterilität des Raums als neuer Standard etabliert haben, hört selbst in solchen Räumen, und erst recht in den weniger avancierten Architekturen der, sagen wir, Krankenkassen, Versicherungen und Kfz-Zulassungsstellen, der affektive und intime Raumbezug nicht etwa auf. Der lustige Bürospruch zum Beispiel ist nicht nur eine Reminiszenz aus der Bürokultur von gestern; wir haben ihn erst letzte Woche auf der Zulassungsstelle gesehen. Und wir werden ihn in der glasverspiegelten Chefetage der großen Versicherungsgesellschaft wahrscheinlich nicht wiederfinden. Der Bürospruch, ebenso wie bestimmte Zimmerpflanzen oder Urlaubskarten, gehört nicht in die Welt der Teppichböden, sondern in die von PVC, Linoleum und Elastomer.

Wir sehen somit Anlass, Marc Augé, der die Rede vom Non-Lieu oder Nicht-Ort geprägt hat, recht zu geben, und zugleich auf die Beharrlichkeit des Büroraums hinzuweisen.[150] Natürlich können wir die unterschiedlichen Großraumwelten von Orson Welles und Jacques Tati Nicht-Orte nennen. »So wie ein Ort durch Identität, Relation und Geschichte gekennzeichnet ist, so definiert ein Raum, der keine Identität besitzt und sich weder als relational noch als historisch bezeichnen lässt, einen Nicht-Ort. Unsere Hypothese lautet nun, dass die ›Übermoderne‹ Nicht-Orte hervorbringt, also Räume, die selbst keine anthropologischen Orte sind und (…) die alten Orte nicht integrieren.«[151] Ein Autobahnkreuz, ein Einkaufsmarkt am Stadtrand, eine Hüpfburg beim Straßenfest, die Shopping-Meile am Abfluggate oder eben eine Bürolandschaft, das sind Nicht-Orte, in denen wir uns als »passager« erleben und zu denen wir doch, und sei es aus Trostgründen, eine gewisse Anhänglichkeit entwickeln. Nie hören wir auf, auch den Nicht-Ort zu »lokalisieren«, ihn mit Emotionen zu belegen, unsere Geister in ihm heimisch werden zu lassen. Nie hört aber andererseits der Ort auf, sich in einen Nicht-Ort zu verwandeln: »Die Möglichkeit des Nicht-Ortes ist an jedem beliebigen Ort gegeben (…) So können wir die Realitäten des *Transits* (Durchgangslager oder Transitpassagiere) den Realitäten der festen Wohnung entgegensetzen, das *Autobahnkreuz* (das kreuzungsfrei ist) der *Straßenkreuzung* (oder der Begegnung), den *Passagier* (der durch seinen Zielort definiert ist) dem *Reisenden* (der auf seinem Weg flaniert), den *Komplex* (…) dem *Monument,* (…) die *Kommunikation* schließlich (…) der *Sprache.*«[152] In Tatis *Playtime* spürt man die frische, schockhafte Faszination ebenso wie das Erschrecken über die neuen künstlichen und passageren Welten. Ist nicht der sprachlos durch das Gelände laufende Jacques Tati der Kronzeuge einer »Ethnologie der Einsamkeit«?[153] »Der Nicht-Ort«, hat Augé geschrieben, »ist das Gegenteil der Utopie; er existiert, und er beherbergt keinerlei organische Gesellschaft.«[154] Dem ist entgegenzuhalten, dass die Entfremdung und Einsamkeit, die Augé den Nicht-Orten zuschreibt, sich nicht dauerhaft den Organifizierungstendenzen widersetzen können; auch ein Autobahnkreuz –

und erst recht unser Büro – kann organischer Ort und Herberge werden.

So betrachtet, lässt sich das reale, das physische Büro niemals abschreiben. Wenn in den modernen Büroarchitekturen sozial und räumlich Kälte produziert und erlebt wird, dann war das vielleicht nur der Versuch, Max Webers rational-legaler Herrschaft eine angemessene Bauform zu geben und sie also vor zu viel Charisma, Emotionen und Korruption zu schützen. Die Neutralität und Sachlichkeit im Raumprogramm des modernen Büros schützen die rationale Bürokratie vor ihren Verächtern. Die kommunikativ-psychologische Wende der fünfziger Jahre, die Entdeckung des Sozialen, des Mitarbeiters und des Zwischenmenschlichen, hat das Büro revolutioniert und die Ansprüche der Seele gegen die des Apparats erfolgreich geltend gemacht. Seitdem ist, wie wir wissen, Kommunikation am Arbeitsplatz Trumpf, eine Errungenschaft, die sich entweder als Sieg über die Entfremdung oder aber als letzter Sieg der Entfremdung selbst erleben lässt. Hat uns die kommunikative Wende, die flächendeckende Einführung des Dialogs und der Psychologie, frei oder wenigstens freier gemacht? Wir dürfen, so viel steht fest, mehr »Mensch«, mehr »wir selbst« sein als unter den alten Bedingungen. Damit ist zugleich die Sphäre verschwunden, in der wir, entlassen aus der Fabrik- und Bürowelt, »endlich Mensch«, endlich wir selbst sein konnten. Weil uns das Büro gestattet, Mensch zu sein, hören wir auch in unserer Freizeit nicht auf, im Büro zu sein. Das Gegenwartsbüro ist ein Pyrrhussieg der Freiheit. Das Büro mag ein Nicht-Ort sein, aber es hat uns erfolgreich domestiziert. Alle unsere erträumten Wildheiten stehen nun brav im Dienst der Rekreation, alle unsere Exzesse modellieren nur unsere Büropersönlichkeit. In diesem Sinne hat das moderne, kommunikative, Büro neue Ausweglosigkeiten produziert, die denen von Kafka und Welles nicht um viel nachstehen. Wie sollte es auch anders sein, wenn für industrielle Probleme industrielle Lösungen gesucht und gefunden werden müssen?

Viel ist jetzt vom neuen Büro die Rede. Nach der Zelle, dem Großraum- und dem Kombibüro ist jetzt der *Business Club* angesagt. So lesen wir über den »Rotonda Business Club« in Köln: »Menschen verbinden, Zukunft gestalten – im Zeichen wachsender Internationalisierung gewinnen verbindliche Orte im Denken der Menschen mehr und mehr an Bedeutung. Orte, an denen man sich kennenlernt, Orte, die den direkten Austausch und die persönliche Begegnung ermöglichen. Der Rotonda Business Club ist so ein Ort. Er versteht sich als wirtschaftlicher und sozialer Drehpunkt in Köln. Im einzigen kreisrunden Bürogebäude der Domstadt stehen die beruflichen und kommunikativen Interessen der Mitglieder im Zentrum. Der Club bietet Raum für unternehmerisches Denken und Handeln, ist Kommunikationsplattform und Treffpunkt für Führungskräfte. Zugleich Think-Tank für die Stadt und das Rheinland. Dabei bilden bürgerschaftliches Engagement, gesellschaftliche Verantwortung und der Brückenschlag zwischen Kultur und Wirtschaft die zentralen Säulen der Club-Philosophie.«[155]

Ist der Kölner Business Club nun ein Non-Lieu im Sinne Augés oder, wie es die Werbung verspricht, ein Ort par excellence, ein verbindlicher Platz, an dem der Geschäftsmann und die Geschäftsfrau nicht am Arbeitsplatz, nicht unterwegs und auch nicht zu Hause sind, sondern – die beste aller Welten – im Club. Der moderne Mensch möchte sich in der Globalisierung nicht gern einsam fühlen, deswegen geht er gern in Clubs und Lounges oder andere restriktive und privilegierte Räume, in die nicht jeder hineingelassen wird. Merkwürdig, wie das Prinzip des (freien) Zugangs und das andere Prinzip der (beschränkten) Zulassung nebeneinander existieren. Ein Büro, das zugleich Club ist, in dem man einen Jahresbeitrag für den Zutritt entrichtet, dann aber kommen und fernbleiben kann, wie es einem beliebt, ein Ort, der zugleich Wichtigkeit und Gemütlichkeit ausstrahlt, ein Ort, der reserviert ist für die richtigen Leute, in dem schon die bloße Anwesenheit eine Aussage einschließt über meinen Rang und Status, ja über meine Performance: ein solcher Ort ist nicht einfach ein Nicht-Ort, aber auch bestimmt kein traditioneller, organischer Ort wie, sagen wir, früher einmal eine Eckkneipe.

Business Club, Business Class, Business Lunch: was hier angeboten wird, ist in der Regel eine massengefertigte und käufliche Exklusivität, die schon deshalb keine wahre Exklusivität sein kann, sondern bloß eine käufliche Bevorzugung, ein Premium-Privileg und eine buchbare Distinktion. Natürlich kann sich der Drang nach wahrer Distinktion an solchen Billig-Privilegien nicht ausreichend Nahrung verschaffen. Wir haben gesehen, wie Klöster, Thermen, Fastenkliniken und alte Bauernhöfe zu Außenposten managerialer Raumansprüche geworden sind; wir haben gesehen, wie zwei Phänomene, die Virtualisierung und die gouvernementale Subjektivierung, von zwei Enden her die Raumkrise verschärfen. Wir können am Konzept des Business Club sehen, dass der emotionale Kapitalismus nach einer neuen Organizität und Gemeinschaftlichkeit strebt, weil er sich in der Tristesse der klassischen Funktionsorte nicht mehr wiedererkennt. Wenn Kreativität der neue Standard ist, so wie früher vielleicht einmal Gehorsam, dann werden wir jetzt immer mehr Gehäuse der Kreativität sehen, Büros, die so tun, als wären sie Nicht-Büros, Nicht-Orte, die Orte spielen, Erlebniswelten einer Büro-Subjektivität, die sich auf den klassischen Teppichböden und an den Hydrokulturen nicht mehr ausleben kann. Man muss vielleicht gar nicht mehr in die typischen neoliberalen Milieus gehen, um solche Verwandlungen zu erleben; man wird sie ebenso in der Welt der Kirchen, Gewerkschaften und Parteizentralen wahrnehmen können. Das neoliberale Paradigma ist mit dem sozialdemokratisch-emanzipativen zusammengewachsen.

In Berlin steht ein »Beta-Haus« (es stehen dort und andernorts immer mehr Beta-Häuser), an dem sich einige dieser Tendenzen gut beobachten lassen. Wo Büro war, soll Beta-Haus werden, oder *ist* eigentlich schon Beta-Haus, verkündet die Homepage. Die Alternative zum »Heimbüro« sind der Co-Working Space, das Gästebüro und andere Ad-hoc-Places. »Werte werden nicht mehr in klassischen Büros geschaffen«, liest man hier. »Wertschöpfung findet statt an unterschiedlichen Orten, zu unterschiedlichen Zeiten, in wechselnden Teamkonstellationen und ohne Festanstellung. Diese neue Art der Arbeit sucht ständig nach neuen realen und virtuellen Orten. Benötigt werden offene, digital vernetzte und kollaborative Arbeitsorte, die flexibel sind und als Inkubationsplattform für Netzwerk, Innovation und Produktion dienen.« Und weiter: »Das Betahaus ist so ein Arbeitsraum. Es ist eine Plattform, die den Ansprüchen von unabhängigen Kreativen und Wissensarbeitern gerecht wird und ihre Möglichkeiten erweitert. In einer Mischung aus entspannter Kaffeehaus-Atmosphäre und konzentriertem Arbeitsumfeld legen wir Raum zwischen Arbeit und Privatsphäre an, in der Innovation und Kreativität gefördert wird.«[156]

Hat mit dem Beta-Haus, dem »Hallenprojekt«[157] und anderen Co-Working-Raumideen endlich das Zeitalter nach uns »unflexiblen Menschen« begonnen? Gibt es nach der neuen Bürokratie der kommunikativen Großraumbüros und zielorientierten Steuerungslehren eine noch neuere, eine wirklich *post*bürokratische Büroordnung, in der die Zwänge und Schematismen bürokratischer *und* neobürokratischer Herrschaft aufgehoben sind? Hat der Büroarbeiter der »Wissensgesellschaft« nicht nur das klassische disziplinäre, sondern auch das gouvernementale Joch abgeschüttelt; ist er oder sie, erstmals in der Geschichte des Büros, »frei«? Die Welt des Beta-Hauses und seiner Insassen ist noch einmal eine fundamental andere als die des New Public Management. Es gibt noch kein Beta-Haus für den öffentlichen Dienst, für, sagen wir, kommunale Entsorgungsbetriebe. Der Beta-Arbeiter ist in der Regel eine »Ich AG«, ein Profitcenter, das Projekte macht und für sie, je nachdem, gut oder weniger gut bezahlt wird. Die Leute im Beta-Haus arbeiten nicht in einer Firma, sie sind allenfalls die Firma: Blogger, Games-Entwickler, Soundtrack-Bastler, Social-Media-Unternehmer und andere Freiberufler haben ein Büro, das Computer heißt. Der Computer kann zu Hause stehen, er kann im Café stehen oder im Beta-Haus, er wird aber erwartbar nicht in einer Firma stehen, weil die Firma und ihre Büros der Ort für die (mehr oder minder) Festangestellten und sozialversicherungspflichtig Beschäftigten sind. Statt des Bürotrotts der Angestellten also die Freiheit des neuen, flexiblen Wissensarbeiters. Es hat sich eine romantische Aura um den jungen digitalen Kreativen gelegt. Anders als wir haben die dreißigjährigen Wissensarbeiter keine Zielvereinbarungen abgeschlossen (mit wem auch?) und müssen sich auch mit niemandem zum Jahresgespräch treffen. Wohl aber kennen sie Deadlines, denen sie aber, wie wir seit Passig und Lobo wissen, durch beherztes Prokrastinieren, also Auf-Morgen-Verschieben, zu begegnen wissen. Mit dem (mehr oder minder) freiwilligen Verzicht auf die Festanstellung entkommt die digitale Boheme den Pathologien der Angestelltenkultur. Oder sie redet es sich jedenfalls sehr heftig ein. »Werte werden nicht mehr in klassischen Büros geschaffen.« Heißt das, in Zeitungs- und Fernsehredaktionen, Ministerien, Universitäten, Verlagen oder gleich welchen Ämtern werden keine Werte mehr geschaffen? Was wird dort dann geschaffen, wenn nicht Werte? Und wie kommt es, dass ausgerechnet im Beta-Haus nun plötzlich Werte geschaffen werden? Richtig ist wohl, dass dort vermehrt eine Wertschöpfung stattfindet, vorwiegend im Sektor neuer digitaler Industrien. Es gibt eine wirtschaftlich wahrnehmbare Produktivität im Feld nerdistischer und meistens auch solitärer »Wissensarbeit« am Computer. Wirtschaftlich fällt sie – noch – gegenüber den »klassischen«, »korporativen« Wertschöpfungen durch Unternehmen und Verwaltungen kaum ins Gewicht, aber das kann sich auf dem Weg zur »Wissensgesellschaft« womöglich ändern. Interessant ist an der Beta-Haus-Rhetorik die Abqualifizierung des Büros.

Man weiß nicht, welches Büro die neuen Wissensarbeiter meinen, ob das alte weberianische oder das neue Büro, vielleicht kennen sie nicht einmal den Unterschied. Was also hassen sie? Die Bürokratie, die »Innovation« und

»Kreativität« im Keim erstickt? Die Vorschriften, Formulare und Regularien, die den Büromenschen gängeln und fremdbestimmen? Ist es die Verachtung des öffentlichen Raums, überhaupt der klassischen, vor- oder außerdigitalen Öffentlichkeit? Oder ist es die Daseinsform im Kollektiv, in der einsamen Masse, die Unmöglichkeit, einfach sein Ding zu drehen – interessant, dass doch die zeitgenössische Motivationsliteratur genau das laufend den Angestellten verspricht: im Büro sein Ding drehen! Der Wissensarbeiter hegt ein größeres Ressentiment gegen das Büro, das er doch aus eigener Anschauung gar nicht kennt und kennen will. In seiner Verachtung des Büros und der Bürokratie trifft sich der innovative Wissens-Bohemien mit den Verfechtern des New Public Management und den Business-Gurus der Sorte Tom Peters. Während aber die Schule des NPM die alte Bürokratie durch verbessertes, möglicherweise weniger korruptionsanfälliges, unternehmerisch verantwortungsvolleres, indikatoren- und zielegetriebenes Management kurieren wollte, sind die Wissensarbeiter gemeinsam mit den Business Gurus eher auf der Seite der Anarchie. Hier regt sich ein neoliberaler Individual-Anarchismus, der Öffentlichkeit und Gesellschaft – außerhalb von netzbasierten Communities – nur als Angriff auf die eigene Autonomie verstehen kann. Die neue Kultur der Wissensarbeit mit ihren Netzwerken und Co-Working-Hallen trägt widersprüchliche Züge: man könnte sie beschreiben als die Sphäre eines neuen, utopischen Mönchtums, zugleich als die bis dato ultimative Stufe des Konformismus – »unsere Entfremdung«, könnte man titeln, »heißt Selbstverwirklichung«. Das Beta-Haus ist dann doch nur eine weitere schattenlos positive Ausgründung des Büros.

»Schöne Menschen trinken Kaffee Latte.«[158] Das ist dann doch eine andere Welt als die der großen Verwaltungen. Hier wird gar nichts mehr verwaltet, hier wird, so wird suggeriert, der menschliche Geist unmittelbar für Projekte nutzbar gemacht. Es hat sich um die neue digitale Arbeit ein gewaltiger Hype entwickelt, angefacht unter anderem von Kathrin Passig und ihren Mitautoren bei der »Zentralen Intelligenz Agentur« und mit Sympathie begleitet von allen möglichen Promotern von »Innovation«, »Kreativität«, »lebenslangem Lernen«, »digitaler Evolution« und anderem. Die coole Wissensarbeit ist in der Mitte der Gesellschaft angekommen, vielleicht auch nur in der Mitte der gesellschaftlichen Rhetorik. Das digitale Wissens-Büro als »stoffliche Verstetigung des Netzwerkgedankens, der die heutige Welt so grundlegend bestimmt«, wie die *Frankfurter Allgemeine Zeitung* den Beta-Haus-Gründer Christoph Fahle zitiert, ist so etwas wie der leitende Gemeinplatz der Gegenwart. »Junge Kreative, die online sowieso schon vernetzt sind, mieten an einem Knotenpunkt in der wirklichen Welt einen Schreibtisch, teilen W-LAN, Drucker und Konferenzraum und im besten Fall die Arbeit an einem ›Projekt‹.«[159]

Man findet solche Vorstellungen, die man vergeblich auf ihre politische Herkunft oder Zielrichtung hin befragen kann, allenthalben in der Netzwerkwelt, etwa in dem von Frithjof Bergmann philosophisch inspirierten Konzept der »Halle«. Auf *www.hallenprojekt.de* heißt es: »Coworking ist das produktive Arbeiten mit Gleichgesinnten in kreativer Atmosphäre im halböffentlichen Raum zwischen Großraumbüro, Home-Office und Café. Das Hallenprojekt schafft und vernetzt virtuelle und reale Orte für kreatives Arbeiten in ebenso komfortabler wie inspirierender Atmosphäre für jedermann. Hallenprojekt.de hilft Dir, das schönere Arbeiten mit interessanten Coworkern und an angenehmen Coworking-Orten zu entdecken.« Diese Halle ist nicht ganz dieselbe wie die Bürohalle in Orson Welles' *Prozess*-Film. Der neue Hallenmensch ist kein taylorisierter Arbeitssklave und nicht einmal ein Dienstleister. In der Halle trifft er auf seinesgleichen: Startup-Unternehmer im Wettbewerb um den nächsten Durchbruch an der Wissens-Front, auf der Jagd vielleicht nach der nächsten Killer-Applikation. Die Halle ist das Camp der gleichgesinnten Wettbewerber, die sich temporär zu Teams zusammenschließen, um dann wieder getrennt zuzuschlagen. Frithjof Bergmann hat diese zugleich ultrakapitalistische wie frühsozialistische Raumidee mit dem Begriff »Neue Arbeit« belegt. Die Halle ist auch nicht ganz dasselbe wie der Business Club; in ihr ist nicht der konventionelle Businessmensch gefragt, sondern der laptopgetriebene Freiberufler mit digitalen Weltveränderungsphantasien.

Steht mit den Beta-Häusern und Neuen Arbeitshallen der Menschheit der Auszug aus dem Bürozeitalter bevor, das kurz vor 1900 begonnen hat? War das Büro nur ein kollektivistischer Irrtum des 20. Jahrhunderts, aus dem sich im 21. zuerst die Avantgarde des »Kognitariats«[160] und dann der ganze Rest abhängig oder unabhängig Beschäftigter befreit haben? Gibt es analog zur Raumkrise des Büros auch seine Sinnkrise? Werte, glaubt man im Beta-Haus, werden nicht mehr in klassischen Büros geschaffen, so wie man sich Filme nicht mehr im Kino anschaut. Selbst wenn die Werte anderswo geschaffen würden, bliebe doch die Arbeit im Büro. Wenn man sich eine Weile mit dem Beta-Haus und den Verheißungen des Co-

Working beschäftigt hat, kann es geschehen, dass man plötzlich große Sehnsucht nach dem Büro verspürt. Nicht nur nach dem Büro von gestern, sondern sogar nach dem Büro von heute, nach der vertrauten, bisweilen schwer erträglichen, aber doch auch vorerst unersetzlichen Welt des New Public Management. Was auch immer die kognitiven Vorgaben der Harvard Business School in unseren Verwaltungen angerichtet haben, es hat doch am Ende mehr Substanz und Wirklichkeit als die Kunstwelten der Neuen Arbeit. Und es gibt in ihm statt Phantasien Aufgaben zu bewältigen. Man kann sich aus der digitalen Halle heraus fast so sehr nach der neuen Bürokratie sehnen, wie man sich von der neuen Bürokratie aus nach der alten sehnen kann. Es könnte sein, dass wir uns stets nach der Organisationsform sehnen, die man uns aktuell als überholt verkaufen möchte, zu der zurückzukehren man uns warnt, weil es ein Rückschritt wäre. Nichts macht uns so neugierig und so zuversichtlich wie ein Rückschritt. Wie herrlich mutet uns an, endlich wieder in der Sphäre der Kommunalen Gemeinschaftsstelle angekommen, von einem Projekt namens »Kommunales CAF-Zentrum« zu lesen. »CAF steht für Common Assessment Framework. CAF gehört zu den ›großen‹ Qualitätsmanagementmodellen. Da eine exakte englische Übersetzung Wortungetüme schaffen würde wie ›Bewertungsmodell für Organisationen im öffentlichen Bereich‹, hat sich auch in Deutschland die Abkürzung CAF eingebürgert. Wesentlich ist, dass es sich um ein Modell handelt, das eine Selbstbewertung in Organisationen des öffentlichen Dienstes ermöglicht. Ziel dieser Selbstbewertung ist die Optimierung von Prozessen und Strukturen einschließlich des Führungsverhaltens.«[161]

Wir mögen diese Sprache nicht, wir halten die Modelle

und Verfahren für überschätzt, und an Selbstbewertung glauben wir schon gar nicht. Aber wir erkennen selbst noch in dieser vom managerialen Zeitgeist kontaminierten Projektbeschreibung etwas von der Seriosität großer Verwaltungsaufgaben. Abwasserpolitik, Strafvollzug, Parkraumbewirtschaftung, das sind Aufgaben, an denen gemessen das bürofeindliche Treiben der digitalen Boheme frivol wirkt und zu deren Bewältigung ihr möglicherweise auch keine bessere Lösung einfiele als das Amt und die Behörde. Wahrscheinlich würden auch die Wissensarbeiter versuchen müssen, erst einmal Wissen über die geeigneten Verfahren zu erwerben und sich dafür die »Prozessmodelle« anschauen, die »einheitlich im Fachmodellierungsstandard FaMoS dargestellt (sind), der im Rahmen eines interkommunalen Projekts zur Standardisierung kommunaler Prozesse durch die Firma b.i.t.consult GmbH und das Kompetenzzentrum digitale Verwaltung (KDV)/d-NRW entwickelt wurde(n)«.[162] Längst schon kann man auch bei Betrachtung des New Public Management das Loblied der Bürokratie singen. Dass auch das NPM sich umgehend und gegen seinen erklärten Willen in eine Bürokratie verwandelt hat, spricht nicht gegen es. Gegen die Schwerelosigkeitsanmutungen der digitalen Neuen Arbeit möchte man gern die unglamouröse Schwerarbeit der öffentlichen Verwaltungen rehabilitieren.

Tragische, unattraktive, aber notwendige Aufgaben verlangen ebensolche Räume. Vielleicht ist das Büro räumlich und sachlich in die Krise geraten, weil die Idee des (öffentlichen) Dienstes unzeitgemäß wurde, weil Dienst planvoll durch Service oder Dienstleistung verdrängt wurde. In der Bürosoftware von Microsoft namens »Office« klingt noch immer die alte Idee des »Officium« an. Aus der so bezeichneten Dienstpflicht ist als Raumform der Verwaltung das Büro oder Office hervorgegangen. Der Dienstpflicht lässt sich nur mit einer gewissen Bereitschaft zur Statik oder »Stabilitas Loci« nähertreten; ebenso verlangt sie nach einer Disziplinierung des Lustprinzips und nach einer Hintanstellung eines persönlichen Geltungsdranges. Der Büromensch ist kein Passagier, Nomade und Transitreisender. Er ist am liebsten da, wo er hingehört. Die chronisch karikierte Farblosigkeit des Büromenschen hat damit zu tun, dass er sich selbst nicht wichtiger nimmt als seine Aufgabe, dass er tendenziell sogar hinter seiner Aufgabe verschwindet oder in ihr aufgeht wie in jeder richtigen und nicht von Selfishness geleiteten Arbeit. Sosehr es zutreffen mag, dass »gute Verwaltung begeistert«, sowenig ist das Handeln gerade des guten Bürokraten von ständiger Begeisterung geprägt. Der wahre und gute Bürokrat durchschaut und verachtet die Motivationsseminare und Away Days, die Packpapier-Workshops und die Evaluation der eigenen und anderer Leute Zufriedenheiten. Er oder sie weiß, dass solche Spiele gespielt werden, um eine zunehmend auf ihre kommunikativen und selbstexpressiven Ansprüche pochende Belegschaft ebenso bei Laune zu halten wie die zunehmend launischen Geldgeber. Der Wahrheitsfindung oder auch nur der Lösung konkret gestellter Aufgaben bringen sie niemanden näher. Der gute Bürokrat träumt nicht davon, Künstler zu sein, er will weder Innovation noch Kreativität befördern noch sie sich nachsagen lassen.

KAPITEL 4

Die ganze Welt ist jetzt Büro. Schlussbetrachtungen

Auch morgen werde ich hoffentlich wieder ins Büro gehen, und das nicht mal ungern. Ginge ich nicht, würde das auch nicht viel ändern – solange ich angestellt bleibe. Ich muss ja gar nicht mehr ins Büro gehen, das Büro kommt zu mir, fast ist es, als könnte es mich orten, wo immer ich gerade bin. Das Büro, oder Office, ist mein Lebensraum, mein Habitat geworden, gleich wo ich bin. »Das moderne Büro ist überall«, wirbt »T Systems« für seine Anwendungen, nein »Lösungen«, » – nicht mehr nur dort, wo der Schreibtisch Ihrer Mitarbeiter steht, sondern auch in Hotels, an Flughäfen, beim Kunden oder zu Hause. T-Systems hat die Lösungen parat, die Ihre Mitarbeiter dafür mobil und flexibel machen. Montags bis freitags, 9 bis 17 Uhr am selben Schreibtisch – das war einmal. Moderne Büroarbeiter erledigen einen großen Teil ihrer Arbeit nicht etwa in ihrem Büro, sondern an Flughäfen, in Hotels und Zügen, zu Hause oder beim Kunden vor Ort. So sitzen selbst Sachbearbeiter nur noch für 60 Prozent ihrer Arbeitszeit am Schreibtisch. Den Rest verbringen sie in Besprechungen und Workshops. Und Bereiche, die direkt mit dem Vertrieb zu tun haben, sind sogar noch mehr unterwegs. Moderne Technologie macht diese neue Form der Büroarbeit möglich. So können etwa Bank-Berater vom Sofa des Kunden aus per mobilem Internet auf ihr Firmennetzwerk zugreifen und unterschriftsreife Vertragsunterlagen herunterladen. Andere Angestellte haben ihr Büro in der Westentasche dabei: Auf einem USB-Stick sind alle Daten und Programme enthalten. Damit lassen sich auch lange Reisen produktiv nutzen.«[1]

Wir treffen den modernen Büroarbeiter im Zweifelsfall unterwegs, er oder sie sind im Zweifelsfall Berater oder Dienstleister, die Kunden »Lösungen« verkaufen, auf die sie ohne sie nicht kämen. Bürokraten sind sie nicht, jedenfalls nicht dem Selbstverständnis nach. Dafür sind sie viel zu mobil, zu projekt- und zielorientiert. Ungern würden sie sich mit Wörtern wie Behörde oder Verwaltung in Verbindung bringen lassen, auch dann, wenn sie in einer Behörde oder Verwaltung arbeiten. Die Menschen, die ihre Büroarbeit in aller Öffentlichkeit erledigen, oder beim Kunden oder im eigenen Wohnzimmer, jedenfalls nicht im Büro und immer am Computer, sind Manager in dem Sinne, dass sie etwas managen. Wir können gar nicht anders, als in dieser unscharf definierten Berufs- oder Funktionsgruppe uns selbst wiederzuerkennen. Es kommt nicht darauf an, ob wir für öffentliche oder private Arbeitgeber tätig sind, und es kommt nicht darauf an, ob auf unserer Visitenkarte »Manager« steht. So oder so sind wir Akteur und Teilnehmer im bürokratisch-industriellen Komplex, und wären wir es nicht, dann gäbe es uns nicht. Man kann nicht *nicht* teilnehmen, es sei denn, man schaltete komplett ab oder um, auf das Meckelsche *Glück der Unerreichbarkeit*. Aber selbst dann läge wohl noch Office in der Luft.

Die ganze Welt ist jetzt Büro, weil das Büro und die Welt jetzt ein und dasselbe virtuelle (immaterielle, vernetzte) Gehäuse sind, in dem die Gesetze des bürokratisch-industriellen Komplexes am Werk sind. Wir sprechen vom bürokratisch-industriellen Komplex, so wie Präsident Dwight D. Eisenhower einmal vom »militärisch-industriellen Komplex« sprach. Er warnte in seiner Abschiedsrede 1961 vor dem Einfluss der großen Rüstungskonzerne auf die Politik und sah in ihm eine ernste Gefahr für die Demokratie. Die Gefahrenlage, die Eisenhower beschrieb, dauert an, es sind aber weitere Gefahren hinzugetreten, die nicht mehr nur aus der Rüstungsbranche kommen, sondern aus der Informationstechnologie selbst. Von der »Enabling Role of Information Technology« sprechen Hammer und Champy in ihrem Businessbuch-Klassiker *Reengineering the Corporation* von 1993. IT ist bei ihnen die »disruptive technology«, die »old rule« in »new rule« verwandelt.[2] Das stellt sich dann etwa so dar: »Old rule« war, dass die Manager alle Entscheidungen treffen. Die »disruptive technology« besteht aus »decision support tools (database access, modeling software)«, worauf als »new rule« gilt, dass Entscheidungen zu treffen nun jedermanns Job ist. Anders gesagt: Jeder ist jetzt Manager, insofern er oder sie mit »support tools« arbeitet. Einprägsam wird hier der Umstand formuliert, dass IT der Treiber der modernen Governance ist. Ohne IT gäbe es keinen bürokratisch-industriellen Komplex, und ohne IT gäbe es das Regime der Standards und Formulare nicht. »Formulaic« oder formelhaft ist, allen Beteuerungen von Kreativität und Phantasie zum Trotz, der Geist des Gegenwartsbüros. Die neue Bürokratie hat das Formel- und Formularwesen nicht erfunden, sie hat im Gegenteil ein Zeitalter verkündet, in dem alte Büroroutinen und -vorschriften außer Kraft gesetzt würden. Gleichzeitig hat sie allerdings einen Meilenstein in der Homogenisierung menschlicher Verstandesleistungen errichtet, indem sie ein Gemisch aus BWL und IT zum Weltstandard erhob. Das B in BWL steht für Betrieb, es könnte auch für Business stehen. Oder für Boston. Wenn wir über den bürokratisch-industriellen Komplex sprechen, können wir von Business und Boston nicht schweigen. Ist nicht Boston in mehrfacher Hinsicht die Wiege und Schmiede des bürokratisch-industriellen Komplexes, erstens mit der Harvard Business School, in der Business als Leitdisziplin von »Leadership« überhaupt unterrichtet wird, zweitens mit Harvard und dem M.I.T., den führenden Ausbildungsstätten für Informationstechnologie, schließlich mit den Pilgrim Fathers, die den Geist der missionarischen Sendung und Erweckung in die christlich-kapitalistische Welt aussäten? Business, IT-getriebenes und -unterfüttertes Business ist nicht mehr nur ein Sektor des sozialen Lebens, es ist der Motor der gesellschaftlichen Entwicklung überhaupt. Philip Delves Broughton fasst in seinem Buch *What They Teach You at Harvard Business School* die Erfahrung aus zwei Jahren im dortigen MBA-Programm so zusammen: »Business today clearly aspires to be something more than it is. It wishes to be recognized as a force more powerful than any government, nation, or individual society, and a good force at that.«[3] Die Arroganz der meisten Berater verdankt sich diesem Umstand; sie vertreten ein privilegiertes und obendrein ethisch überlegenes Wissen, dem der Kunde oder Beratungsfall sich wird unterwerfen müssen, und sei er auch einstweilen resistent oder »noch nicht soweit«.

Wie soll man die Kritik am bürokratisch-industriellen Komplex organisieren, unter der Prämisse, dass Kritik in der Regel nur als fehlende Einsicht in Notwendigkeiten und Alternativlosigkeiten betrachtet wird? Gegen eine

Software und eine Wissenschaft, gegen den neuartigen Medien- und Interessenverbund von BWL und IT kann man schlecht in einen Ausstand treten. Die sanfte Gewalt der neuen Herrschaftsverhältnisse, ebenso der Umstand, dass wir uns ja mit Hilfe von Instrumenten selbst regieren sollen, statt autoritären Ansagen Folge zu leisten, macht die organisierte Kritik schwierig. Man wüsste auch gar nicht, an welche politische Adresse man sich mit einer Kritik am bürokratisch-industriellen Komplex wenden sollte. An die FDP vielleicht, die gern Persönlichkeits- und Freiheitsrechte gegen den Zugriff des Staates und der Institutionen verteidigt? Aber die neue Bürokratie ist keine Institution, eher schon angetreten als Befreiung von den Institutionen. Oder an die SPD, wobei uns einfällt, dass sie seinerzeit mit New Labour der glühendste Anhänger eines auf Modernisierung getrimmten Zeitgeistes war? Oder doch an die Grünen, mit ihrer doch wenigstens in Spurenelementen noch nachweisbaren alt-radikalen Abneigung gegen die Macht der Monopole? Man muss befürchten, dass auch dort niemand willens ist, das Sorgentelefon zu bedienen. Bliebe also noch die CDU, die doch manchmal noch behauptet, eine konservative Partei zu sein. Wie wäre es denn mit einem beherzten aufgeklärt-konservativen Bekenntnis zur Öffentlichkeit, zu den öffentlichen Institutionen, gegen die Hegemonie des Businessdenkens? Aber auch die CDU steckt in der Modernisierungsfalle. Jetzt kann nur noch die Linkspartei helfen: wer gegen den Kapitalismus ist, der muss doch notwendigerweise auch gegen die neue Bürokratie sein, der wird sich aus linker Nostalgie womöglich sogar eine neue linke Staatsbürokratie herbeiwünschen. Und ist die Linke nicht wenigstens verlässlich gegen »Sozialabbau«, »Casino-Kapitalismus« und »Einschnitte im öffentlichen Dienst«? Immerhin kritisiert die Bundestagsfraktion der Linken auf ihren Internetseiten einmal nicht nur die Bürokratie, sondern auch den Bürokratieabbau: »Es besteht die Gefahr, dass unter dem Deckmantel des Bürokratieabbaus soziale Rechte abgebaut werden.«[4] Es besteht aber auch die Gefahr, dass die Linkspartei sich immerfort zum Anwalt der »kleinen Leute« erhebt und dabei nicht mitbekommt, dass das wahre Problem nicht klassische Subalternitätsverhältnisse sind, sondern die Subalternitätsformen der neuen Bürokratie.

Ähnlich werden es die Gewerkschaften sehen. Die Adresse unserer Sorge sind sie trotzdem nicht. Wäre aber der bürokratisch-industrielle Komplex nicht die richtige Zielscheibe für Organisationen wie ATTAC? Müssten nicht außerparlamentarische Kräfte den Kampf gegen die neoliberale Gouvernementalität auch auf dieser Ebene führen? »Globalisierung ist kein Schicksal – eine andere Welt ist möglich«[5]; würde zu einer Kritik der Verhältnisse nicht auch die Kritik an der dominanten Ideologie des 21. Jahrhunderts gehören? Man weiß aber nie, wie weit Linke oder ehemalige Linke Teil des Problems oder der Lösung sind. Hardt und Negri haben mit ihrem Lob des Kognitariats, des frei flottierenden Wissensarbeiters gezeigt, wie nah man mit linker Gesellschaftskritik bei T Systems und Richard Floridas »kreativer Klasse« landen kann. Was linke Position vom Neoliberalismus unterscheiden müsste, wäre ein Argument für den Staat, für einen vernünftigen, modernisierungsresistenten Etatismus, vielleicht sogar ein Argument »in praise of bureaucracy«, ein Plädoyer für das Expertentum der Verwaltung und für den Unterschied zwischen Verwaltung und Management. Allein, man hört es aus dieser Ecke nicht, wohl weil die Abneigung gegen den Staat so tief ist wie die gegen den Markt. Vielleicht sind hier die (bildenden) Künste die Avantgarde, mit ihrer Reappropriation bürokratischer Methoden und Verfahren in der Post-Konzeptkunst. Der markt-, projekt- und kreativitätsmüde Künstler, im Bewusstsein der Tatsache, dass sein Künstlertum strukturell von ebenso freiberuflichen, kreativen und anarchoiden Managern gekapert ist, hat nur eine Wahl: Bürokrat zu werden. »Künstler/innen«, schreibt Diedrich Diederichsen zutreffend, »sind heute keine heroischen, selbstbezogenen Einzelnen mehr, noch sind sie deren Antagonisten: kritische, nachdenkliche Gegner jenes Heroismus. (…) Die zeitgenössische Synthese des alten Antagonismus zwischen Neokonzeptualismus und traditioneller Unmittelbarkeits-Faszination scheint Bürokratismus zu heißen.«[6] So wie sich immer mehr Manager entschlossen haben, Strategien der Unmittelbarkeit (anarchisch, vital, kreativ) zu ergreifen, haben immer mehr Künstler die Flucht in die Gegenrichtung angetreten. Nur wenn sie (alt)bürokratisch funktioniert, kann die Kunst eine evolutionäre Alternative zur verwaltet-kreativen Welt des neuen Managements anbieten. Fortschrittlich sein hieße heute nicht mehr, den Staat zu verachten und die eigene prekäre Position projektromantisch zu verklären, sondern »für neue Institutionen« zu kämpfen, wie Diederichsen es formuliert. In diesem Sinne wäre unsere Forderung ein Büro für Kritik. In was sollte die Kritik des Büros münden, wenn nicht in ein Büro für Kritik?

Unsere Sorge aber hat noch immer keine Adresse. Bei wem soll ich mich beschweren, mit wem soll ich mich empören? Wie wäre es, wenn wir den bürokratisch-industriellen Komplex »einfach« stilllegten, so wie wir jetzt plötzlich unsere Atommeiler stilllegen? Der Bürokratieabbau mit Managementmethoden, die neue Bürokratie also, hat wenig gebracht, aber viel gekostet. Die neuen Methoden taugen nichts, zu hoch die Transaktionskosten, zu stark die Korruptionsanfälligkeit, zu dumm die Glaubenslehren. Pseudo-Evidenzen, in Evaluationen festgehalten und auf Charts gebannt, rotten irgendwo im Datenraum vor sich hin. Wie wäre es also mit Abschalten? Wäre das nicht mal ein Projekt, das den Namen verdient, ja ein Plan, sogar ein Ziel? Wie die meisten guten Pläne und Ziele enthält auch dieser das Motiv einer Rückkehr, einer Restauration, Renaissance oder eben auch Reform. Wir müssten die »bürgerliche Institutionenordnung« vernünftig wiederherstellen, nachdem sie mindestens drei Jahrzehnte vorwiegend kritisiert, gestutzt und demontiert wurde.[7] In Ämtern und Ministerien, an Schulen und Universitäten. »Die Institutionen der Gemeinschaftsstiftung sind geschwächt«, erkennt der Soziologe Tilman Allert in der *Frankfurter Allgemeinen Zeitung*; wie auch anders, wenn Institutionen, sofern sie überleben wollen, sich zu Agenturen wandeln sollen.

Wer hat die von Allert und anderen beklagte Schwächung der bürgerlichen Institutionenordnung zu verantworten? Die bürgerlichen Parteien selbst, aber sie wussten und wissen nicht, was sie tun. Die Not, werden sie uns irgendwann einmal erzählen, war groß, und jeder Freund und Helfer, der mehr Effizienz versprach, war willkommen. Der permanente Change hat die »Disqualifikation von Kernsegmenten der Dienstleistungsberufe« mit sich gebracht.[8] »Papierberge«, so Allert, »Zielvereinbarungen genannt, Qualitätskontrollberichte und das Dokumentationswesen überziehen diejenigen Berufe, in deren Zentrum einmal die geschützte Vertrauensbeziehung gegenüber Klienten, Patienten, Mandanten stand.« Gibt es jemanden, der nicht weiß, wovon hier die Rede ist, der nicht, laut oder leise, über diese Verhältnisse Klage führt? Wir kennen im Gegenteil fast niemanden, der sie verteidigt, aber viele, die sie resigniert erdulden. Die Anwälte der Modernisierung sind von Bord gegangen, die Modernisierung geht auch ohne sie weiter, schon weil es ja »keine Alternativen« gibt. Und ob es sie gäbe! Warum wird die Art Modernisierung, die uns die neue Bürokratie verordnet hat, nicht im selben Maße zum Gegenstand von Bürgerwut wie es andere Baustellen der Modernisierung werden? Warum Analysen wie die von Allert nicht in Wut ummünzen? »Zertifizierung und Animation«, schreibt er, »sind zwei Seiten derselben Medaille, beides Triebkräfte einer institutionenlässig gewordenen Gesellschaft, die sich nun die Augen reibt und Vertrauen vermisst.«[9]

Die zeitgenössischen Management- und Organisationslehren haben dieses Risiko erkannt. Institutionen, die immerfort »auf den Prüfstand« müssen, bei denen Vertrauen über Evaluation erzeugt und Leistung über Indikatoren abgefragt wird, können weder das Selbst- noch das »Fremdvertrauen« gewinnen, das für ihren Fortbestand erforderlich wäre. Bestenfalls werden die Stakeholder anerkennen, dass auch dieses Jahr die Charts wieder gut frisiert wurden (»alle Ziele wurden erreicht«). Was also tut not zur Wiederherstellung von Vertrauen und zur Wiederherstellung des »ständischen Eigensinns von Institutionen« (Allert)? Die allgemeine Antwort der Gesellschaft auf ihre selbst verschuldeten Probleme heißt: »Werte«. Oder auch: »Werte Werte Werte«. Wenn alles schiefgegangen ist, können uns nur noch Werte retten. Neuerdings ist auch viel die Rede von Public Value, einem Namensvetter des Gemeinwohls, wobei es nicht überrascht, dass auch diese Begriffsmünze in Harvard (um)geprägt wurde.[10] Public Value hat, heißt es, der BBC geholfen, ihren Auftrag unabhängig von bloß betriebswirtschaftlichen Effizienznachweisen zu legitimieren. Vor immer neuen Kürzungen hat Public Value die BBC freilich nicht bewahrt. Die Gesellschaft hat den Wert der BBC anerkannt, sie konnte die BBC nur leider trotzdem nicht weiter im notwendigen Umfang finanzieren. Public Value könnte, hören wir, eine Abkehr von der Logik der Börse, vom Shareholder Value sein. Unser Share- oder Stakeholder, sagt man uns, sei die Gesellschaft als ganze. Wir erweisen der Gesellschaft einen Dienst und erfahren für unsere Wertschöpfung (hoffentlich) eine entsprechende finanzielle Wertschätzung. Public Value besteht nun darin, die Wertschätzung für unsere Wertschöpfung sicherzustellen. Das geschieht, anders als im New Public Management, jetzt nicht mehr vor allem über Kennzahlen, sondern über Stories. Wer gute Geschichten zu erzählen hat, am besten einmal im Quartal, der ist im Vorteil. Mit allen anderen Institutionen konkurrieren wir um die knappe Aufmerksamkeitsspanne der Gesellschaft und ihrer politischen Vertreter. Sie haben schon viele gute Geschichten gehört. Der Ansatz ist richtig: Wir müssen durch Leistung überzeugen und durch den Nachweis dieser Leistung in harten und weichen Daten, in, wie Allert sagen würde, »Zertifizierung und Animation«. Nach einer langen, viel zu langen Phase der Zertifizierungsgläubigkeit ist jetzt wieder die Animation auf dem Vormarsch. Plötzlich wollen Institutionen »Menschen begeistern«. Gemeinsam suchen wir alle nach einer »Wortmarke«, die unser Commitment für die Gesellschaft auf den Punkt bringt.

»Für die Gesellschaft«. So ganz kann man der Unterstellung unseres Tuns unter das Gemeinwohl nicht trauen, wenn man daran denkt, wie bereitwillig sich die Gesellschaft in diese oder jene Richtung steuern lässt, wie klaglos sie sich etwa dem gouvernementalen Regime aussetzt. Im Wertspiegel einer »institutionenlässig gewordenen Gesellschaft« sollen wir nun also unsere Legitimation erfahren – was wäre, wenn die Gesellschaft dazu gar nicht mehr in der Lage wäre? Wenn allenfalls die Politik wüsste, was die Gesellschaft uns als Wert zuerkennen muss? Wir wissen noch nicht, ob Public Value mehr und anderes meint als eine überzeugende Firmen-PR, so überzeugend, dass die Firma auf direkt werbliche Mittel weitgehend verzichtet, sondern sich vielmehr in ein gutes Gespräch mit der Gesellschaft über ihre Leistungen, eben ihren Wertbeitrag begibt. Was aber wäre, wenn der Public Value der Gesellschaft dennoch nicht hinreichend vermittelt würde? Wenn die Gesellschaft den Daumen über unsere Institution senkte, weil sie keine Wertschätzung für unsere Wertschöpfung empfindet. In den Public Value ist ein plebiszitäres Moment eingebaut: unsere Richter sind nicht länger die Controller, sondern der berüchtigte »ganz normale Steuerzahler«, der in unserem Tun einen Sinn erkennen muss und den wir, damit er es tut, mit Geschichten und Narrativen bei Laune halten müssen. Schön wäre es, wenn es gelänge. Wenn es nicht gelingt, müssen andere kommen, unsere Institution zu retten. Wenn sich keine anderen finden, hätten wir ein Problem.

Vielleicht kann Public Value helfen, das Regime der Manager zu brechen. Vielleicht ist Public Value aber auch nur das nächste Regime der Manager. Schließlich verkörpert der moderne Manager schon jetzt die beiden Seiten der Medaille: Zertifizierer und Animateur. Das »Storytelling« hat sich als Leitkompetenz in einem Markt fest etabliert, in dem die Zahlen und Zertifikate nicht mehr genug aussagen. Wer es nicht schafft, mit guten Geschichten die Phantasie seiner »Stakeholder« anzustacheln, der hat verloren. Ohne gute Geschichten gibt es auch keine guten Zahlen, jedenfalls nicht bei börsennotierten Unternehmen. Schon deshalb droht das Storytelling schnell genauso inflationär und steril zu werden, wie es die bürokratische Kontrolle mittels Zertifizierungen und Evaluierungen bereits ist. Der Versuch, einer auf Dauer angelegten Institution immerfort Neuigkeiten, Nachrichten und börsenrelevante Begebenheiten abzuverlangen, kann nicht von Erfolg gekrönt sein. Überhaupt müssten sich die Institutionen ihren Aktualitäts-, Ereignis- und Zukunftshunger ebenso intensiv wieder abtrainieren, wie sie ihn sich antrainiert haben. Die Institution steht in einer langen Dauer oder sie existiert überhaupt nicht. Den Rest mögen Projekt- und Eventagenturen erledigen, die Spezialisten fürs Kurzfristige. Die Würde und das Ethos von guten Institutionen können durch ebenfalls gutes Management allenfalls unterstützt, nicht aber begründet werden.

»Die Manager verlagern den Sitz der Souveränität«, der schon zitierte Satz von James Burnham gibt einem immer noch zu denken. Die Manager, wendig genug, dem Staat und der Privatwirtschaft zu Diensten zu sein, haben ihre natürlichen Gegner ausnahmslos besiegt: der Staat ist ihnen, wenn er sich von Managern nach Managementlehren verwalten lässt, ebenso gefällig wie die Privatwirtschaft. Die Gewerkschaften, einst der erste Gegenspieler der Manager, haben, geschwächt durch den Niedergang der einstigen Staatswirtschaft und den Triumph der neoliberalen Gouvernementalität, vor ihrem Regime kapituliert. Die Manager haben erfolgreich den Sitz der Souveränität verlagert. Wir vermuten ihn überall dort, wo an den Skripten für neue Governance geschrieben wird, wo wie in Davos Manager Politikern Empfehlungen geben, wie die Leadership von morgen aussehen könnte. Natürlich ist es nichts Neues, wenn sich Staaten und Regierungen Ideologie anderswo einkaufen, zum Beispiel an Universitäten oder bei Medien- und Softwareunternehmen. Wir vermuten deshalb den neuen Sitz der Souveränität im bürokratisch-industriellen Komplex, einer gewaltigen Branche, zu der nicht nur Manager gehören, sondern die Entwickler von Software-»Lösungen« ebenso wie BWL-Professoren, Coaches und Seminarleiter, Burnout-Doktoren und Betriebspsychologen, Evaluatoren, Animateure und andere »Muntermacher«.[11]

Es käme also dringend darauf an, gerade im Büro *kein* Manager zu sein, ja das Büro vor den Managern zu retten, die Würde des Büros gegen sie zu bewahren und zu behaupten. Dass dies nicht am besten durch Unfähigkeit beim Planen, Organisieren, Administrieren und was der Büroaufgaben mehr sein mögen gelingt, versteht sich von selbst. Anarchie und Chaos sind längst eine Kreativ-Domäne von Unternehmensberatern geworden, im Büro – nein, nicht »von morgen«, in jedem vernünftigen Büro aller Zeiten und Welten – kommt es auf vergleichsweise altmodische Tugenden an, auf die Tugenden der Bürokratie bei gleichzeitiger Vernachlässigung ihrer Untugenden. Von Bürokratieabbau wollen wir so lange nichts mehr hören, bis nicht die neue, die Reformbürokratie vom Netz genommen ist. Die angloamerikanische Revolution, die in den letzten Jahren durch unsere Büros gegangen ist, die Bostoner Mischung aus Balanced Scorecard und manischem Evangelikalismus, hat dem Büro nicht gutgetan. Sie hat das Büro in ein Spekulationsobjekt verwandelt, in dem zu viele Leute über Visionen, Missionen und die Zukunft reden, statt zu tun, was hier und heute getan werden muss. Strategie, ein großes Wort. Meist wird sie, wie es auch Broughton an der Harvard Business School auffiel, mit »operational efficiency« verwechselt.[12] Strategie wäre, die Büros und mehr noch die Institutionen, denen sie dienen, für eine Zukunft zu rüsten, deren Skript nicht längst von anderen geschrieben wurde und denen bedingungslos Folge zu leisten sogar Regierungsvertreter häufig zur Bürgerpflicht erklären. Gegen die Enteignung unserer Arbeitswelt durch voreingestellte Formatierungen, Formulare, Instrumente, Werkzeuge und sonstige subtile, als Erleichterung getarnte Regenten hilft allein Kritik. Setzen wir die Kritik des Büros also fort in einem Büro für Kritik, und träumen wir davon, dass hier eines hoffentlich nicht fernen, schönen Tages »gut bezahlte Geisteswissenschaftler/innen für eine entspannte Kritik von allem zusammenkommen« können, als Angestellte natürlich.[13]

Anmerkungen

Kapitel 1

1 Richard Templar: *The Rules of Work*. Upper Saddle River 2003. Deutsch: *Die Regeln der Arbeit*. Kulmbach 2009
2 *Süddeutsche Zeitung*, 26./27. 10. 2010

Kapitel 2

1 Alfred Weber: »Der Beamte«. In: *Neue Rundschau* 21 (1910), S. 1321
2 Friedrich Schiller: »Über die ästhetische Erziehung des Menschen in einer Reihe von Briefen«. In: *Sämtliche Werke*. Hg. von W. Riedel, Band V. München 2004, S. 584
3 A. Weber, a. a. O., S. 1321
4 A. a. O., S. 1327
5 Max Weber: *Wirtschaft und Gesellschaft. Grundriss der verstehenden Soziologie*. Neu-Isenburg 2005, S. 157
6 Niklas Luhmann: *Politische Soziologie*. Hg. von André Kieserling. Berlin 2010, S. 158
7 M. Weber, a. a. O., S. 159
8 A. a. O., S. 161/2
9 A. a. O., S. 164
10 A. a. O., S. 726
11 A. a. O., S. 735
12 Cornelia Vismann: *Akten. Medientechnik und Recht*. Frankfurt a. M. 2000, S. 267
13 A. a. O., S. 269
14 Vgl. www.din.de
15 Hierzu ausführlich http://de.enc.tfode.com/Hebelordner
16 Vismann, a. a. O.
17 www.refa.de
18 Hierzu auch Peter Sloterdijk: *Du musst Dein Leben ändern. Über Anthropotechnik*. Frankfurt a. M. 2009
19 Dr. Gustav Großmann: *Sich selbst rationalisieren. Die Planung des Berufserfolges* (1927). 20. Auflage, München 1967
20 A. a. O., S. 411
21 A. a. O.
22 Siegfried Kracauer: *Die Angestellten. Aus dem neuesten Deutschland* (1929). Frankfurt a. M. 1971, S. 26
23 A. a. O., S. 27
24 A. a. O., S. 30
25 Zit. nach Chris Grey: *A Very Short, Fairly Interesting and Reasonably Cheap Book about Studying Organizations*. London, 2. Aufl. 2009, S. 86f.
26 Grey, a. a. O., S. 87
27 M. Weber, a. a. O., S. 105
28 Eva Illouz: *Die Errettung der modernen Seele. Therapien, Gefühle und die Kultur der Selbsthilfe*. Frankfurt a. M. 2009
29 Alain Ehrenberg: *Das Unbehagen in der Gesellschaft*. Berlin 2011, S. 47
30 A. a. O., S. 70f.
31 Sigmund Freud: *Psychische Behandlung (Seelenbehandlung)* (1890). Studienausgabe. Hg. von A. Mitscherlich u. a. Ergänzungsband. Frankfurt a. M. 1975, S. 21
32 Eva Illouz: *Die Errettung der modernen Seele. Therapien, Gefühle und die Kultur der*

Selbsthilfe. Frankfurt a. M. 2009, S. 33
33 Illouz, a. a. O., S. 105 ff.
34 A. a. O., S. 48
35 A. a. O., S. 59
36 A. a. O., S. 81
37 A. a. O., S. 115
38 A. a. O., S. 103
39 A. a. O., S. 105
40 Zit. n. Illouz, a. a. O., S. 117
41 Illouz, a. a. O., S. 118
42 A. a. O., S. 144
43 A. a. O., S. 162
44 A. a. O., S. 163
45 http://arbeitsblaetter.stangl-taller.at/MOTIVATION/
46 www.theinnergame.com
47 Vgl. John Whitmore: *Coaching für die Praxis: Wesentliches für jede Führungskraft*. Staufen, 2. Aufl. 2009
48 www.angelabooth.biz/creativity
49 Barbara Ehrenreich: *Smile or Die. Wie die Ideologie des positiven Denkens die Welt verdummt*. München 2010, S. 107
50 A. a. O., S. 113
51 Gilles Deleuze/Félix Guattari: *Kafka. Für eine kleine Literatur*. Frankfurt a. M. 1976, S. 105
52 Deleuze/Guattari, a. a. O., S. 102
53 Gilles Deleuze: »Postskriptum zu den Kontrollgesellschaften«. In: G. D., *Unterhandlungen*. Frankfurt a. M. 1993, S. 257
54 Franz Kafka: *Der Proceß. In der Fassung der Handschrift*. Hg. von Malcolm Paisley. Frankfurt a. M. 1990, S. 218
55 A. a. O., S. 3
56 Niels Werber: »Bürokratische Kommunikation: Franz Kafkas Roman ›Der Proceß‹«. In: *The Germanic Review* 73 (1998), S. 309–327, hier: 318
57 Kafka, a. a. O., S. 336
58 Werber, a. a. O., S. 324
59 Kafka, a. a. O., S. 312
60 A. a. O., S. 311
61 Werber, a. a. O., S. 325
62 Michel Foucault: *Sexualität und Wahrheit*. Frankfurt a. M. 1983, S. 162f.
63 Kafka, a. a. O., S.109
64 Zygmunt Bauman: *Dialektik der Ordnung. Die Moderne und der Holocaust*. Hamburg 2002
65 Grey: *A Very Short, Fairly Interesting and Reasonably Cheap Book*, a. a. O., S. 67 (Übers. CB)
66 Deutsch: Peter F. Drucker, *Die Praxis des Managements. Ein Leitfaden für die Führungs-Aufgaben in der modernen Wirtschaft*. Zürich 1972
67 Drucker, a. a. O., S. 12
68 A. a. O., S. 13
69 A. a. O., S. 139
70 A. a. O., S. 392
71 A. a. O., S. 395
72 Peter F. Drucker: *Das Fundament für morgen. Die neuen Wirklichkeiten in Wirtschaft, Wissenschaft und Politik*. Düsseldorf 1958, S. 8
73 A. a. O., S. 85
74 Ebda.
75 A. a. O., S. 112
76 A. a. O., S. 101
77 Richard Edwards: *Contested Terrain. The Transformation of the Workplace in the Twentieth Century*. New York 1979, S. 131 (Übers. CB)
78 Drucker, a. a. O., S. 131
79 William H. Whyte: *The Organization Man*. New York 1956. Zitiert wird nach der deutschen Ausgabe: *Herr und Opfer der Organisation*. Düsseldorf 1958

80 Whyte, a. a. O., S. 38
81 Whyte, a. a. O., S. 70
82 A. a. O.
83 A. a. O., S. 71
84 Arnold Gehlen: *Die Seele im technischen Zeitalter. Sozialpsychologische Probleme in der industriellen Gesellschaft.* Hg. und mit einem Nachwort von Karl-Siegbert Rehberg. Frankfurt a. M. 2007
85 Theodor W. Adorno: *Dissonanzen. Musik in der verwalteten Welt.* Göttingen 1958
86 Whyte, a. a. O., S. 403
87 Thomas J. Peters/Robert H. Waterman Jr.: *In Search of Excellence. Lessons from America's Best-Run Companies.* New York 1982
88 A. a. O., S. 25 (Übers. CB)
89 Luc Boltanski/Eve Chiapello: *Der neue Geist des Kapitalismus.* Konstanz 2003
90 Peters/Waterman, a. a. O., S. 71
91 A. a. O., S. 75
92 A. a. O., S. 85
93 A. a. O., S. 104
94 A. a. O., S. 135
95 A. a. O., S. 300
96 A. a. O., S. 360
97 Gideon Kunda: *Engineering Culture* (1992/2006)
98 www.Tompeters.org
99 Siehe v. a. Michel Foucault: *Sicherheit, Territorium, Bevölkerung. Geschichte der Gouvernementalität I.* Frankfurt a. M. 2006. Ders.: *Kritik des Regierens. Schriften zur Politik.* Frankfurt a. M. 2010
100 Ulrich Bröckling u. a. (Hg*.)*: *Glossar der Gegenwart.* Frankfurt a. M. 2004, S. 16
101 Norbert Wiener: *Kybernetik. Regelung und Nachrichtenübertragung in Lebewesen und Maschine.* Reinbek b. H. 1968
102 Bröckling, a. a. O., S. 111
103 Ulrich Bröckling u. a.: *Gouvernementalität der Gegenwart. Studien zur Ökonomisierung des Sozialen.* Frankfurt a. M. 2000
104 Michel Foucault: *Analytik der Macht.* Frankfurt a. M. 2005, S. 171
105 Foucault, *Analytik der Macht*, S. 275
106 A. a. O., S. 245
107 Michel Foucault: *Dits et Ecrits. Schriften in vier Bänden.* Frankfurt a. M. 2003. Band III, S. 694
108 Michel Foucault: *Überwachen und Strafen. Die Geburt des Gefängnisses.* Frankfurt a. M. 1993, S. 173f.
109 Vgl. hierzu Ulrich Bröckling: *Das unternehmerische Selbst. Soziologie einer Subjektivierungsform.* Frankfurt a. M. 2007
110 Foucault, *Dits et Ecrits* III, a. a. O., S. 694
111 Foucault, *Analytik der Macht*, a. a. O., S. 248
112 A. a. O., S. 245
113 A. a. O., S. 256
114 A. a. O., S. 257
115 Siehe www.efqm.org
116 Foucault, a. a. O., S. 260
117 Michel Foucault: *Geschichte der Gouvernementalität*, Band II. *Die Geburt der Biopolitik.* Frankfurt a. M. 2006, S. 349. »Das heißt, dass die Kontaktfläche zwischen dem Individuum und der Macht, die auf es ausgeübt wird, und folglich das Prinzip der Regelung der Macht auf das Individuum nur dieses Raster des Homo oeconomicus sein wird. Der Homo

oeconomicus ist die Schnittstelle zwischen der Regierung und dem Individuum.«
118 Zit. nach Lars Gertenbach: *Die Kultivierung des Marktes. Michel Foucault und die Gouvernementalität des Neoliberalismus.* Berlin 2008, S. 82
119 Foucault, *Geschichte der Gouvernementalität II*, a. a. O., S. 97f.
120 Zur »Polizey« siehe v. a. Foucault, *Geschichte der Gouvernementalität I*, a. a. O., S. 449ff.
121 Dirk Baecker: »Der Manager«. In: S. Moebius/M. Schroer: *Diven, Hacker, Spekulanten: Sozialfiguren der Gegenwart.* Frankfurt a. M. 2010, S. 261
122 www.politicsresources.net/area/uk/man/lab97.htm
123 www.glasnost.de/pol/schroederblair.html
124 www.nationalschool.gov.uk/policyhub/docs/modgov.pdf (Übers. CB)
125 Charles Heckscher: *The Post-Bureaucratic Organization. New Perspectives on Organizational Change.* Thousand Oaks 1994
126 Stuart Hall: »New Labour has picked up where Thatcherism left off. Blair's project has been to absorb social democracy into neo-liberalism.« In: *The Guardian*, 6. 8. 2003. http://www.guardian.co.uk/politics/2003/aug/06/society.labour
127 Hall, a. a. O.
128 Hall, a. a. O.
129 Hall, a. a. O.
130 John Clarke: »New Labour's Citizens: activated, empowered, responsibilized, abandoned?« In: Critical Social Policy 25 (2005), S. 447–462, hier 458 (Übers. CB)

Kapitel 3

1 Vgl. Roger Willemsen: »Männer. Ein Sittenbild«. In: *Süddeutsche Zeitung. Magazin*, 1. 11. 2008
2 Vgl. hierzu Markus Krajewski: *Der Diener. Mediengeschichte einer Figur zwischen König und Klient.* Frankfurt a. M. 2010
3 Erstmals formuliert in: Michael Jensen/William Meckling: »Theory of the firm. Managerial behavior, agency costs, and ownership structure«. In: *Journal of Financial Economics.* Band 3 (1976), Nr. 4, S. 305–360
4 Grey, a. a. O., S. 107 (Übers. CB)
5 Hierzu repräsentativ Stephen Covey: *Die 7 Wege zur Effektivität. Prinzipien für persönlichen und beruflichen Erfolg.* Offenbach 2005
6 James Burnham: *Das Regime der Manager.* Stuttgart 1948
7 Hierzu viele Artikel von Jürgen Kaube, z. B.: »Abschaffung des Bachelors«. In: *Frankfurter Allgemeine Zeitung*, 25. 4. 2005, S.1
8 Willemsen, a. a. O.
9 Edwards, a. a.O., S. 145
10 Dirk Baecker: »Der Manager«, a. a. O.
11 Siehe J. Bogumil/G. Banner u. a.: *Perspektiven kommunaler Verwaltungsmodernisierung: Praxiskonsequenzen aus dem Neuen Steuerungsmodell.* Berlin 2007
12 www.verwaltung-innovativ.de
13 Qualitätsmanagement-Kon-

gress »Gute Verwaltung begeistert – mit Qualität zum Erfolg«. www.verwaltung-innovativ.de
14 Thilo Sarrazin: »Die Rechnung geht nicht auf. Neues öffentliches Rechnungswesen hält nicht, was es verspricht«. In: *Der neue Kämmerer*, Ausgabe 01, Februar 2008, S. 3
15 Richard Münch: *Globale Eliten, lokale Autoritäten: Bildung und Wissenschaft unter dem Regime von PISA, McKinsey & Co*. Frankfurt a. M. 2009, S. 18
16 A. a. O., S. 19
17 A. a. O., S. 74
18 A. a. O., S. 76
19 Christine Resch: *Berater-Kapitalismus oder Wissensgesellschaft? Zur Kritik der neoliberalen Produktionsweise*, Münster 2005, S. 220
20 Hierzu ausführlich Lars Holtkamp: »Scheitern des neuen Steuerungsmodells«. In: *dms – der moderne staat – Zeitschrift für Public Policy, Recht und Management*, Heft 2/2008, S. 423–446
21 J. Bogumil u. a. (Hg.): *Perspektiven kommunaler Verwaltungsmodernisierung*, a. a. O., S. 85
22 Kommunale Gemeinschaftsstelle (Hg.): »Das Neue Steuerungsmodell: Begründung, Konturen, Umsetzung«. In: *KGSt-Bericht*, Nr. 5, Köln 1993
23 Holtkamp, a. a. O., S. 431
24 Sarrazin, a. a. O.
25 A. a. O.
26 Vgl. Anthony Downs: *Inside Bureaucracy*. Boston 1967, und Holtkamp, a. a. O.
27 Holtkamp, a. a. O., S. 441
28 Werner Jann u. a. (Hg.), *Status-Report Verwaltungsreformen – Eine Zwischenbilanz nach zehn Jahren.* Berlin 2004, S. 16
29 Martin Riesebrodt: *Cultus und Heilsversprechen. Eine Theorie der Religionen.* München 2007
30 Vgl. Bettina Warzecha: *Problem: Qualitätsmanagement. Prozessorientierung, Beherrschbarkeit und Null-Fehler-Abläufe als moderne Mythen.* Walsrode 2009, S. 60
31 www.about-change-collection.de
32 William James, zit. nach Ehrenreich, a. a. O., S. 102
33 Manfred Moldaschl: »Innovationsfähigkeit, Zukunftsfähigkeit, Dynamic Capabilities. Moderne Fähigkeitsmystik und eine Alternative«. In: G. Schreyögg/P. Conrad (Hg.): *Managementforschung* 16 (2006), Wiesbaden, S. 1–36
34 Moldaschl, a. a. O. S. 3
35 Moldaschl, a. a. O., S. 4
36 Moldaschl, a. a. O., S. 6
37 www.metahr.de
38 A. a. O.
39 www.tucareer.com/upload/File/download_uber-uns/080419_derstandard_personalmoves.pdf
40 www.caf-netzwerk.de
41 A. a. O.
42 Warzecha, a. a. O., S. 16
43 Winfried Berner: *Change! 15 Fallstudien zu Sanierung, Turnaround, Prozessoptimierung, Reorganisation und Kulturveränderung.* Stuttgart 2010
44 Walter Benjamin, *Kapitalismus als Religion. Gesammelte Schriften*, Band VI. Frankfurt a. M. 1975, S. 100

45 Hierzu Simon Head: »The Grim Threat to British Universities«. In: *New York Review of Books*, Nr. 1 (2011), S. 58ff.
46 www.efqm.org
47 Warzecha, a.a.O., S. 61
48 A.a.O., S. 19
49 A.a.O., S. 161
50 www.wikipedia.org/wiki/Evaluation
51 Michael Power: *The Audit Society. Rituals of Verification.* London 1997
52 Christine Schwarz: *Evaluation als modernes Ritual. Zur Ambivalenz gesellschaftlicher Rationalisierung am Beispiel virtueller Universitätsprojekte.* Berlin 2006
53 Christine Schwarz: »Evaluation als modernes Ritual«. Vortrag 30.9.2004. www.boell.de/alt/downloads/stw/schwarz_evaluation.pdf
54 A.a.O.
55 A.a.O.
56 A.a.O.
57 A.a.O.
58 A.a.O.
59 http://eu.galluS.com/berlin/141002/gallup-engagement-index-2009-nur-prozent-der-beschaeftigten-deutschland-setzen-si.aspx
60 Bröckling, *Glossar der Gegenwart*, a.a.O., S. 207
61 www.wiwo.de/lifestyle/darstellbar-340539/
62 Erika Fischer-Lichte: *Ästhetik des Performativen.* Frankfurt a.M. 2004, S. 31
63 Aldo Legnaro: »Performanz«. In: Bröckling, *Glossar der Gegenwart*, a.a.O., S. 205
64 Legnaro, a.a.O., S. 205f.
65 Legnaro, a.a.O., S. 207
66 Legnaro, a.a.O., S. 208f.
67 www.business-wissen.de/unternehmensfuehrung/performance-management-leistung-erbringen-erfolge-messen-und-potenziale-nutzen/
68 A.a.O.
69 Colin Crouch: *Postdemokratie.* Frankfurt a.M. 2008, S. 128
70 Crouch, a.a.O., S. 103
71 Robert Pfaller: *Das schmutzige Heilige und die reine Vernunft. Symptome der Gegenwartskultur.* Frankfurt a.M. 2008, S. 211/12
72 »Nervensägen im Büro. Typ 1: Der Angeber«. www.focus.de/finanzen/karriere/berufsleben/arbeitsalltag/nervensaegen/typ-1_aid_12957.html
73 www.kgst.de/themen/finanzmanagement/strategie-und-steuerung/ziele-und-kennzahlen-indikatoren.dot
74 A.a.O.
75 A.a.O.
76 www.guardian.co.uk/society/2002/apr/05/publicvoices4 (Übers. CB)
77 A.a.O.
78 www.guardian.co.uk/commentisfree/2010/dec/18/roy-mayall-postman-christmas-post-royal-mail
79 Head, *The Grim Threat*, a.a.O., S. 58f.
80 Andreas Rödder: »Zahl und Sinn. Statistiken, Rankings, Evaluationen: Zahlen dominieren das gesellschaftlich-politische Denken. Über der einseitigen Quantifizierung geht jedoch der Sinn für den Sinn verloren. Zahlen sind kein Ersatz für Urteilskraft, Erfahrung und praktische Vernunft.« In: *Frankfurter Allgemeine Zeitung*, 5.7.2010, S. 7
81 A.a.O.

82 http://forum.chiS.de
83 http://de.wikipedia.org/wiki/Gerätetreiber
84 www.mckinsey.de
85 Vgl. B. Schnettler/H. Knoblauch und Frederik S. Pötzsch: »Die Powerpoint-Präsentation – Zur Performanz technisierter mündlicher Gattungen in der Wissensgesellschaft«. In: Bernt Schnettler, Hubert Knoblauch (Hg.), *Powerpoint-Präsentationen. Neue Formen der gesellschaftlichen Kommunikation von Wissen.* Konstanz 2007, S. 9–34
86 A. a. O., S. 13
87 A. a. O., S. 14
88 Eintrag »Meeting« in www.wikipedia.org
89 Gideon Kunda: *Engineering Culture. Control and Commitment in a High-Tech Corporation.* Philadelphia 2006, S. 97
90 Frieder Nake: »Eine Dialektik von PowerPoint«. In: W. Coy/C. Pias (Hg.): *PowerPoint. Macht und Einfluss eines Präsentationsprogramms.* Frankfurt a. M. 2009, S. 303–317, hier 304
91 www.literarischer-salon.de/archiv/2010-03-22. Ankündigung der Veranstaltung »Phrasenschleuder für Millionen. 25 Jahre PowerPoint« mit Mathias Mertens und Bernt Schnettler
92 Holger Dambeck: »Maulwurf-Pellets für Verwaltungsnerds«. www.spiegel.de/netzwelt/web/0,1518,398488,00.html
93 Colin Crouch, *Postdemokratie*, a. a. O., S. 130/131
94 Klaus Rebensburg: »Worst Practice mit PowerPoint. Von Kraftpunkten, Kraftlosigkeiten und Katastrophen der Informatik«. In: Coy/Pias: *PowerPoint*, a. a. O., S. 87–124, hier 94
95 Richard Grasshoff: »Die Geschichten der Berater«. In: Coy/Pias, a. a. O., S. 63–86, hier 82
96 Nake, a. a. O., S. 314
97 Anna Catherin Loll: »Ausgebrannt am Scharmützelsee«. *Frankfurter Allgemeine Zeitung*, 19./20. 2. 2011, S. C 1
98 Titel Heft 4/2011
99 Miriam Meckel: *Brief an mein Leben. Erfahrungen mit einem Burnout.* Reinbek b. H. 2010
100 Hierzu jetzt Svenja Flasspöhler: *Wir Genussarbeiter. Über Freiheit und Zwang in der Leistungsgesellschaft.* München 2011
101 Heiner Mühlmann: »Sprechstunde beim Betriebspsychologen«. In: *Frankfurter Allgemeine Zeitung*, 11. 8. 2009, S. 29
102 Dirk Garthe: *Auftanken, bevor die Seele streikt: Kraftquellen finden, wenn alles zu viel wird.* Gießen 2009
103 Vgl. Alain Ehrenberg: *Das erschöpfte Selbst. Depression und Gesellschaft in der Gegenwart.* Frankfurt a. M. 2004
104 Jean Baudrillard: *The Conspiracy of Art.* New York 2005, S. 85
105 Miriam Meckel: *Das Glück der Unerreichbarkeit. Wege aus der Kommunikationsfalle.* Hamburg 2007
106 John Foley: The *Age of Absurdity. Why Modern Life Makes It Hard To Be Happy*. London 2010
107 Foley, a. a. O., S. 166
108 A. a. O., S. 167

313

109 Andreas Bernard, a. a. O. In: *Süddeutsche Zeitung. Magazin* 35/2010, S. 34
110 A. a. O.
111 Jens Tönnesmann: »Die Scham-Spirale. Depressionen im Büro«. www.wiwo.de/management-erfolg/die-scham-spirale-415933/
112 Byung-Chul Han: *Müdigkeitsgesellschaft*. Berlin 2010, S. 5
113 Dr. Manfred Nelting: *Burn-Out. Wenn die Maske zerbricht. Wie man Überbelastung erkennt und neue Wege geht*. München 2010
114 Han, a. a. O., S. 5
115 A. a. O. S. 12
116 A. a. O., S. 17
117 A. a. O., S. 19
118 A. a. O., S. 43
119 Illouz, a. a. O., S. 154 ff.
120 Ewa Hess/Hennric Jokeit: »Neurokapitalismus«. In: *Merkur* 6 63 (2009), Heft 721, S. 541–545, hier 544
121 A. a. O.
122 A. a. O.
123 Heiner Mühlmann: »Sprechstunde beim Betriebspsychologen«. In: *Frankfurter Allgemeine Zeitung*, 11. 8. 2009
124 Meckel, *Brief an mein Leben*, S. 93
125 A. a. O., S. 15
126 Sarina Pfauth: »Frau Nimmersatt und ihr Burnout«. In: *Süddeutsche Zeitung*, 16. 3. 2010
127 A. a. O.
128 Meckel, *Brief*, a. a.O, S. 89f.
129 A. a. O., S. 21
130 A. a. O., S. 15
131 Vgl. Johannes Siegrist: *Medizinische Soziologie*. München 2005
132 www.spiegel.de/wirtschaft/service/0,1518,747756,00.html
133 Meckel, *Brief*, a. a. O., S. 177
134 A. a. O., S. 179f.
135 William Powers: *Hamlet's Blackberry. A Practical Philosophy for Building a Good Life in the Digital Age*. New York 2010, S. 223–233
136 Miriam Meckel: *Das Glück der Unerreichbarkeit. Wege aus der Kommunikationsfalle*. Hamburg 2007
137 Meckel: *Das Glück*, a. a. O., S. 245
138 Powers, a. a. O., S. 220
139 A. a. O., S. 233 (Übers. CB)
140 A. a. O., S. 240
141 Marc Augé: *Nicht-Orte*. München 2010
142 http://en.wikipedia.org/wiki/Alphaville_(film)
143 Erstmals bei Theodor W. Adorno: *Dissonanzen. Musik in der verwalteten Welt*. Frankfurt a. M. 1956
144 Bernard, a. a. O., S. 33
145 Holm Friebe/Sascha Lobo: *Wir nennen es Arbeit. Die intelligente Bohème oder: Intelligentes Leben jenseits der Festanstellung*. München 2008, S. 45–68
146 Peter Sloterdijk: *Sphären. Band 2: Globen*. Frankfurt a. M. 1999
147 Walter E. Richartz: *Büroroman*. Zürich 1976, S. 253
148 A. a. O.
149 Richartz, a. a. O., S. 257–270
150 Marc Augé: *Nicht-Orte* (1992) München 2010
151 A. a. O., S. 83
152 A. a. O., S. 107
153 A. a. O., S. 120
154 A. a. O., S. 111
155 www.rotonda.de/de/business-club/
156 www.betahaus.de

157 www.hallenprojekt.de
158 Sarah Elsing: »Wir sind das Netz, das uns auffängt. Ortstermin im Berliner ›Betahaus‹«. In: *Frankfurter Allgemeine Zeitung*, 13. 4. 2009. www.faz.net
159 Elsing, a. a. O.
160 Zuerst bei Alwin Toffler: *War and Anti-War*. Clayton 1995
161 www.kgst.de/ueber-uns/geschaefts-und-programmbereiche/projekte-loesungen/kommunales-caf-zentrum.de
162 www.kgst.de/produkteUnd-Leistungen/prozessbibliothek/

Kapitel 4

1 www.t-systems.de
2 Michael Hammer/James Champy: *Reengineering the Corporation. A Manifesto for Business Revolution.* New York 2006, S. 87–105
3 Philip Delves Broughton: *What They Teach You at Harvard Business School. My Two Years Inside the Cauldron of Capitalism*. London 2009, S. 282
4 www.linksfraktion.de/themen/buerokratieabbau
5 www.attac.de
6 Diedrich Diederichsen. In: *Texte zur Kunst* 81 (2011), S. 45
7 Tilman Allert: »Die Sorge hat keine Adresse mehr«. In: *Frankfurter Allgemeine Zeitung*, 19. 8. 2009, S. 29
8 A. a. O.
9 A. a. O.
10 Mark H. Moore: *Creating Public Value Strategic Management in Government*. Cambridge, Mass. 1995
11 Allert, a. a. O.
12 Broughton, a. a. O., S. 148
13 Diederichsen, a. a. O., S. 49

Literatur

Augé, Marc: *Nicht-Orte* (1992). München 2010
Baecker, Dirk: *Organisation und Management. Aufsätze.* Frankfurt a. M. 2003
Baker, Nicholson: *Rolltreppe oder die Herkunft der Dinge. Roman.* Reinbek b. H. 1993
Bauman, Zygmunt: *Dialektik der Ordnung. Die Moderne und der Holocaust.* Hamburg 2002
Bogumil, Jörg u. a.: *Perspektiven kommunaler Verwaltungsmodernisierung. Praxiskonsequenzen aus dem Neuen Steuerungsmodell.* Berlin 2007
Boltanski, Luc/Chiapello, Ève: *Der neue Geist des Kapitalismus.* Konstanz 2003
Brandstetter, Thomas/Pias, Claus/Vehlken, Sebastian (Hg.): *Think Tanks. Die Beratung der Gesellschaft.* Zürich/Berlin 2010
Brandt, Reinhard: *Wozu noch Universitäten? Ein Essay.* Hamburg 2011

Broughton, Philip Delves: *What They Teach You at Harvard Business School. My Two Years Inside the Cauldron of Capitalism*. London 2008

Bröckling, Ulrich/Krasmann, Susanne/Lemke, Thomas (Hg.): *Glossar der Gegenwart*. Frankfurt a. M. 2004

– (Hg.): *Gouvernementalität der Gegenwart: Studien zur Ökonomisierung des Sozialen*. Frankfurt a. M. 2000

– *Das unternehmerische Selbst: Soziologie einer Subjektivierungsform*, Frankfurt a. M. 2007

Burnham, James: *Das Regime der Manager* (1941). Stuttgart 1948

Clarke, John/Newman, Janet: *The Managerial State. Power, Politics and Ideology in The Remaking of the Welfare State* (1997). London 2006

Clausewitz, Carl v.: *Vom Kriege* (1832). Reinbek b. H. 1963

Conley, Dalton: *Elsewhere U. S. A. How We Got from the Company Man, Family Dinners, and the Affluent Society to the Home Office, Blackberry Moms, and Economic Anxiety*. New York 2009

Coy, Wolfgang/Pias, Claus (Hg.): *PowerPoint. Macht und Einfluss eines Präsentationsprogramms*. Frankfurt a. M. 2009

Crouch, Colin: *Postdemokratie*. Frankfurt a. M. 2008

Deleuze, Gilles: *Unterhandlungen 1972–1990*. Frankfurt a. M. 1993

– / Guattari, Félix: *Kafka. Für eine kleine Literatur*. Frankfurt a. M. 1976

Drucker, Peter F.: *Das Fundament für morgen. Die neuen Wirklichkeiten in Wirtschaft, Wissenschaft und Politik*. Düsseldorf 1958

– *Die Praxis des Managements. Ein Leitfaden für die Führungsaufgaben in der modernen Wirtschaft*. München/Zürich 1970

Du Gay, Paul: *In Praise of Bureaucracy. Weber – Organization – Ethics*. London 2000

– (Hg.): *The Values of Bureaucracy*. Oxford 2005

Ehrenberg, Alain: *Das erschöpfte Selbst. Depression und Gesellschaft in der Gegenwart* (1998). Frankfurt a. M. 2008

– *Das Unbehagen in der Gesellschaft*. Berlin 2011

Ehrenreich, Barbara: *Smile or Die. Wie die Ideologie des positiven Denkens die Welt verdummt*. München 2010

Edwards, Richard: *Contested Terrain. The Transformation of the Workplace in the Twentieth Century*. New York 1979

Ferris, Joshua: *Wir waren unsterblich. Roman*. Reinbek b. H. 2007

Fischer-Lichte, Erika: *Ästhetik des Performativen*. Frankfurt a. M. 2004

Foley, Michael: *The Age of Absurdity. Why Modern Life Makes It Hard to Be Happy*. London 2010

Foucault, Michel: *Sicherheit, Territorium. Bevölkerung. Geschichte der Gouvernementalität I*. Frankfurt a. M. 2004

– *Die Geburt der Biopolitik. Geschichte der Gouvernementalität II*. Frankfurt a. M. 2004

– *Analytik der Macht*. Frankfurt a. M. 2005

– *Die Regierung des Selbst und der Anderen*. Frankfurt a. M. 2009

– *Kritik des Regierens. Schriften zur Politik*. Berlin 2010

Freud, Sigmund: *Psychische Behandlung (Seelenbehandlung)* (1890). Studienausgabe. Hg. von A. Mitscherlich u. a. Ergänzungsband. Frankfurt a. M. 1975

Friebe, Holm/Lobo, Sascha: *Wir nennen es Arbeit. Die digitale Bohème oder Intelligentes Leben jenseits der Festanstellung*. München 2006

Gehlen, Arnold: *Die Seele im technischen Zeitalter. Sozialpsychologische Probleme in der industriellen Gesellschaft* (1957). Frankfurt 2007

Gerthe, Dirk: *Auftanken, bevor die Seele streikt. Kraftquellen finden, wenn alles zu viel wird*. Gießen 2009

Gertenbach, Lars: *Die Kultivierung des Marktes. Foucault und die Gouvernementalität des Neoliberalismus*. Berlin 2008

Godin, Seth: *Linchpin. Are You Indispensable? How to Drive Your Career and Create A Remarkable Future*. London 2010

Goffman, Erving: *Wir alle spielen Theater. Selbstdarstellung im Alltag* (1959). München 1983

Grey, Chris: *A Very Short, Fairly Interesting and Reasonably Cheap Book about Studying Organizations*. London 2005

Hammer, Michael/Champy, James: *Reengineering the Corporation. A Manifesto for Business Revolution*. New York 2006

Han, Byung-Chul: *Müdigkeitsgesellschaft*. Berlin 2010

Handy, Charles: *Gods of Management. The Changing Work of Organizations*. Sparkford 1978

Hill, Napoleon: *Denke nach und werde reich. Die Erfolgsgesetze*. München 2005

Illouz, Eva: *Die Errettung der modernen Seele. Therapien, Gefühle und die Kultur der Selbsthilfe*. Frankfurt a. M. 2009

Kafka, Franz: *Der Process* (1925). In der Fassung der Handschrift. Hg. von Malcolm Paisley. Frankfurt a. M. 1990

Kay, John: *Obliquity. Why Our Goals Are Best Achieved Indirectly*. London 2010

Kunda, Gideon: *Engineering Culture. Control and Commitment in a High-Tech Corporation*. Philadelphia 2006

Kracauer, Siegfried: *Die Angestellten* (1929). Frankfurt a. M. 1971

Krajewski, Markus (Hg.): *Projektemacher. Zur Produktion von Wissen in der Vorform des Scheiterns*. Berlin 2004

Kraus, Georg/Becker-Kolle, Christel/Fischer, Thomas: *Change-Management. Gründe, Ablauf, Steuerung*. Berlin 2010

Luhmann, Niklas: *Politische Soziologie*. Hg. von André Kieserling. Berlin 2010

Mayo, Elton: *The Social Problems of an Industrial Civilization* (1949). London 1975

Meckel, Miriam: *Brief an mein Leben. Erfahrungen mit einem Burnout*. Berlin 2010

– *Das Glück der Unerreichbarkeit. Wege aus der Kommunikationsfalle*. Hamburg 2007

Mills, C. Wright: *Menschen im Büro. Ein Beitrag zur Soziologie des Angestellten* (1951). Köln-Deutz 1955

Münch, Richard: *Globale Elite, lokale Autoritäten. Bildung und Wissenschaft unter dem Regime von PISA, McKinsey & Co*. Frankfurt a. M. 2009

Nelting, Dr. Manfred: *Burnout. Wenn die Maske zerbricht. Wie man Überbelastung erkennt und neue Wege geht*. München o. J.

Pahl, Hanno/Meyer, Lars (Hg.): *Kognitiver Kapitalismus. Soziologische Beiträge zur Theorie der Wissensökonomie.* Marburg 2007
Parker, Martin: *Against Management. Organization in the Age of Managerialism.* Cambridge 2002
Peale, Norman Vincent: *The Power of Positive Thinking* (1952). New York 2008
Peters, Thomas J./Waterman Jr., Robert H.: *In Search of Excellence. Lessons from America's Best-Run Companies.* New York 1982
Pfaller, Robert: *Das schmutzige Heilige und die reine Vernunft. Symptome der Gegenwartskultur.* Frankfurt a. M. 2008
Power, Michael: *The Audit Society. Rituals of Verification.* Oxford 1997
Powers, William: *Hamlet's Blackberry. A Practical Philosophy for Building a Good Life in the Digital Age.* New York 2010
Raunig, Gerald/Wuggenig, Ulf (Hg.): *Kritik der Kreativität.* Wien 2007
Richartz, Walter E.: *Büroroman.* Zürich 1976
Riesebrodt, Martin: *Cultus und Heilsversprechen. Eine Theorie der Religionen.* München 2007
Riesman, David: *Die einsame Masse. Eine Untersuchung der Wandlungen des amerikanischen Charakters* (1950). Reinbek b. H. 1958.
Rüstow, Alexander: *Die Religion der Marktwirtschaft.* Münster 2004
Schiller, Friedrich: *Sämtliche Werke.* Hg. von W. Riedel. München 2004
Schindler, Thomas/Sobik, Carsten (Hg.): »Das Amt. Alltag, Verwaltung, Öffentlichkeit«. *Hessische Blätter für Volks- und Kulturforschung,* Band 46 (2010)
Schluchter, Wolfgang: *Aspekte bürokratischer Herrschaft. Studien zur Interpretation der fortschreitenden Industriegesellschaft.* Frankfurt a. M. 1985
Schulze, Eric: *Der Beitrag zum Gemeinwohl. Public Values definieren und legitimieren. Eine Untersuchung am Beispiel des Goethe-Instituts e. V.* Sankt Gallen 2010
Schwarz, Christine: *Evaluation als modernes Ritual. Zur Ambivalenz gesellschaftlicher Rationalisierung am Beispiel virtueller Universitätsprojekte.* Berlin 2006
Sennett, Richard: *Der flexible Mensch. Die Kultur des neuen Kapitalismus.* Berlin 1998
– *Die Kultur des neuen Kapitalismus.* Berlin 2007
Siemons, Mark: *Jenseits des Aktenkoffers. Vom Wesen des neuen Angestellten.* München 1997
Sloterdijk, Peter: *Sphären. Band 2: Globen.* Frankfurt a. M. 1999
Templar, Richard: *Die Regeln der Arbeit.* Kulmbach 2009
Virno, Paolo: *Grammatik der Multitude.* Wien 2005
Vismann, Cornelia: *Akten. Medientechnik und Recht.* Frankfurt a. M. 2000
Von Osten, Marion (Hg.): *Norm der Abweichung.* Zürich 2003
Warzecha, Bettina: *Problem: Qualitätsmanagement. Prozessorientierung, Beherrschbarkeit und Null-Fehler-Abläufe als moderne Mythen.* Walsrode 2009
Weber, Alfred: »Der Beamte«. In: *Neue Rundschau* 21 (1910), S. 1321–1339

Weber, Max: *Wirtschaft und Gesellschaft. Grundriss der verstehenden Soziologie* (1921/22). Frankfurt a. M. 2005
Whitmore, John: *Coaching für die Praxis. Wesentliches für jede Führungskraft.* Staufen 2009
Wiener, Norbert: *Kybernetik. Regelung und Nachrichtenübertragung in Lebewesen und Maschine.* Reinbek b. H. 1968

Textnachweis

S. 5   Walter E. Richartz: *Büroroman*, Zürich 1976, Seite 243.
       © 2007 Diogenes Verlag AG, Zürich
S. 63 Cornelia Vismann: *Akten. Medientechnik und Recht*,
       Frankfurt a. M. 2000. © S. Fischer Verlag GmbH, Frankfurt a. M.
S. 79 Jimmy Cliff: »You can get it if you really want ...« aus: *The Harder They Come* (1972). © 1972 Island Records UK / Universal Music Publishing GmbH, Berlin
S. 98 Franz Kafka: *Der Process*, S. Fischer, Frankfurt a. M. 2000,
       S. 296 und S. 6.
S. 113 Peter Drucker: *Die Praxis des Managements*, Econ Verlag,
       Düsseldorf 1970, S. 11. © Joan Winstein Peter Drucker Literary Trust, USA
S. 132 Tom Peters: »tomAto« oder »Tom's Re-imagine Manifesto«. http://creativecommons.org./licenses/by-nc-nd/2.0/. © Tom Peters, USA
S. 186 Ludwig Hohl: *Die Notizen oder Von der Versöhnung*,
       Frankfurt a. M. 1984, S. 14. © Suhrkamp Verlag GmbH & Co. KG
S. 212 Wikipedia: »Performance (Risikomanagement)«:
       http://de.wikipedia.org/wiki/Performance_(Risikomanagement)